여러분의 합격을 응원하는
해커스공무원의 특별 혜택!

온라인 단과강의 20% 할인쿠폰

8E47D36768DB7F2M

...Hackers.com) 접속 후 로그인 ▶ 상단의 [나의강의실] 클릭 ▶
입력 후 이용

등록 후 7일간 사용 가능)
적용 가능)

해커스 회독증강 5만원 할인쿠폰

73238FD7D3686EEP

해커스공무원(gosi.Hackers.com) 접속 후 로그인 ▶ 상단의 [나의강의실] 클릭 ▶
좌측의 [쿠폰등록] 클릭 ▶ 쿠폰번호 입력 후 이용

* 쿠폰 이용 기한: 2025년 12월 31일까지(등록 후 7일간 사용 가능)
* ID당 1회에 한해 등록 가능(특별 할인상품 적용 불가)
* 월간 학습지 회독증강 행정학/행정법총론 개별상품은 할인쿠폰 할인대상에서 제외

합격예측 모의고사 응시권 + 해설강의 수강권

37849C9BB8F52CMF

해커스공무원(gosi.Hackers.com) 접속 후 로그인 ▶ 상단의 [나의강의실] 클릭 ▶
좌측의 [쿠폰등록] 클릭 ▶ 쿠폰번호 입력 후 이용

* 쿠폰 이용 기한: 2025년 12월 31일까지(등록 후 1년간 사용 가능)
* ID당 1회에 한해 등록 가능

해커스 매일국어 어플 이용권

XMPFH59BFK4DQDN8

구글플레이/앱스토어에서 [해커스 매일국어] 검색 ▶ 어플 다운로드 ▶
어플 이용 시 노출되는 쿠폰 입력란에 쿠폰번호 입력 후 사용

* 쿠폰 이용 기한: 2025년 12월 31일까지(등록 후 1년간 사용 가능)
* ID당 1회에 한해 등록 가능
* 해당 자료는 [해커스공무원 국어 기본서] 교재 내용으로 제공되는 자료로,
공무원 시험 대비에 도움이 되는 유용한 자료입니다.

단기 합격을 위한
해커스 커리큘럼

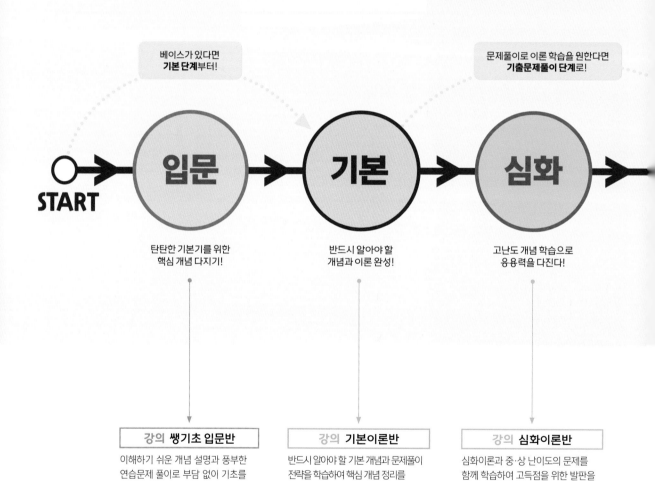

베이스가 있다면
기본 단계부터!

문제풀이로 이론 학습을 원한다면
기출문제풀이 단계로!

START

입문
탄탄한 기본기를 위한
핵심 개념 다지기!

기본
반드시 알아야 할
개념과 이론 완성!

심화
고난도 개념 학습으로
응용력을 다진다!

강의 **쌩기초 입문반**

이해하기 쉬운 개념 설명과 풍부한
연습문제 풀이로 부담 없이 기초를
다질 수 있는 강의

강의 **기본이론반**

반드시 알아야 할 기본 개념과 문제풀이
전략을 학습하여 핵심 개념 정리를
완성하는 강의

강의 **심화이론반**

심화이론과 중·상 난이도의 문제를
함께 학습하여 고득점을 위한 발판을
마련하는 강의

단계별 교재 확인 및
수강신청은 여기서!

gosi.Hackers.com

* 커리큘럼은 과목별·선생님별로 상이할 수 있으며, 자세한 내용은 해커스공무원 사이트에서 확인하세요.

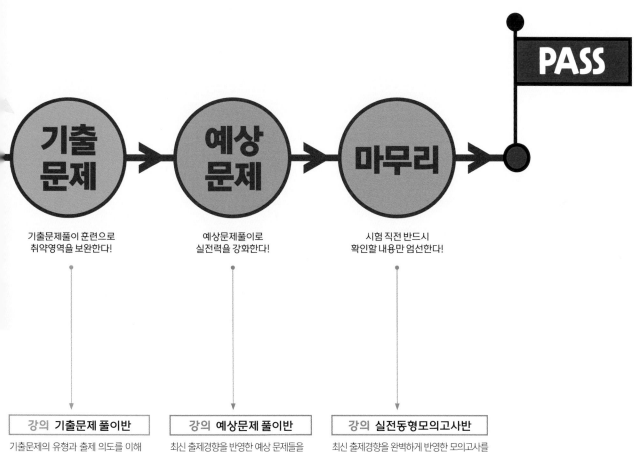

PASS

기출 문제		예상 문제		마무리	
기출문제풀이 훈련으로 취약영역을 보완한다!		예상문제풀이로 실전력을 강화한다!		시험 직전 반드시 확인할 내용만 엄선한다!	

강의 기출문제 풀이반

기출문제의 유형과 출제 의도를 이해
하고, 본인의 취약영역을 파악 및 보완
하는 강의

강의 예상문제 풀이반

최신 출제경향을 반영한 예상 문제들을
풀어보며 실전력을 강화하는 강의

강의 실전동형모의고사반

최신 출제경향을 완벽하게 반영한 모의고사를
풀어보며 실전 감각을 극대화하는 강의

강의 봉투모의고사반

시험 직전에 실제 시험과 동일한 형태의
모의고사를 풀어보며 실전력을 완성하는 강의

해커스공무원

국어

추론형 독해 333

Vol.1

해커스공무원

해커스공무원
gosi.Hackers.com

> **"추론형 독해 문제는 무엇이 다르고
> 어떻게 대비해야 하는 걸까?"**

> **"추론형 독해 문제를
> 매일 풀어 보고 싶어."**

추론형 독해 문제에 대비할 수 있도록 해커스가 자신 있게 만들었습니다.

출제 비중이 증가한 추론형 독해 문제를 매일 풀어 보며 신유형 문제와 고난도 문제를 대비하고 싶은 수험생 여러분을 위해 30일 동안 추론형 독해를 집중적으로 연습할 수 있는 교재를 만들었습니다.

**『해커스공무원 국어 추론형 독해 333 Vol. 1』으로
하루 3분 3지문씩 30일 만에 독해력을 완성할 수 있습니다.**

독해력은 하루아침에 생기는 것이 아닙니다. 문제에서 요구하는 바를 파악하고 지문을 정확하게 읽어 내는 연습을 꾸준히 해야 독해 능력이 높아집니다. 『해커스공무원 국어 추론형 독해 333 Vol.1』으로 매일 꾸준히 독해 연습을 한다면 반드시 독해력을 향상시킬 수 있습니다.

**『해커스공무원 국어 추론형 독해 333 Vol. 1』은 단계별 학습을 통해
신유형&고난도 문제까지 대비할 수 있습니다.**

단순히 지문을 읽고 많은 양의 문제를 푸는 것만으로는 독해력을 탄탄히 할 수 없습니다. 실제 시험에서 출제된 추론형 독해 문제의 유형을 파악하고 유형별 문제 풀이 전략을 기출 문제와 예상 문제에 적용해 풀어 보는 단계별 학습을 통해 신유형의 문제와 고난도 문제까지 대비할 수 있는 독해력을 완성할 수 있습니다.

*독해력 향상을 위한 30일 간의 여정
해커스가 여러분과 함께 합니다.*

차례

책의 특징 및 구성

01 매일 3문제씩 풀어 볼 수 있는 Day별 구성

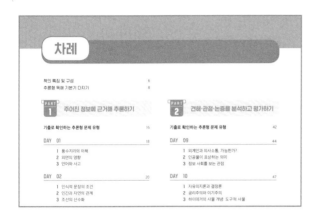

『해커스공무원 국어 추론형 독해 333 Vol. 1』은 매일 꾸준히 추론형 독해 문제를 풀어 볼 수 있도록 DAY별로 문제를 수록했습니다. 매일 3문제씩 30일 동안 총 90문제를 풀어 보면서 어떤 독해 문제에도 대비할 수 있는 독해력을 기를 수 있습니다.

02 독해력과 문제풀이 능력을 향상시키는 단계별 구성

추론형 독해 기본기 다지기

추론형 독해 문제 풀이에 도움이 되는 명제, 논증 방법 등 논리에 대한 기본 이론을 학습할 수 있습니다.

기출로 확인하는 추론형 문제 유형

추론형 독해 문제를 다섯 가지 대표 유형으로 나누고 유형별 문제 풀이 전략을 단계별로 상세히 수록하였습니다. 실제 기출 문제에 학습한 전략을 적용해 보며 문제를 빠르고 정확하게 문제 푸는 방법을 익힐 수 있습니다.

DAY별 예상 문제 풀이

최근 공무원 국어 시험 문제에 출제된 추론형 문제와 동일한 유형의 예상 문제를 매일 풀어 봄으로써 독해력을 향상시키고 실전 감각을 유지할 수 있습니다.

03 추론적 독해가 요구되는 문학 문제까지 대비할 수 있는 문학 작품에서 추론하기

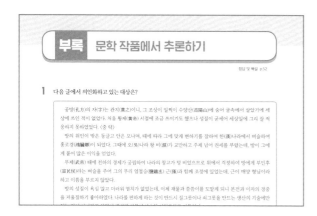

부록 '문학 작품에서 추론하기'를 통해 최근 공무원 국어 시험에서 출제되고 있는 추론형 문학 문제의 유형을 확인하고 문제를 풀면서 추론형 문학 문제를 해결하는 연습까지 할 수 있습니다.

04 학습 효과를 극대화하는 상세하고 풍부한 해설

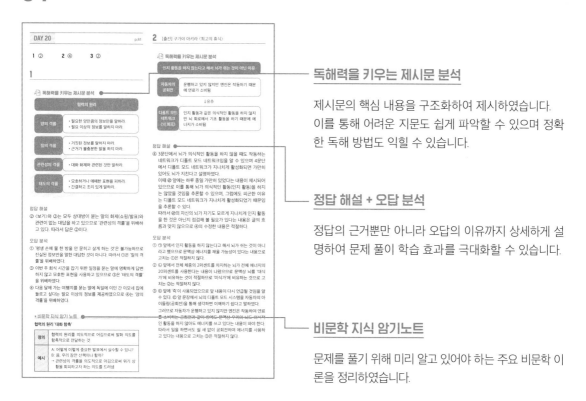

독해력을 키우는 제시문 분석

제시문의 핵심 내용을 구조화하여 제시하였습니다. 이를 통해 어려운 지문도 쉽게 파악할 수 있으며 정확한 독해 방법도 익힐 수 있습니다.

정답 해설 + 오답 분석

정답의 근거뿐만 아니라 오답의 이유까지 상세하게 설명하여 문제 풀이 학습 효과를 극대화할 수 있습니다.

비문학 지식 암기노트

문제를 풀기 위해 미리 알고 있어야 하는 주요 비문학 이론을 정리하였습니다.

추론형 독해 기본기 다지기

■ 명제 - 1

1. 명제의 의미
- 그 내용이 **참인지 거짓인지를 명확하게 판별할 수 있는** 문장
- 참인 명제는 진술 내용이 반드시 언제나 옳은 명제로, 반례가 존재하지 않음
- 거짓인 명제는 진술 내용의 반례가 하나 이상 존재함

예문
▶ 영수는 공부를 잘한다: 참과 거짓의 정확한 기준이 없어 참인지 거짓인지 판단할 수 없음 　→ 명제 X
▶ 영수는 공무원이다: 영수가 실제로 공무원이라면 참인 명제, 영수가 공무원이 아니라면 거짓인 명제 　→ 명제 O

2. 명제의 종류

(1) 정언 명제: 어떤 대상 또는 상황에 대하여 조건을 붙이지 않고 **단언적으로 말하는 명제**

　① **전칭 명제:** 주어가 되는 대상에 '**모든**'이라는 수식어가 붙음

구분	기호	표준 명제	벤다이어그램
전칭 긍정 명제	∀A → B (*∀는 생략 가능)	모든 A는 B이다.	
전칭 부정 명제	∀A → ~B (*∀는 생략 가능)	모든 A는 B가 아니다.	

　② **특칭 명제:** 주어가 되는 대상에 '**어떤**'이라는 수식어가 붙음

구분	기호	표준 명제	벤다이어그램
특칭 긍정 명제	∃A ∧ B (*∃는 생략 가능)	어떤 A는 B이다.	
특칭 부정 명제	∃A ∧ ~B (*∃는 생략 가능)	어떤 A는 B가 아니다.	

(2) **복합 명제:** 논리 연결사(if, and, or 등)로 **명제와 명제를 연결한 명제**

① **가언(조건) 명제:** 어떤 대상 또는 상황에 대하여 **조건(IF)**을 붙여 '**~(이)면**'으로 연결하는 명제

구분	기호	표준 명제	벤다이어그램
가언 명제	P → Q	P이면 Q이다. 만일 P라면 Q이다.	
가언 명제의 부정	P → ~Q	P이면 Q가 아니다. 만일 P라면 Q가 아니다.	

② **연언 명제:** 둘 이상의 명제나 대상을 '그리고(and)', '~(이)면서'로 연결하는 명제

구분	기호	표준 명제	벤다이어그램
연언 명제	P ∧ Q	P 그리고 Q이다. P이면서 Q이다.	
연언 명제의 부정	~(P ∧ Q) = ~P ∨ ~Q	P 가 아니다. 또는 Q가 아니다. P가 아니거나 Q가 아니다.	

③ **선언 명제:** 둘 이상의 명제나 대상을 '또는(or)', '(이)거나'로 연결하는 명제

구분	기호	표준 명제	벤다이어그램
선언 명제	P ∨ Q	P 또는 Q이다. P이거나 Q이다.	
선언 명제의 부정	~(P ∨ Q) = ~P ∧ ~Q	P가 아니고 Q도 아니다. P가 아니면서 Q도 아니다.	

■ 명제 - 2

1. 가언 명제의 역·이· 대우

- 가언 명제의 구성: '<u>P이면</u>   <u>Q이다</u>'

         ↓전건   ↓후건

- 전건과 후건의 위치를 바꾸거나 각각을 부정할 경우 만들어지는 명제를 각각 '**역**, **이**, **대우**'라고 함
- 명제가 참일 경우, 그 명제의 역과 이의 참, 거짓은 알 수 없으나, 그 명제의 대우는 반드시 참이 됨
- 역과 이는 대우 관계이므로 역이 참이면 이도 참이고 역이 거짓이면 이도 거짓이 됨

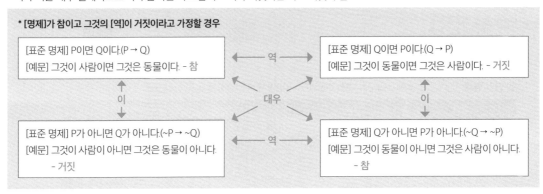

2. 충분조건과 필요조건 관계

충분조건	- 가언 명제가 'P이면 Q이다(P → Q)'가 성립할 때, **P를 충분조건**이라고 함 - P라는 조건이 Q가 참이 되기 위해 충분한 조건이라는 의미임
필요조건	- 가언 명제가 'P이면 Q이다(P → Q)'가 성립할 때 **Q를 필요조건**이라고 함 - Q라는 결론이 P가 참이 되기 위해 필요한 조건이라는 의미
필요충분조건	- 'P이면 Q이면서 Q이면 P이다{(P → Q) ∧ (Q → P)}'와 같이 **두 명제에서 충분조건과 필요조건이 동시에 성립하는 관계** ('P ↔ Q'로 표기하기도 함)

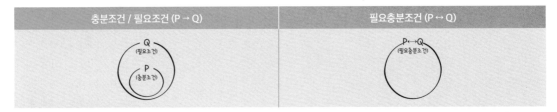

∴ 여러 형태로 나타나는 가언 명제

- 아래 예문들은 모두 'P이면 Q이다(P → Q)'의 의미를 갖는다.

  - P이기 위해서 Q이어야만 한다.   - Q일 때에만 P이다.

  - Q일 경우에만 P이다.   - Q이어야만 P이다.

  - Q가 아니면 P가 아니다.   - 오직 Q이면 P이다.

3. 명제의 참과 거짓

(1) 가언 명제: 전건(P)이 참이고 후건(Q)이 거짓인 경우만 명제가 거짓이 됨

[표준 명제] P이면 Q이다.(P → Q) [예문] 네가 시험에 합격하면 선물을 줄 것이다.				
P	→	Q	=	P→Q
참	→	**참**	=	**참**
시험에 합격함		선물을 줌		시험에 합격했고 선물을 준다.
참	→	**거짓**	=	**거짓**
시험에 합격함		선물을 주지 않음		시험에 합격했고 선물을 주지 않는다.
거짓	→	**참**	=	**참**
시험에 합격하지 않음		선물을 줌		시험에 합격하지 않았고 선물을 준다.
거짓	→	**거짓**	=	**참**
시험에 합격하지 않음		선물을 주지 않음		시험에 합격하지 않았고 선물을 주지 않는다.

(2) 연언 명제: P와 Q 중 하나만 거짓이더라도 명제가 거짓이 됨

[표준 명제] P이고 Q이다.(P ∧ Q) [예문] 나는 학교에 갔고 수업을 들었다.				
P	∧	Q	=	P ∧ Q
참	∧	**참**	=	**참**
학교에 감		수업을 들음		학교에 갔고 수업을 들었다.
참	∧	**거짓**	=	**거짓**
학교에 감		수업을 듣지 않음		학교에 갔고 수업을 듣지 않았다.
거짓	∧	**참**	=	**거짓**
학교에 가지 않음		수업을 들음		학교에 가지 않았고 수업을 들었다.
거짓	∧	**거짓**	=	**거짓**
학교에 가지 않음		수업을 듣지 않음		학교에 가지 않았고 수업을 듣지 않았다.

(3) 선언 명제: P와 Q가 모두 거짓일 때만 명제가 거짓이 됨

[표준 명제] P이거나 Q이다. (P ∨ Q) [예문] 오늘은 비가 오거나 눈이 올 것이다.				
P	∨	Q	=	P ∨ Q
참	∨	**참**	=	**참**
비가 옴		눈이 옴		비가 오고 눈이 왔다.
참	∨	**거짓**	=	**참**
비가 옴		눈이 오지 않음		비가 오고 눈이 오지 않았다.
거짓	∨	**참**	=	**참**
비가 오지 않음		눈이 옴		비가 오지 않고 눈이 왔다.
거짓	∨	**거짓**	=	**거짓**
비가 오지 않음		눈이 오지 않음		비가 오지 않고 눈이 오지 않았다.

■ 논증 방법과 논증 오류

1. 논증 방법의 의미

- 정당한 근거나 일반적인 원리를 바탕으로 **진리를 증명**하는 것
- 하나의 결론을 하나 이상의 전제가 뒷받침하는 형식이 일반적임

전제	어떤 명제를 근거로 다른 명제를 도출할 때, 근거가 되는 명제
결론	어떤 명제를 근거로 다른 명제를 도출할 때, 도출된 결과로서의 명제

2. 논증의 종류

(1) 연역적 논증

- **일반적인 사실이나 원리**에서 **개별적이고 구체적인 사실이나 현상**을 이끌어 내는 방법

① **전건 긍정**: 가언 명제가 참일 때, 전건이 참이면 후건도 참이 됨

표준 명제	예문
[전제 1] P이면 Q이다.(P → Q) [전제 2] P다.(P) [결론] 따라서 Q이다.(Q)	[전제 1] 사람이면 포유동물이다. [전제 2] 그것은 사람이다. [결론] 따라서 그것은 포유동물이다.

② **후건 부정**: 가언 명제가 참일 때, 후건이 참이 아니면 전건도 참이 아님

표준 명제	예문
[전제 1] P이면 Q이다.(P → Q) [전제 2] Q가 아니다.(~Q) [결론] 따라서 P가 아니다.(~P)	[전제 1] 사람이면 포유동물이다. [전제 2] 그것은 포유동물이 아니다. [결론] 따라서 그것은 사람이 아니다.

③ **정언 삼단 논법**: 정언 명제를 통해 결론을 도출하는 방법

표준 명제	예문
[전제 1] P는 Q이다.(P → Q) [전제 2] R는 P이다.(R → P) [결론] 따라서 R는 Q이다.(R → Q)	[전제 1] 모든 사람은 죽는다. [전제 2] 소크라테스는 사람이다. [결론] 따라서 소크라테스는 죽는다.

④ **가언 삼단 논법**: 가언 명제를 통해 결론을 도출하는 방법

표준 명제	예문
[전제 1] P이면 Q이다.(P → Q) [전제 2] Q이면 R이다.(Q → R) [결론] 따라서 P이면 R이다.(P → R)	[전제 1] 비가 오면 배가 운행하지 않는다. [전제 2] 배가 운행하지 않으면 섬에 들어갈 수 없다. [결론] 따라서 비가 오면 섬에 들어갈 수 없다.

⑤ **선언 삼단 논법**: 선언 명제를 통해 결론을 도출하는 방법

표준 명제	예문
[전제 1] P 또는 Q이다.(P ∨ Q) [전제 2] P는 아니다.(~P) [결론] 따라서 Q이다.(Q)	[전제 1] 오늘은 비가 오거나 또는 화창할 것이다. [전제 2] 오늘은 비가 오지 않았다. [결론] 따라서 오늘은 화창한 것이다.

(2) 귀납적 논증

- 개별적이고 **특수한 사실이나 현상**들을 점검하여, 공통점을 바탕으로 **일반적인 결론**을 이끌어 내는 방법

① **귀납 추론**: 부분적이고 특수한 사례의 공통점을 바탕으로 결론을 도출하는 방법

예문
[사례] 지구는 둥글고 행성이다. 목성도 둥글고 행성이다. 토성 역시 둥글고 행성이다. [결론] 따라서 모든 행성은 둥글다.

② **유비 추리**: 두 대상 간의 유사성을 바탕으로 다른 속성도 유사할 것이라는 결론을 도출하는 방법

예문
[대상 1] 대기, 물, 공기가 존재하는 지구는 생명체가 존재한다. [대상 2] 따라서 대기, 물, 공기의 흔적이 존재하는 화성도 생명체가 존재했을 것이다.

3. 논증 오류의 의미

- 겉으로는 그럴듯해 보이지만 실제로는 **타당하지 않거나 건전하지 않은 논증**
- 논증의 형식이 타당하지 않거나 전제가 되는 명제를 잘못 판단하거나 언어의 중의성 등에 의해 발생함

4. 오류의 종류

① **전건 부정의 오류**: 참인 명제의 전건을 부정하여 후건의 부정을 결론으로 도출하는 오류

표준 명제	예문
[전제 1] P이면 Q이다.(P → Q) [전제 2] P가 아니다.(~P) [결론] Q가 아니다.(~Q)	[전제 1] 비행기를 타면 멀리 갈 수 있다. [전제 2] 영서는 비행기를 타지 않았다. [결론] 영서는 멀리 가지 않았을 것이다. - 오류 (*영서가 비행기 외의 것을 타고 멀리 갔을 가능성이 존재함)

② **후건 긍정의 오류**: 참인 명제의 후건을 긍정하여 전건의 긍정을 결론으로 도출하는 오류

표준 명제	예문
[전제 1] P이면 Q이다.(P → Q) [전제 2] Q이다.(Q) [결론] P이다.(P)	[전제 1] 비행기를 타면 멀리 갈 수 있다. [전제 2] 영서는 멀리 갔다. [결론] 영서는 비행기를 탔을 것이다. - 오류 (*영서가 비행기 외의 것을 타고 멀리 갔을 가능성이 존재함)

③ **선언지 긍정의 오류**: 선언 명제로 제시된 두 명제 중 하나를 긍정하여 다른 하나의 부정을 결론으로 도출하는 오류

표준 명제	예문
[전제 1] P 또는 Q이다.(P ∨ Q) [전제 2] P이다.(P) [결론] Q이다.(Q)	[전제 1] 성재는 강아지나 고양이를 키운다. [전제 2] 성재는 강아지를 키운다. [결론] 성재는 고양이를 키우지 않는다. - 오류 (*성재가 강아지와 고양이를 모두 키울 가능성이 존재함)

PART

1

주어진 정보에
근거해 추론하기

기출로 확인하는 추론형 문제 유형

DAY 01 ~ DAY 08

기출로 확인하는 **추론형 문제 유형**

유형 1 | 주어진 정보에 근거해 추론하기

유형 소개

이 유형은 2~4문단으로 구성된 지문이 제시되며, 주로 제시문의 정보를 바탕으로 새로운 정보, 생략된 내용, 필자의 의도나 목적, 숨겨진 주제를 추론하는 방식으로 출제된다. 따라서 문제를 풀 때는 주어진 정보에만 근거하여 선택지의 내용이 타당한 추론인지 판단해야 한다. 이때 상식에 근거하여 추론하거나, 지나치게 주관적인 해석을 하지 않도록 주의해야 한다.

신유형 특징

기존에는 사실적 사고를 바탕으로 주제나 중심 내용을 파악하거나, 관점이나 태도를 분석하는 문제가 주로 출제되었다. 그러나 최근에는 논리학적 사고를 바탕으로 숨겨진 주제나 중심 내용을 이끌어 내거나, 관점이나 태도를 추론해 내야 하는 문제들이 출제되고 있다.

대표 질문 유형

· 다음 글에서 추론한 내용으로 적절한/적절하지 않은 것은?

· 다음 글에서 추론할 수 있는 것만을 〈보기〉에서 모두 고르면?

· 다음 글에서 추론할 수 있는/없는 것은?

· 다음 글의 중심 내용으로 가장 적절한 것은?

유형에 강해지는 전략

1단계 중심 화제를 바탕으로 필자의 주장이나 핵심 내용을 파악한다.

2단계 글에 나타난 정보나 내용의 흐름에 근거하여 선택지의 정보가 적절한지 판단한다.

· 상식이 아닌 글에 나타나 있는 내용을 근거로 추론해야 한다.

· 새로운 내용을 추론할 때는 글의 정보를 종합해야 하는 경우가 많다.

대표 유형 분석

다음 글에서 추론한 내용으로 가장 적절한 것은?

2022년 지방직 9급

논리 실증주의자들에 따르면, 만약 어떤 것이 과학일 경우 거기에서 사용되는 문장은
유의미하다. 그들은 유의미한 문장의 기준으로 소위 검증 원리라고 불리는 것을 제안했
다. 검증 원리란, 경험을 통해 참이나 거짓을 검증할 수 있는 문장은 유의미하고 그렇지
않은 문장은 유의미하지 않다는 것이다. 다음 두 문장을 예로 생각해 보자.

(가) 달의 다른 쪽 표면에 산이 있다.

(나) 절대자는 진화와 진보에 관계하지만, 그 자체는 진화하거나 진보하지 않는다.

위 두 문장 중 경험을 통해 검증할 수 있는 것은 무엇인가? 비록 현실적으로 큰 비용
이 들기는 하지만 (가)는 분명히 경험을 통해 진위를 밝힐 수 있다. 즉 우리는 (가)의 진
위를 확정하기 위해서 무엇을 경험해야 하는지 알고 있다는 것이다. 이런 점에 근거하여
논리 실증주의자들은 (가)는 검증할 수 있고, 유의미한 문장이라고 판단한다. 그럼 (나)
는 어떠한가? 우리는 무엇을 경험해야 (나)의 진위를 확정할 수 있는가? 논리 실증주의
자들은 그런 것은 없다고 주장하고, 이에 (나)는 검증할 수 없고 과학에서 사용될 수 없
는 무의미한 문장이라고 말한다.

☑ 논리 실증주의자들에 따르면 무의미한 문장을 사용하는 것은 과학이 아니다.

② 논리 실증주의자들에 따르면 과학의 문장들만이 유의미하다.

③ 검증 원리에 따르면 아직까지 경험되지 않은 것을 언급한 문장은 무의미하다.

④ 검증 원리에 따르면 거짓인 문장은 무의미하다.

1단계 중심 화제를 바탕으로 필자의 주장이나 핵심 내용을 파악한다.

- 1문단: 검증 원리란 유의미한 문장의 기준이 되며, 경험을 통해 참이나 거짓을 검증할 수 있는 문장은 유의미한 문장임

- 2문단:
  - (가): 경험을 통한 진위 판단 가능함
    → 유의미한 문장
  - (나): 경험을 통한 진위 판단 불가능함
    → 무의미한 문장

2단계 글에 나타난 정보나 내용의 흐름에 근거하여 선택지의 정보가 적절한지 판단한다.

→ ① 1문단 1~2번째 줄에서 논리 실증주의자들은 어떤 것이 과학일 경우, 그것에 사용되는 문장은 유의미하다 하였으므로 반대로 어떤 것에 사용된 문장이 무의미한 문장이라면 그것은 과학이 아닐 것임을 추론할 수 있다.

오답 분석

- ② 1문단 1~2번째 줄에서 논리 실증주의자들이 과학에 사용되는 문장은 유의미하다 하였음을 알 수 있으나, 과학의 문장들만이 유의미한 것인지는 제시문을 통해 추론할 수 없다.

- ③ 2문단 2~4번째 줄을 통해 아직까지 경험하지 않았더라도 진위를 확정하기 위해 무엇을 경험해야 하는지 알 수 있는 문장이라면 유의미한 문장으로 판단할 수 있음을 알 수 있으므로 ③의 추론은 적절하지 않다.

- ④ 1문단 3~4번째 줄을 통해 경험을 통해 참과 거짓을 검증할 수 있는 문장은 유의미하다고 하였으므로 경험을 통해 문장이 거짓임을 검증할 수만 있다면 유의미한 문장임을 추론할 수 있다. 따라서 ④의 추론은 적절하지 않다.

1 다음 글에서 추론한 것으로 가장 적절하지 않은 것은?

> 묘와 집은 땅에 둔다. 그런데 땅에는 지기(地氣)가 있다. 묘와 집이 들어선 땅의 지기가 왕성하다면 그곳에 사는 사람이나 후손이 복을 받아 행복하게 살거나 행운을 얻고, 지기가 허약한 곳이라면 재앙을 입어 불행한 삶을 산다고 사람들은 생각했다.
>
> 이 같은 발상은 땅을 어머니라고 생각하는 지모사상(地母思想)의 영향이다. 기운이 장한 어머니를 둔 아이라면 부모의 극진한 사랑을 받아 훌륭히 자라날 수 있지만, 기운이 약한 어머니를 둔 아이라면 부모의 보살핌이 적어 훌륭히 자라나기 어려운 이치와 같다.
>
> 풍수지리(風水地理)는 이런 사상을 바탕으로 태어났다. 일반적으로 풍수지리는 묘와 주택의 길흉을 판단하거나 명당이라 불리는 혈(穴)을 찾는 일과 관계된 학문이나 행위를 말한다. 만약 풍수지리가 혈만을 찾는 동양 철학이라면 심혈학(尋穴學)이라 부르고, 땅의 길흉을 판단하는 학문이라면 지리학(地理學)이라 불러야 할 것이다.
>
> 그런데 땅을 비롯해 묘와 주택의 길흉을 판단하려면 바람[風]과 물[水]이 중요한 관찰 요소다. 풍수지리는 바람과 물의 순환 이치[天] 그리고 땅의 형성 과정과 지질적 여건[地]을 연구해 사람[人]이 자연에서 보다 건강하고 안락하게 살아갈 터를 구하는 동양의 지리관 또는 경험 과학적 학문이다. 즉, 풍수지리는 사람의 운명에 대한 깊은 성찰을 바탕으로 시간적 공간적으로 부여받은 개인의 운명을 생기(生氣)라는 자연의 힘을 빌려 불운을 막고, 행운을 얻겠다는 바람에서 출발했다.

① 풍수지리는 귀납적 방법을 통해 정립한 지식의 한 분야이다.

② 풍수지리는 심혈학과 지리학과 관련이 없는 제3의 분야이다.

③ 풍수지리적 관점에서 기운이 약한 땅은 그곳의 거주민에게 이로움을 주지 못할 것이다.

④ 풍수지리를 믿는 사람은 개인의 운명을 바꾸기 위해 조상의 묘를 옮기기도 했을 것이다.

2 다음 글의 중심 내용으로 가장 적절한 것은?

> 다른 사람을 외면하거나 누군가로부터 외면당하는 일은 종종 일어나는 경험이고, 거기에는 불편한 감정이 수반된다. 의식적이든 무의식적이든 얼굴을 돌리는 것은 상대방을 무시하거나 거부하는 몸짓으로 여겨지기 십상이다. 지인이 나를 보고도 못 본 척하거나 투명인간 취급을 할 때면 존재를 부정당하는 듯한 소외감 내지 모멸감을 느끼게 되고, 때론 분노가 치밀어 오르기도 한다. 그래서 어떤 상황에서든 외면은 인간관계를 엇나가게 한다. 인간적 상호작용이 뒤틀리고 마음이 오가는 통로가 막히기 때문이다.
>
> 외면이라는 단어는 사람을 소홀히 여기는 것만이 아니라, 무언가를 회피하거나 받아들이지 않는 태도를 뜻하기도 한다. 우리는 불편한 진실이나 고통스러운 현실을 애써 외면할 때가 많고, 권력자들은 민생 관련 정책이나 약자들의 요구를 흔히 외면한다. 사회가 거대하고 복잡해질수록 삶이 여러 공간으로 분절되며, 그 결과 시야에서 사라지는 사람들이 늘어난다. 비가시화는 사실상 성원권의 박탈로 이어진다. 다른 한편 미디어가 첨단화되면서 정보와 이미지가 폭주하게 되는데, 특정 집단에 대한 편견이 그를 통해 증폭되는 경향이 있다. 직접 대면하지 못하는 타자일수록 엉뚱한 모습으로 왜곡되기 쉬운 것이다.

① 외면은 개인들이 상호 공감할 수 있는 기회를 차단한다.
② 미디어가 발전함에 따라 사회 구성원의 결속은 약화된다.
③ 외면은 개인 간의 관계를 차단하고 사회의 분열을 야기한다.
④ 사회에 만연한 외면을 해결하기 위해 공동체의 유대를 강화해야 한다.

3 다음 글을 어떤 질문에 대한 답변이라 할 때, 그 질문으로 가장 적절한 것은?

> 언어는 인간 사고의 중요한 구성 요소 중 하나이다. 사람은 언어를 사용하여 생각을 표현하고 다른 사람과 의사소통을 하며 수많은 개념들을 형성한다. 다른 동물들과 다르게 사람은 창의적인 아이디어를 내며 추론 행위를 통해 문제를 해결하고 그러한 일련의 과정에서 세상을 이해하게 된다. 하지만 이러한 인간의 사고 과정에서 언어만이 유일한 도구라고 단정하기는 어렵다. 왜냐하면 사람들은 굳이 언어를 사용하지 않고도 이미지, 사운드, 감정 등 다양한 형태의 신호와 경험을 통해 충분히 사고할 수 있기 때문이다. 예를 들어 미술가는 그림이나 조각을 통해 자신이 전달하고자 하는 메시지나 감정을 표현하고, 음악가는 음악을 통해 의도와 감정을 관객에게 생생하게 전달할 수 있다.
>
> 언어는 인간의 사고를 위한 유용한 도구임은 분명하다. 언어가 없었다면 인류의 문명은 지금과 같이 발전할 수 없었을 것이다. 그렇기 때문에 일부 사람들은 언어에 의해 사고가 좌우된다고 말하기도 한다. 하지만 우리 인간은 언어뿐만 아니라 다양한 수단과 방법으로 사고를 확장하고 개선한다. 이러한 이유로 언어는 인간 사유의 필요조건이지 충분조건은 아니다.

① 언어는 권력과 어떤 관계를 맺고 있는가?
② 언어는 우리의 생각을 정확히 표현할 수 있는가?
③ 인간이 언어를 습득하기에 적절한 시기는 언제인가?
④ 우리의 사고는 우리가 말하는 언어에 얽매여 있는가?

정답 및 해설 p.2

1 다음 글에서 추론한 내용으로 가장 적절한 것은?

> 인식적 언어의 예로서 "장미꽃은 빨갛다"라는 문장과 비인식적 언어인 "개자식!"이라든가 "당신과의 영원한 사랑을 약속한다"라는 문장들과의 차이는 문법적 구조에서 찾아볼 수 있다. 전자의 문장은 "S는 P이다"라는 형식으로 표시될 수 있는 주어와 술어와의 연결이란 구조를 갖고 있는 데 반하여, 후자의 문장들은 그러한 문법적 구조를 갖고 있지 않다. 그러나 "S는 P이다"라는 주어와 술어의 구문을 갖추고 있는 모든 문장이 인식적인 기능을 갖고 있는 것은 아니다. "장미꽃은 아름답다"라는 문장은 "장미꽃은 빨갛다"라는 문장과 문법적인 구조로 보아서는 완전히 일치한다. 그럼에도 불구하고 논리실증주의자들이 지적해준 바와 같이 위의 두 개 문장은 논리적으로 전혀 다른 구조를 갖고 있다. "장미꽃은 아름답다"라는 말의 주어는 화자로서의 '나'이지 '장미꽃'이 아니며, '아름답다'라는 술어는 장미꽃을 서술하는 기능을 하지 않고 '나'의 장미꽃에 대한 감정을 나타내고 있을 뿐이다. 따라서 이 문장은 논리적으로 볼 때, 문법적으로 볼 때와는 전혀 달리 "S는 P이다"라는 주어와 술어의 관계를 갖추고 있지 않다. 만약 인식적 문장이 "S는 P이다"라는 구조를 갖는다고 한다면, 그것은 오로지 논리적인 차원에서 본 주어로서의 S와 술어로서의 P가 될 때에 한한다.

① 문장의 문법적 구조는 문장이 인식적 기능을 갖고 있는지를 논리적 차원에서 판단하는 요소로 작용한다.

② 문장의 S가 '나'가 아닌 문장은 인식의 주체가 빠진 문장이므로 논리적 차원에서 인식적 문장이라고 볼 수 없다.

③ 논리적 차원에서 S가 인식의 주체이고 P가 주체의 인식이나 특징을 서술하고 있다면 "S는 P이다"라는 문장이 비로소 인식적 문장이 된다.

④ 논리적 차원에서 "S는 P이다"와 같은 구조의 문장일지라도 P가 동사인지 형용사인지에 따라 인식적 문장인지의 여부가 달라진다.

2 다음 글의 주제로 가장 적절한 것은?

> 인간은 자연 전체를 낯설게 생각하면서 자연 전체의 존재 의미를 물을 수 있으며 자연의 법칙을 객관적으로 파악할 수도 있다는 점에서 자연을 초월해 있는 존재다. 그러나 인간은 다른 한편으로는 자연 안에서 태어나고 자연 안에서 죽어 가는 존재자다. 이 점에서 우리는 어디까지나 자연의 일부이며 따라서 우리가 자연 전체를 지배하려고 할 경우에는 우리 자신마저도 하나의 지배 대상으로 만들 수밖에 없다. 이러한 사실은 자연에 대한 이해가 인간의 자기 이해와 불가분하게 얽혀 있다는 사실을 의미한다.
>
> 따라서 우리가 자체적인 목적을 추구하는 우리 자신을 부정하고 제거하지 않기 위해서는 자연도 어떤 의미에서는 우리 자신과 유사한 것으로 보아야 하며 우리 자신도 자연과 전적으로 구별된 순수 정신이 아니라 '자연적인' 존재로 보지 않으면 안 된다. 자연을 우리 자신과 유사한 것으로 본다는 것은 자연적인 존재자들도 우리 자신과 마찬가지로 자체적인 목적을 갖는 존재로 본다는 것이며, 우리 자신도 자연적인 것으로 본다는 것은 우리 자신의 목적 추구적인 성격도 다른 자연적인 존재자들에게 이미 존재하는 목적 추구적인 성격의 발전으로 보아야 한다는 것을 의미한다.
>
> 우리가 자연과 인간을 이렇게 볼 경우 인간의 본질적인 특성으로 간주되는 이성도 근대적인 이성관에서와는 전적으로 다른 성격을 갖게 된다. 즉 이제 인간의 이성은 자연을 계산 가능한 에너지로 환원하면서 그것을 지배하고자 하는 이성이 아니라 다른 존재자들의 자체적인 목적을 존중하는 이성이 된다. 이성은 자연적 존재자들에 대한 지배 능력을 의미하는 것이 아니라 그것들의 독자적인 존재를 이해하고 존중할 수 있는 '사랑'과 '호의'의 능력을 의미하게 되는 것이다.

① 인간은 자연을 뛰어넘는 존재이므로 사랑을 베풀어야 한다.

② 이성을 계발하여 자연이 인간과 동등한 존재가 되도록 도와야 한다.

③ 인간과 자연은 긴밀히 연결되어 있으므로 자연을 에너지로 환원하기 쉽다.

④ 인간과 자연은 모두 그 자체의 목적을 추구하는 존재로서 존중받아야 한다.

3 글쓴이의 견해에 부합하지 않는 것은?

> 고래로 한국인에게 산수는 단순한 산과 물이 아니라 총체적 자연을 상징했다. 특히 옛 문인이나 선비들에게 산수는 자연의 이치와 도(道)의 본질이 내재된 곳으로, 지형적·물질적 세계가 아니라 주관적·정신적 세계였다.
>
> 산수는 정신적 세계이므로 산수의 공간적 무형성은 현(玄)이고, 시간적 영원성은 상(常)이라 할 수 있다. 현은 일체의 분별상을 초월한 공간적 세계이고, 상은 일체의 변화상을 통일한 시간적 세계다. 이처럼 현(玄)하고 상(常)한 것이 옛 문인과 선비들의 관념 속에 살아 있었던 산수의 모습이다.
>
> 현실에서 산수의 세계는 나무·풀·바위 등으로 분별되어 있고, 계절에 따라 그 모습이 변한다. 그러나 옛 사람들은 그런 사실을 부정하는 데서 오히려 산수의 이치를 체득하려 했다. 눈에 보이는 것으로써 보이지 않는 이치를 드러내야 하는 산수화가들에게 그것은 결코 쉬운 일이 아니다. 그러나 방도가 전혀 없는 것은 아니다.
>
> 도(道)는 볼 수도, 만질 수도, 냄새 맡을 수도 없다. 도를 청각적으로 표현하면 적막하다고 할 수밖에 없고, 시각적으로 표현하면 현(玄)하고 공(空)하다고 할 수밖에 없다. 그러므로 경물 묘사를 절제하고 여백을 적절히 활용하면서 화면에 적막감을 불어넣는 방법은 보이지 않는 이치를 표현하는 훌륭한 기법이 될 수 있다.
>
> 조선 초기의 화가 안견(安堅)의 작품으로 알려진 〈어촌석조도(漁村夕照圖)〉는 소상팔경 중 한 장면을 그린 것이다. 이 작품을 비롯한 일련의 그림에서 우리는 이치를 드러낸 관념 산수화의 진수를 볼 수 있다. 소상팔경도는 중국 동정호 주변의 소수와 상수의 상수풍광을 여덟 장면으로 나누어 그린 그림이다. 그렇지만 실경 산수가 아니라 관념 산수로 분류된다. 그 이유는 화의가 경치를 그리는 데 있는 것이 아니라 산수 자연의 이치를 드러내는 데 있기 때문이다.

① 예부터 한국인들은 구체적인 자연물에 주관적 세계관을 투영하였다.

② 옛 사람들은 산수의 이치를 깨닫기 위해서 기존의 통념을 부인하기도 했다.

③ 산수화는 화가가 어떤 의도를 가지고 대상을 표현했는지에 따라 다르게 분류될 수 있다.

④ 도(道)는 실제 대상에 내재된 본질을 의미하며 절제된 묘사와 여백의 미를 통해 실현된다.

정답 및 해설 p.3

제한 시간: 3분 **시작:** 시 분 ~ **종료:** 시 분 **점수 확인:** / 3개

1 다음 글의 결론으로 가장 적절한 것은?

언어에 비해서 비언어는 개인적이고, 미결정된 것이고, 비효율적이고, 상징적이고, 텅 비어 있는 의식과 같다. 비언어는 언어의 단순한 부정이 아니라, 부정함으로써 행위를 수행한다. 이것은 행위에 대한 무한한 변화로 행위를 풍부하게 만든다. 연극의 역사는 몸에서 말로, 말에서 글로 이어져왔다. 글 이후, 연극은 몸과 말의 비언어에서 글의 언어 쪽으로 옮겨왔고, 의지했고, 연극 자신을 저장했다. 근대 연극은 아주 오랫동안 언어 속에 자리 잡았고, 언어와 함께 견고하게 언어화되기 시작했다. 대체적으로 언어 연극은 근대화 과정의 결과이다. 한국 연극에서는 특히 이것이 진보의 이름으로—'신극'이라는 글자 그대로—'새로운 연극의 동력을 제공하는 것'으로 여겨졌다. 원시적인 몸은 자연스럽게 —'구극'이라는 이름으로—언어 아래에 놓이게 되었다. 언어는 연극의 특권적 중심이 되었다. 이를 통하여 희곡과 희곡을 쓰는 작가가 연극의 중심에 놓였고, 배우들은 화술을 연기의 중요한 부분으로 공부해야 했다. 공연을 준비하는 배우가 기를 쓰고 하는 작업은 희곡 속에 등장하는 인물의 성격 분석과 흔히 말하는 등장인물의 역사에 관련되는 '마술적 가정'이라는 허구들의 망에 의해서 이끌려왔다고 해도 틀린 말은 아닐 것이다. 연출가들에 있어서 텍스트를 해석하는 일은 창조적인 역량을 평가받는 잣대가 되고 말았다. 연극에서 언어의 오만과 자만심은 곧 연출가의 군림과 같은 맥락이다.

① 연극에서는 언어와 비언어를 적절히 사용하는 것이 중요하다.

② 비언어가 행위를 풍부하게 만드는 이유는 언어를 부정하기 때문이다.

③ 근대 연극에서 언어의 지위가 높아짐에 따라 비언어의 가치가 낮아졌다.

④ 근대 연극에서 언어가 강조됨에 따라 관객에게 객관적인 의미를 전달할 수 있게 되었다.

2 다음 글을 읽은 후의 반응으로 적절하지 않은 것은?

> 미국 브라운대의 마사코 타마키(Masako Tamaki) 교수팀은 건강한 젊은이들을 대상으로 잠자리가 바뀔 때 잠이 드는 과정에서 뇌의 활동을 조사했다.
>
> 그 결과 좌뇌의 디폴트 모드 네트워크(default-mode network)가 좀처럼 활동을 가라앉히지 못한다는 사실을 발견했다. 디폴트란 컴퓨터에서도 쓰는 용어로 '초기', '기본'이라는 뜻이다. 즉 어떤 시스템이 켜졌을 때 기본적으로 작동하는 상태다. 뇌에서 디폴트 네트워크를 이루는 부분은 안쪽 전전두엽과 바깥쪽 측두엽, 안쪽과 바깥쪽 두정엽이다. 대뇌피질의 상당 부분이 빈둥거릴 때도 서로 신호를 주고받는다는 말이다.
>
> 디폴트 네트워크가 존재하는 이유는 일(생각)할 게 없다고 뇌의 전원을 꺼 놓으면 갑작스럽게 할 일이 생길 경우 빠르게 대응할 수 없기 때문이라는 설명이 있다. 즉 뇌는 깨어 있는 동안 예열 상태를 유지하고 있어야 한다는 말이다. 또 뇌의 여러 부분이 신호를 주고받으며 기억과 상상, 즉 잡생각을 하면서 자기정체성을 유지하는 기능을 한다는 설명도 있다. 그러나 잠자리에 들면 뇌의 네트워크가 느슨해지면서 수면에 돌입하는 것이다.
>
> 잠이 들면서 서파(진동수가 1~4헤르츠인 느린 뇌파)가 늘어나는데, 측정 결과 낯선 곳에서 첫날 밤 좌뇌의 디폴트 네트워크에서 이런 변화가 억제됐다. 또 개별 피험자의 데이터를 비교해 보면 좌뇌의 서파 발생량과 잠이 드는 데 걸리는 시간이 반비례 관계였다. 즉 낯선 잠자리에서 좌뇌의 디폴트 네트워크가 좀처럼 진정이 되지 않아 서파가 미미한 사람일수록 좀처럼 잠이 들지 못하고 뒤척인다는 말이다.
>
> 그렇다면 잠자리가 바뀔 때 왜 디폴트 네트워크가 긴장을 늦추지 못하는 것일까. 연구자들은 진화의 관점에서 첫날 밤 효과를 설명했다. 즉 낯선 환경에서는 불확실성이 그만큼 크기 때문에 최대한 깨어 있어야 하고 설사 잠이 들더라도 얕게 자는 게 장기적으로 생존에 유리하다는 말이다.

① 의식불명인 환자의 뇌에 동일한 크기의 자극을 주면 좌뇌보다 우뇌가 먼저 반응하겠군.

② 좌뇌가 손상된 환자는 낯선 환경에서 잠드는 시간과 익숙한 장소에서 잠드는 시간이 비슷하겠군.

③ 어떤 사람이 이사를 하고 첫 번째 날보다 두 번째 날에 잠을 푹 잔 것은 디폴트 네트워크의 영향 때문이겠군.

④ 작곡가가 휴식을 취하던 중 갑자기 영감이 떠오른 것은 디폴트 모드 네트워크가 활성화된 결과라고 할 수 있겠군.

3 다음 글에서 추론한 내용으로 적절한 것은?

> 도가 사상은 노자에게서 비롯되어 장자에 의하여 발전하였는데, 노자는 도, 무위 자연, 겸허, 부쟁 등을 주장하였으며, 장자는 정신적 자유의 경지인 제물과 물아일체를 주장하였고, 지인 또는 진인을 이상적인 인간상으로 강조하였다.
>
> 도가 사상은 노자와 장자의 연원에서 그치지 않고, 시간의 흐름에 따라 변형되거나 다른 사상과 결합하며 발전하였다. 예를 들면 한(漢)나라 초기에 중국 고대의 전설적 임금인 황제(黃帝)와 함께 노자를 숭상하는 황로 학파가 유행하였다. 이는 청정 무위(淸淨無爲)를 주장하면서, 유가(儒家), 묵가(墨家), 명가(名家), 법가(法家) 등의 사상을 흡수하였다. 도가 사상은 선비들의 학문에 머물지 않고 점차 백성들에게 지대한 영향을 미치는 종교의 형태로 발전하였다. 한나라 말기에 오두미교(五斗米敎)라는 종교 단체가 등장하였는데, 그들은 도가 사상을 '도교'로서 종교화시키는 데 가장 큰 기여를 했으며, 당시 정치적 혼란으로 인해 고통받던 빠져 있던 백성들에게 종교적 구원을 선전하며 교세를 확장해 나갔다. 오두미교의 교인들은 도덕적으로 착한 행실을 행하면 질병이 낫게 되고 영원히 죽지 않는 신선이 될 수 있다고 주장하였다.
>
> 또한 위진(魏晉)의 현학자(衒學者)들은 노자와 장자의 도가 사상을 철학적으로 계승하였는데, 그중 죽림칠현을 대표로 들 수 있다. 이들에 의하면, 눈앞에 보이는 현실 세계는 인간의 고정 관념에 의해 이루어진 것일 뿐이고 진실한 세계는 인간의 고정 관념을 초월하는 무(無)의 세계라는 것이다. 이들은 인간의 현실을 초월한 우주론적 최고 원리의 경지를 토론하는 논변을 즐겼는데, 이를 소위 청담(淸談)이라고 하였으며 세속적인 가치보다 그것을 초월한 철학적이고 예술적인 가치를 중시하였다.
>
> 노자와 장자의 도가 사상은 본래는 사람의 힘으로 만든 관념이나 제도가 고착화되는 것을 반성하고 발전을 꾀하는 실천적 동기에서 시작하였으나, 점차 신비주의나 사변 철학으로 변형되었으며, 그 과정에서 쾌락주의나 공리주의에 가까운 성격을 띠기도 했다. 또 현실에 직접 참여하기보다는 방관하는 태도를 보였으며, 세상의 일반적인 풍속을 따르는 것보다는 개인의 생명이나 정신의 자유를 추구하는 경향이 심화되었다.

① 한나라 시대 이전에 도교 이외의 다른 사상은 배척되었다.

② 죽림칠현은 노자와 장자의 학문과 완전히 다른 주장을 펼쳤다.

③ 도가 사상의 실천적 동기가 신비주의로 변한 후 사변 철학으로 변질되었다.

④ 도가 사상은 이상적 인간상을 배우는 학문의 형태에서 절대적 존재가 되기를 지향하는 종교의 형태로 발전하기도 하였다.

정답 및 해설 p.5

1 글쓴이의 견해로 적절하지 않은 것은?

말은 사람과 사람의 뜻을 통하는 것이라. 한 말을 쓰는 사람끼리는 그 뜻을 통하여 살기를 서로 도와줌으로 그 사람들이 절로 한 덩이가 되고 그 덩이가 점점 늘어 큰 덩이를 이루나니 사람의 제일 큰 덩이는 나라라. 그러하므로 말은 나라를 이루는 것인데 말이 오르면 나라도 오르고 말이 내리면 나라도 내리나니라.

이러하므로 나라마다 그 말을 힘쓰지 아니할 수 없는 바니라. 글은 말을 담는 그릇이니 이지러짐이 없고 자리를 반듯하게 잡아 굳게 선 뒤에야 그 말을 잘 지키나니라. 글은 또한 말을 닦는 기계니 기계를 먼저 닦은 뒤에야 말이 잘 닦아지나니라. 그 말과 그 글은 그 나라에 요긴함을 이루 다 말할 수가 없으나 다스리지 아니하고 묵히면 덧거칠어지어 나라도 점점 내리어 가나니라. 말이 거칠면 그 말을 적는 글도 거칠어지고 글이 거칠면 그 글로 쓰는 말도 거칠어지나니라. 말과 글이 거칠면 그 나라 사람의 뜻과 일이 다 거칠어지고 말과 글이 다스리어지면 그 나라 사람의 뜻과 일도 다스리어지나니라.

이러하므로 나라를 나아가게 하고자 하면 나라 사람을 열어야 되고 나라 사람을 열고자 하면 먼저 그 말과 글을 다스린 뒤에야 되나니라. 또 그 나라 말과 그 나라 글은 그 나라 곧 그 사람들이 무리진 덩이가 천연으로 이 땅덩이 위에 홀로 서는 일도 밝아지고 이 빛을 어둡게 하면 그 나라의 홀로 서는 일도 어두워 가나니라.

우리나라에 뜻있는 이들이여 우리나라 말과 글을 다스리어 주시기를 바라고 어리석은 말을 이 아래 적어 큰 바다에 한 방울이나 보탬이 될까 하나이다. 말도 풀어 보려면 먼저 소리를 알아야 하는지라. 이러하므로 이 아래에 소리의 어떠함을 먼저 말하노라.

① 말과 나라가 서로 밀접한 관련이 있는 것으로 보았다.

② 한 나라의 말과 글이 사람의 사고를 지배한다고 보았다.

③ 말과 글을 다스리는 것은 나라를 발전시키기 위한 선행 조건으로 보았다.

④ 나라를 다스리는 사람은 말보다 글을 먼저 다스려 연쇄적으로 나라를 나아가게 해야 한다고 보았다.

2 다음 글을 읽고 추론한 내용으로 가장 적절한 내용은?

> '감추기'는 가졌으면서도 갖지 않은 체하는 것인데, 시뮬라크르는 갖지 않은 것을 가진 체하기이다. 실재를 참조 대상으로 삼지 않으면서 마치 뒤에 실재가 있는 척하는 것이다. 전자는 있음의 계열이고 후자는 없음의 계열이다. '감추기'는 실재의 원칙을 손상하지 않지만 시뮬라시옹은 참과 거짓, 실재와 상상 사이의 다름 자체를 위협한다. 참과 거짓, 실재와 상상의 차이가 더 이상 무의미해진 것이다.
> '시뮬라크르하기'라는 뜻의 시뮬라시옹(영어로는 시뮬레이션)은 재현과는 정반대이다. 재현은 기호와 실재의 등가의 원칙으로부터 출발한다. 어떤 실재가 있고, 그것을 나타내는 기호가 그다음에 오는 것이다. 이때 실재와 기호는 완전히 일치한다.
> 그러나 시뮬라크르는 등가 원칙을 무시하고, 기호의 지시 기능을 사형 집행의 기능으로 전환한다. 이미지에는 실재를 죽이는 기능이 있다. '욘사마'라는 이미지는 '배용준'이라는 실재를 죽여 없앤다. 〈중 략〉 이미지가 실재를 완전히 뒤덮어 실제의 인간이 사라져 버리는 것이다.

① 시뮬라시옹은 재현과 다르게 실재를 손상시키지 않는다.

② 실재하는 대상을 감추는 것은 재현의 정반대의 개념이다.

③ 시뮬라르크하기는 실재와 상상의 차이를 구분하지 않는다.

④ 부패한 정치인이 선거철에 갑자기 봉사 활동을 하는 것은 감추기이다.

3 다음 글에서 추론한 내용으로 적절하지 않은 것은?

> 조선 시대 경상우도는 자연환경이 좋고 생산력이 뛰어나 살기 좋은 곳으로 꼽혔고, 많은 인재가 배출되었으며 이들 중 상당수가 중앙 관직에 등용되어 관직에 있는 동안에는 서울에서 거주했을 것이다. 조선 중·후기 영남 지방은 남인계 유학자들의 본거지였는데, 그들은 유학 사상의 중심을 이루는 예학 사상(禮學思想)의 영향을 받아 자신들의 주거에 정형성을 강조하였을 것이다. 경상좌도 출신 사대부들은 퇴관 후 낙향하여 집을 지을 때 서울에서와 같이 ㅁ자형 가옥을 많이 짓고 살았는데, 좌우 대칭을 이루는 이러한 가옥형은 사대부들의 의식 구조를 상징적으로 표현한 것이라 할 수 있다.
> 그런데 경상우도는 남인계에 속하면서 남명학파(南冥學派)의 영향을 받은 사대부들이 많았으며, 이들은 인(仁)을 숭상하고 정치 현실에 참여하여 문중의 명예를 추구했던 좌도의 퇴계학파와 다른 가치관을 지니고 있었다. 즉 우도의 사대부들은 의(義)와 절기(節氣)를 숭상하고 현실 정치의 참여보다는 백성의 생활상을 살피면서 그 대책을 마련하는 데 뜻을 두고 있었다. 이러한 기풍은 경상우도 사대부의 살림집 조영에도 영향을 미쳐 정형성을 강조하는 좌도의 폐쇄형 가옥보다 우도 고유의 가옥형인 一자형 살림채를 기본으로 하고 익랑채·사랑채 등 一자형 부속채 세 개가 중정(中庭)을 둘러싼 튼 ㅁ자형과 살림채·사랑채·행랑채가 나란히 배치되는 三자형 구조로 발전하였다.

① 남명학파의 영향을 받은 사대부들의 가옥은 지역의 개성이 드러난다.

② 경상우도의 사대부들의 가옥은 보통 3채 이상의 건물로 구성되어 있다.

③ 같은 경상도에 거주하고 있어도 의식의 차이에 따라 가옥 구조가 달랐다.

④ 경상좌도와 경상우도의 가옥 구조 차이는 두 지역 사대부 간의 권력 차이를 나타낸다.

정답 및 해설 p.7

1　다음 글에서 추론한 내용으로 가장 적절한 것은?

　　고전 논리는 '참'과 '거짓'이라는 두 개의 진리치만 있는 이치 논리이다. 그리고 고전 논리에서는 어떠한 진술이든 '참' 또는 '거짓'이다. 이는 우리의 상식적인 생각과 잘 들어맞는다. 그러나 프리스트에 따르면, '참'인 진술과 '거짓'인 진술 이외에 '참인 동시에 거짓'인 진술이 있다. 이를 설명하기 위해 그는 '거짓말쟁이 문장'을 제시한다. 거짓말쟁이 문장을 이해하기 위해 자기 지시적 문장과 자기 지시적이지 않은 문장을 구분해 보자. 자기 지시적 문장은 말 그대로 자기 자신을 가리키는 문장을 말한다. 예를 들어 "이 문장은 모두 열여덟 음절로 이루어져 있다."라는 '참'인 문장은 자기 자신을 가리키며 그것이 몇 음절로 이루어져 있는지 말하고 있다. 반면 "페루의 수도는 리마이다."라는 '참'인 문장은 페루의 수도가 어디인지 말할 뿐 자기 자신을 가리키는 문장은 아니다.

　　"이 문장은 거짓이다."는 거짓말쟁이 문장이다. 이는 '이 문장'이라는 표현이 문장 자체를 가리키며 그것이 '거짓'이라고 말하는 자기 지시적 문장이다. 그렇다면 프리스트는 왜 거짓말쟁이 문장에 '참인 동시에 거짓'을 부여해야 한다고 생각할까? 이에 답하기 위해 우선 거짓말쟁이 문장이 '참'이라고 가정해 보자. 그렇다면 거짓말쟁이 문장은 '거짓'이다. 왜냐하면 거짓말쟁이 문장은 자기 자신을 가리키며 그것이 '거짓'이라고 말하는 문장이기 때문이다. 반면 거짓말쟁이 문장이 '거짓'이라고 가정해 보자. 그렇다면 거짓말쟁이 문장은 '참'이다. 왜냐하면 그것이 바로 그 문장이 말하는 바이기 때문이다. 프리스트에 따르면 어떤 경우에도 거짓말쟁이 문장은 '참인 동시에 거짓'인 문장이다. 따라서 그는 거짓말쟁이 문장에 '참인 동시에 거짓'을 부여해야 한다고 본다.

① 고전 논리에 의하면 "이 문장은 거짓이다."라는 문장은 거짓일 가능성이 크다.

② 프리스트에 의하면 "이 문장은 자기 지시적 문장이다."라는 문장은 거짓일 수 없다.

③ 프리스트에 의하면 모든 자기 지시적인 문장은 참임과 동시에 거짓임이 성립한다.

④ 프리스트에 의하면 "철수는 남자가 아니다."라는 문장은 참임과 동시에 거짓인 문장이다.

2 다음 글의 제목으로 적절한 것은?

> 마술사의 손놀림은 늘 현란하고 신기하다. 마술이 속임수라는 사실은 누구나 다 안다. 하지만 마술사가 어느 부분에서 속임수를 쓰는지는 두 눈을 부릅뜨고 지켜봐도 여간해서는 알아채기 힘들다. 겉으로 보이는 손놀림만 봐서는 그 이면에 숨어 있는 속임수의 비밀을 찾아내기 어렵기 때문이다. 어쩌면 마술사가 손에 쥐고 있는 물건에 속임수의 비밀이 감추어져 있을지도 모른다. 아니면 마술사 앞에 놓여 있는 탁자나 마술사 뒤에 걸려 있는 커튼에 특별한 장치가 숨겨져 있을지도 모른다.
>
> 사회 현상도 마찬가지이다. 겉으로 드러나는 모습만 봐서는 결코 그 원인이나 의미를 제대로 알아낼 수 없다.〈중 략〉
>
> 예를 들면 서양인들도 향수를 몸에 뿌리는 것이 생활화되어 있는데 이것만 보고 단지 서양인들이 멋쟁이 어서 그런 것이라고 생각한다면 착각이다. 옛날 유럽에 대도시가 처음 생겼을 때는 하수도 시설이 되어 있지 않아서 오물이나 대소변을 길거리에 그냥 버렸다. 유럽에서 가장 화려한 프랑스 파리의 베르사유 궁전조차도 중세 시대 당시에는 화장실이 단 한 개도 없었으며, 그 대신 300개 정도의 요강이 배치되어 있었다고 한다. 이런 환경에서 사람들은 자신의 몸에 지저분한 냄새가 배는 것을 막기 위해 향수 문화를 갖게 되었다는 일설이 있다.

① 사회 현상을 인식하는 가치중립적 태도

② 경험적 관점을 갖고 평가하는 사회 현상

③ 사회와 문화의 특수성을 고려하여 해석하는 태도

④ 통찰력을 발휘해 사회 현상의 이면까지 파악하는 태도

3 다음 글에서 추론한 것으로 가장 적절한 것은?

> 나라(국가)의 개념이 공간적 의미인 영토로만 인식된다면 한국 음악은 한반도 남부 지역, 즉 현재의 대한민국 영토 안에서 행해지는 모든 음악을 가리켜야 한다. 그러나 국가와 민족을 상호 밀접한 관계로 파악한다면 한국 음악은 세계 도처에 살고 있는 한민족 공동체의 음악 행위를 두루 포함할 수 있어야 할 것이다. 현실적으로 본다면 한반도 북부 지역에는 자신들의 음악을 '조선음악'으로 부르는 한민족의 절반가량이 살고 있으며, 중국 동북지방이나 중앙아시아 또는 미주 지역에도 다수의 우리 동포들이 거주하고 있다. 이들의 음악 문화 역시 넓게 보면 '한민족 음악'의 일부이다.
>
> 그러나 '한민족 음악'은 어디까지나 민족을 중심에 둔 개념으로, 오늘날 현실적으로 지역적(공간적)으로 많은 거리를 두고 산재해 있으며, 해당 지역의 문화적 배경과도 밀접한 관련을 맺고 있을 것이다. 따라서 한민족 음악이 그 공간적 범위를 한반도 남부 지역으로 제한할 수밖에 없는 '한국 음악'과 동일한 개념인지도 생각해 보아야 한다.
>
> 또한 오늘날 한국의 수많은 음악 대학에서 교육하는 모차르트와 베토벤의 음악은 '한국 음악'의 범주에 포함되는가 아닌가의 문제가 제기된다. 음악 행위를 창작, 즉 작곡을 중심으로 보느냐, 또는 연주와 감상을 중심으로 보느냐에 따라 그 답은 달라질 수 있다. 작곡 행위를 중심으로 볼 때 한국의 악단이 연주하는 베토벤의 음악은 한국 음악인가? 연주 행위를 중심으로 보았을 때 외국인 지휘자가 지휘하는 우리나라 악단의 연주는 한국 음악의 범주에 포함되는가? 이는 외국인이 설계·감리하고 한국인이 시공한 건물이 한국의 건축 문화를 드러낸다고 할 수 있는가의 경우와 비슷한 논의가 가능할 것이다.

① 한국 음악은 한민족 음악을 포함한 개념이다.

② 건축은 건물을 설계한 건축가의 국적과 같은 나라의 문화가 드러난다.

③ 한국 음악의 정의는 국가를 어떠한 관점으로 보느냐에 따라 바뀌기도 한다.

④ 미국에서 한국인이 아리랑을 연주하는 것은 미국 음악으로 볼 여지가 없다.

정답 및 해설 p.8

1 다음 글에서 추론할 수 있는 내용으로 가장 적절한 것은?

> 삶의 소유 양식에 규정되어 있는 학생들은 시험에서 좋은 성적을 받기 위해서 강의를 열심히 들으면서 가능한 한 강의의 내용 전체를 노트에 기록하고 암기하려고 한다. 그러나 그 내용이 그들 자신의 개인적인 사상 체계의 일부가 되어 그것을 풍요롭게 하거나 확장시키진 못한다. 학생들은 그 대신에 그들이 들은 말을 사상이나 전체적인 이론의 고정된 몇 가지 집합으로 변모시켜 그것을 저장한다. 이들 소유형의 사람들은 어떤 주제에 관한 새로운 사상이나 관념에 접하면 당황하게 된다. 왜냐하면 새로운 것은 그들이 가지고 있는 고정된 정보에 의문을 제기하기 때문이다. 실제로 소유를 세계와 관계하는 주요한 형태로 삼고 있는 사람에게는 성장하고 변화하며 따라서 지배할 수 없는 다른 모든 것과 같이 쉽게 핀으로 고정시킬 수 없는 관념은 두려운 것이다.
>
> 이에 반해 세계에 대해서 존재 양식으로 관계를 맺고 있는 학생은 강의를 들을 때 말과 관념의 수동적인 저장소가 되는 대신에 귀를 기울이면서 '듣는다.' 이들은 강의의 내용에 능동적이고 생산적으로 '반응한다.' 새로운 의문, 새로운 관념, 새로운 전망이 그들 머릿속에 생긴다. 그들은 단순히 정보를 습득하는 것이 아니라 강의를 통해서 영향을 받고 변화하는 것이다. 그들은 강의를 들은 후에 듣기 전의 자신과는 다른 인간이 된다. 존재 양식에서는 공허한 이야기는 아무런 반응도 얻을 수 없으며, 그러한 경우 존재 양식을 가지고 있는 학생들은 전혀 귀를 기울이지 않고 그들 자신의 사고 과정에만 전념한다.

① 소유 양식을 지닌 사람은 세계에 대한 부정적인 삶의 태도를 지녔을 것이다.

② 존재 양식을 지닌 사람은 소유 양식을 지닌 사람보다 인지 능력이 뛰어날 것이다.

③ 소유 양식을 지닌 사람은 존재 양식을 지닌 사람보다 유연한 사고방식을 가졌을 것이다.

④ 소유 양식을 지닌 사람은 정보를 소유하고자 하나 존재 양식을 지닌 사람은 정보를 자신의 성장의 발판으로 삼을 것이다.

다음 글에서 추론할 수 있는 것만을 〈보기〉에서 모두 고르면?

사유 재산 제도하에서는 누구나 자신의 재산을 자유롭게 처분할 수 있다. 그러나 기부와 같이 어떤 재산이 대가 없이 넘어가는 무상 처분 행위가 행해졌을 때는 그 당사자인 무상 처분자와 무상 취득자의 의사와 무관하게 그 결과가 번복될 수 있다. 무상 처분자가 사망하면 상속이 개시되고, 그의 상속인들이 유류분을 반환받을 수 있는 권리인 유류분권을 행사할 수 있기 때문이다. 이때 무상 처분자는 피상속인이 되고 그의 권리와 의무는 상속인에게 이전된다.

유류분은 피상속인의 무상 처분 행위가 없었다고 가정할 때 상속인들이 상속받을 수 있었을 이익 중 법으로 보장된 부분이다. 만약 상속인이 피상속인의 자녀 한 명뿐이면, 상속받을 수 있었을 이익의 1/2만 보장된다. 상속인들이 상속받을 수 있었을 이익은 상속 개시 당시에 피상속인이 가졌던 재산의 가치에 이미 무상 취득자에게 넘어간 재산의 가치를 더하여 산정한다. 유류분은 상속인들이 기대했던 이익을 보호하기 위한 것이기 때문이다.

피상속인이 상속 개시 당시에 가졌던 재산으로부터 상속받은 이익이 있는 상속인은 유류분에 해당하는 이익의 일부만 반환받을 수 있다. 유류분에 해당하는 이익에서 이미 상속받은 이익을 뺀 값인 유류분 부족액만 반환받을 수 있기 때문이다. 유류분 부족액의 가치는 금액으로 계산되지만 항상 돈으로 반환되는 것은 아니다. 만약 무상 처분된 재산이 돈이 아니라 물건이나 주식처럼 돈 이외의 재산이라면, 처분된 재산 자체가 반환 대상이 되는 것이 원칙이다. 다만 그 재산 자체를 반환하는 것이 불가능한 때에는 무상 취득자는 돈으로 반환해야 한다. 또한 재산 자체의 반환이 가능해도 유류분권자와 무상 취득자의 합의에 의해 돈으로 반환될 수도 있다.

보기

ㄱ. 피상속인의 자녀가 한 명뿐이라면 유류분은 상속으로 인한 기대 이익의 1/2에 해당한다.

ㄴ. 피상속인이 전 재산을 기부한 상황에서 상속인이 상속 개시 당시에 상속받은 이익이 없을 때, 무상 취득자에게 유류분 전부를 청구할 수 있다.

ㄷ. 유류분권자가 피상속인의 물건을 무상 취득한 자에게 무상 취득한 물건을 돈으로 반환할 것을 요구할 경우에 한해, 무상 취득자는 반드시 무상 취득한 물건의 가치를 금액으로 계산하여 유류분의 부족분만큼 돈으로 반환해야 한다.

① ㄱ

② ㄴ

③ ㄱ, ㄴ

④ ㄴ, ㄷ

3 글쓴이가 말하고자 하는 시사점으로 적절한 것은?

〈오프라윈프리쇼〉는 도로에서 살해당한 운전자의 약혼자와 가해자를 직접 인터뷰해 사건의 내막을 공개했다. 하지만 자동차 안에 총이 없었다면 피해자는 목숨을 잃지 않았을 거라는 말은 리포팅 중에 한 마디도 나오지 않았다. 고속도로 교통관리국장이 인터뷰 중에 자동차를 '2,000킬로그램이 나가는 무기'라고 비유한 것이 전부였다.

대중의 관심을 총기 문제로 돌리고자 하는 전문가의 의견은 거의 성공하지 못한다. 어느 지역에서 총격으로 인한 사망 사고가 발생했을 때 CNN에 출연한 그 지역 검사는 이렇게 말했다.

"우리 지역에는 총기가 너무 많습니다. 캐나다 국경을 통과할 때 우리는 늘 이런 질문을 받습니다. '차 안에 총을 가지고 있습니까?' 거기선 그걸 확인하는 것이 매우 중요한 일이죠. 하지만 캐나다에서 미국으로 넘어올 땐 뭘 물어볼까요? '차 안에 과일 있습니까?'"

하지만 이 장면이 끝나자마자 CNN 특파원 데니스 오헤이어(Dennis O'Hayer)는 재빨리 화제를 돌려버렸다. "차 안에 총이 없다고 해도 평소의 운전 습관이 여러분을 위험한 대결로 몰아갈 수 있습니다." 곧이어 〈애틀랜타컨스티튜션〉 교통 칼럼니스트라는 사람이 등장해 "1차선 끼어들기나 정체를 유발하는 거북이 운전 등처럼 위험천만한 행동을 피할 것"을 강력히 당부했다.

① 우발적인 총기 사고·사건을 방지하기 위해서 법으로 총기 소유를 규제하는 것이 바람직하다.

② 자동차는 운전자의 운전 습관에 따라 무기가 될 수 있으므로 위험한 운전 습관을 들이지 않도록 노력하는 것이 바람직하다.

③ 전문가의 말은 대중에게 신뢰감을 주므로 인터뷰 대상자를 정할 때는 편향적인 가치를 갖고 있는 사람을 제외하는 것이 바람직하다.

④ 대중들에게 가짜 위험을 주목하게 하면 진짜 사회적 문제가 외면될 수 있으므로 언론은 올바른 판단을 하여 책임 있게 대중에게 전달하는 것이 바람직하다.

정답 및 해설 p.10

1 글쓴이의 견해에 부합하지 않는 것은?

GMO란 '자연물'이 아니라 과학 기술이 자아낸 '인공물'로서 유전자란 생명의 근원(根源)을 마음대로 조작한 결과물이라는 생각이 있다. 환경과 생명에 대한 지나친 인간의 개입은 매우 위험한 일로서 신중을 기해야 한다. 우리는 소설 『프랑켄슈타인』에서 그런 교훈을 얻을 수 있다. 이런 맥락에서 GMO는 '프랑켄푸드'라는 이름을 얻었다. 반면, 과학 기술의 발전은 필연이기 때문에 GMO 역시 당연한 것이라는 생각이 있다. 인류의 삶은 고난의 연속이었고, 자연에 대한 개입은 어쩔 수 없는 일이다. 오히려 과학 기술 덕분에 인류는 진보의 역사를 이뤄올 수 있었다. 모든 일에는 위험이 따르고, 진보에는 저항이 있기 마련이지만 과학 기술의 발전사(史)는 과학 기술에 대한 우려와 반대가 한순간의 일에 불과했음을 보여 준다. 시험관 아기에 대한 1970년대의 엄청난 반대를 지금 상상이나 할 수 있는가? GMO에 대한 반대는 한때의 기우에 불과하다. 모든 것은 시간이 말해줄 것이다.

GMO가 인류의 식량 문제를 해결해 줄 것인가라는 점 못지않게 GMO의 안전성, 생태계와 유전 공학 산업에 미칠 영향 등은 인류의 미래와 관련하여 매우 중요한 사안이다. 따라서 GMO에 대한 논쟁은 생산적 방식으로 지속될 필요가 있다. 또한 이와는 별도로 현실적 대비책을 신속하게 수립해야 한다. 이를 위해서는 국제기구 차원의 노력뿐만 아니라 개개인의 관심도 요구된다. 현재 우리나라에서 유통되는 대표적 GMO로는 미국에서 수입되는 옥수수와 대두를 꼽을 수 있다. 하지만 이에 대한 정보가 구체적으로 공개되어 있지 않은 실정이며, 소비자들의 관심도 그리 높지 않은 편이다. 이런 조건에서 정부는 'GMO 표시제'를 통해 소비자들의 선택권을 보장하고 있으나, 이는 소극적 방법인 데다 현실적으로 효과가 크지 않다는 지적이 잇따르고 있다. GMO에 대한 적극적 관심과 더불어 보다 현실적인 대비책을 구체적으로 고민해야 할 시점이다.

① '프랑켄푸드'라는 별명은 과학 기술 진보에 따른 저항 중 하나이다.

② GMO는 인간이 자연의 섭리에 지나치게 개입한 결과물이라고 생각한다.

③ 오늘날 GMO에 대한 반대가 미래에는 과거의 한시적인 현상으로 볼 것이다.

④ GMO 표시제는 구체적인 정보를 표시하지 않으므로 소비자들의 선택권을 보장하지 못한다.

2 다음 글에서 추론할 수 없는 내용은?

> 모든 물질은 원자로 구성되어 있다. 원자의 중심에는 양전하를 띠는 핵이, 핵 주변에는 음전하를 띠는 전자가 있다. 전자는 핵과 전자 사이에 작용하는 전자기적 인력 때문에 핵의 주변에 머물러 있게 된다.
>
> 원자 궤도상의 전자의 퍼텐셜 에너지 크기는 상황에 따라 다르다. 여기서 에너지란 어떤 일을 함으로써 변화를 유발할 수 있는 능력이며, 한 물체의 '퍼텐셜 에너지'는 그 물체의 상대적 위치 등에 의해 달라지는 힘과 관련된 에너지이다. 예를 들어 댐에 물이 가득 차 있다고 하자. 댐의 수문을 열면 물이 배출되고, 이 물은 중력에 의해 아래로 흐른다. 이렇게 물이 지구 중심 방향으로 이동하는 과정에서 수문을 열기 전 물의 퍼텐셜 에너지 중 일부는 운동 에너지 등 다른 에너지로 바뀐다.
>
> 원자 궤도상의 전자도 핵으로부터 떨어진 거리에 따라 다양한 크기의 퍼텐셜 에너지를 갖는다. 지구상의 물체들을 중력이 붙잡고 있는 것처럼 음전하를 띠는 전자들은 전자기적 인력에 의해 양전하를 띠는 핵에 붙잡혀 있다. 댐 아래의 물을 댐 위로 퍼올리려면 물에 에너지를 투입해야 하는 것처럼 전자를 핵으로부터 멀리 이동시키기 위해서는 전자가 에너지를 얻어야 한다.
>
> 물의 퍼텐셜 에너지 변화는 연속적이다. 전자의 경우는 어떨까? 전자의 퍼텐셜 에너지 크기는 공이 놓인 계단에 비유할 수 있다. 각 계단은 저마다 불연속적이고 정해진 퍼텐셜 에너지 수준을 가지고 있고, 공은 각 계단에 놓일 뿐 계단 사이에 놓이지 않는다. 따라서 공이 어느 계단에 있느냐에 따라 공은 다른 크기의 퍼텐셜 에너지를 가진다.

① 전자의 퍼텐셜 에너지 변화는 불연속적이다.

② 핵의 퍼텐셜 에너지는 전자와의 거리에 따라 다르다.

③ 각 계단 위의 공은 상대적 위치가 모두 다르기 때문에 각기 다른 퍼텐셜 에너지를 가진다.

④ 물의 퍼텐셜 에너지는 수문 개방 후 댐 아래로 떨어졌을 때보다 댐에 저장되었을 때가 더 크다.

3 다음 글에서 추론한 것으로 적절한 것은?

민주주의는 어느 누구도 정치적 의사 결정 과정으로부터 배제되어서는 안 될 것을 요구한다는 점에서 기초적인 정치적 평등의 관념을 내포하고 있다. 그러나 민주주의가 어느 시민도 다른 시민에 비해 너무 많은 재산을 가져서는 안 된다라는 주장에서 강조되는 것처럼 정치적 평등에서 더 나아가 엄격한 사회 경제적 평등마저도 논리적으로 요구하는가라는 점은 아직 해결되지 않은 문제이다. 물론 루소는 『사회 계약론』에서 사회적 지위나 재산상의 비교적 엄격한 평등을 민주주의의 필요조건으로 제시했고, 마르크스주의자들 역시 궁극적으로 생산 수단의 사적 소유를 폐지함으로써만 민주적 사회가 가능하다고 주장했다. 하지만 역사적으로 실현된 고대 아테네의 민주주의나 오늘날의 자유 민주주의는 그 이론이나 실제에 있어서 엄격한 사회 경제적 평등을 요구하지 않았음은 물론, 사실상 시민들 간의 사회 경제적 불평등을 용인해 왔으며, 이로 인해 심각한 계급적 갈등에 시달리기도 했다.

그러나 민주주의 역시 다른 정치 체제와 마찬가지로 격렬한 계급 투쟁과 더불어 공존할 수는 없기 때문에, 오늘날 대체로 일정한 생활 수준의 확보와 부의 커다란 불평등의 부재는 민주주의가 제대로 작동하기 위한 필요조건으로 인정되고 있다. 하지만 동시에 서구의 민주주의자들은 평등을 추구하는 사회주의 국가에도 계급 현상이 엄연히 존재한다는 사실에 주목했으며, 또 사회적 평등을 실현하기 위해서 현존 사회주의 국가들처럼 자유 민주주의의 성과를 위태롭게 하는 것은 무모하다고 생각했다.

① 루소는 경제적 평등이 달성되면 민주주의가 이루어졌다고 본다.
② 가장 바람직한 정치 체제는 계급 투쟁이 존재하지 않는 체제이다.
③ 민주주의는 경제적 불평등의 해소만으로는 제대로 작동하지 않는다.
④ 고대 아테네의 계급 갈등과 오늘날 정치 체제의 계급 투쟁의 원인은 서로 다르다.

정답 및 해설 p.11

DAY 08

제한 시간: 3분 **시작:** 시 분 ~ **종료:** 시 분 **점수 확인:** / 3개

1 필자의 견해로 적절한 것은?

> 산업화와 민주화를 일궈 내는 데 우리는 서구의 전통적인 선진 자본주의 국가 못지않게 피와 땀을 흘렸다. 그 눈물과 땀의 대가가 세계가 놀라고 우리 스스로 자부심의 근거로 내세우는 오늘의 한국이다. 잘 달려왔다. 이제 선진국의 문턱에서 숨을 고르고 있는 형국이다. 그러나 여기서 되돌아볼 일이다. 우리가 가는 길이 '격이 있는' 선진국으로의 터를 닦는 올바른 지향인가를……. 행여 개발 도상국을 졸업하고, 돈 있고, 많은 분야에서 세계 수준임을 내세우지만, 서로를 인정하지 않고, 여전히 출세와 자기 성취를 위해 남을 밟고 넘어야 하는, 천박하고 냉혹한 부자 나라로 가고 있는 것은 아닌지를 되돌아봐야 한다.
>
> 우리가 지향하는 선진국은 외형적이고 가시적인 경제적 지표나 과학 기술 등의 분야에서 괄목할 만한 업적을 냈다고 해서 가능한 것은 아닐 것이다. 정말로 지난(至難)한 과제가 무형의 가치에 대한 지향이 생활에 체화되어 있는 나라, 상류층의 사회적 책무와 의무가 실현되는 나라의 실현이며, 사회적 통합의 결과 부자와 지도층에 대한 시샘과 질투, 증오가 없는 나라여야 한다. 그래서 온 국민이 편안함과 행복을 느낄 가능성이 높은 나라여야 한다. 적어도 승자 독식(勝者獨食)의 사회로 가서는 안 된다.
>
> 경제적인 국부의 창출보다 많은 시간과 사회 구성원들의 노력이 필요한 것이 사회적 자본(social capital)의 확보다. 사회적 자본이란 무형의 가치들, 이를테면 관용, 배려, 신뢰 등에서 비롯되는 사회적 룰의 정립이다. 경쟁이 지나치게 치열한 사회의 장기적이고 궁극적인 발전은 이러한 사회적 자본의 탄탄한 뒷받침이 없이는 불가능하다. 이제 우리도 타인을 배려하고 아끼며, 공동체 정신에 대한 사회적 합의가 필요할 때가 되었다. 앞만 보고 달려온 우리 스스로가 주위를 돌아볼 줄 아는 시기가 온 것이다.

① 우리나라가 선진국에 진입하기 위해서는 경제의 지속적인 발전을 통해 사회적 자본을 확보해야 한다.

② 우리나라가 진정한 선진국으로 거듭나기 위해서는 부유한 사람과 가난한 사람의 경제적 차이를 줄여야 한다.

③ 우리나라가 선진국의 지위를 얻기 위해서는 사회를 통합할 수 있는 강력한 리더십을 지닌 지도자가 필요하다.

④ 우리나라가 진정한 선진국으로 거듭나기 위해서는 사회적 자본을 갖추어 구성원 간의 합의와 통합을 이끌어 내야 한다.

PART 1

해커스공무원 국어 추론형 독해 333 Vol. 1

2 다음 글을 읽은 후의 반응으로 적절한 것은?

기술이 발달하여 생산성이 높아지면 대량 생산이 이루어진다. 그러면 재화와 서비스의 공급이 크게 늘어난다. 공급이 크게 증가하면 가격이 하락해서 디플레이션이 발생할 수 있다. 기술 발전이 디플레이션의 원인이 될 수 있다는 이야기다. 실제로 영국에서 산업 혁명으로 인해 디플레이션이 발생하기도 했다. 하지만 현대 경제에서는 사실상 이러한 요인으로 인한 디플레이션은 잘 발생하지 않는다. 더욱이 기술 발전에 의한 디플레이션은 경제 성장과 소득 증대가 동반되어 나타나므로 물가 하락 현상이 오래 지속되지 않는다.

우리가 두려워하는 디플레이션은 '물가 하락 → 수요 부진'이라는 악순환을 수반하는 경기 불황형 디플레이션이다. 물가가 하락할 것으로 예상되니, 소비자들은 소비를 줄인다. 시장에서 소비가 줄어드니 장사가 안 되고 물가가 더 떨어진다.

이유가 무엇이든 일단 경기 침체가 시작되고 경기 부진이 지속될 것으로 예상되면 사람들은 미래에 대비해서 스스로 허리띠를 졸라맨다. 옷이 안 팔리고 식당이 파리를 날린다. 기업은 신규 투자와 생산을 축소한다. 고용이 감소하고 소득이 줄어든다. 이는 다시 가계의 소비를 위축시키고 물가가 하락하는 악순환의 고리가 형성된다.

디플레이션과 혼동되는 용어로 디스인플레이션(disinflation)이란 게 있다. 인플레이션 앞에 반대의 뜻을 지닌 '디스(dis)'라는 접사가 붙으니 디스인플레이션도 물가가 하락하는 현상이며, 결국은 디플레이션과 같은 뜻이라고 오해하기 쉬운데 그렇지 않다.

디스인플레이션이란 인플레이션 현상이 점차 둔화되는 현상을 말한다. 예를 들어 물가 상승률이 5퍼센트에서 4퍼센트, 3퍼센트 식으로 점차 낮아질 때 디스인플레이션이라고 한다.

① 디스인플레이션 상태에 접어들면 물가는 더 이상 상승하지 않겠군.

② 경기 불황형 디플레이션이 악화되면 결국 디스인플레이션을 유발하겠군.

③ 경기 불황형 디플레이션이 발생하면 일시적으로 개인의 소비가 증가하겠군.

④ 경기 불황형 디플레이션 상황에서 정부가 공공 일자리 사업을 확대하면 디플레이션이 완화될 수 있겠군.

3 다음 글을 읽은 후의 반응으로 적절한 것은?

한일 병합 전 이미 대한 제국의 정치와 경제는 일본에 의해 장악되었다. 이런 상황에서 일본 통감부는 대한 제국의 초등학교용 교과서 편찬에 관여하면서, 모든 교과서의 언어를 일본어로 한다는 방침을 세웠다.

〈중 략〉

일본어로 교과서를 편찬하는 데 대한 반대 여론이 들끓자, 통감부는 여론을 무마하기 위해 일어 독본과 이과(理科) 교과서만 일본어로 발간하고, 나머지 교과서는 국한문 혼용으로 발행한다는 결정을 내려 한 발 물러나는 듯한 모습을 보였다. 그러나 이는 교묘한 식민지 언어 정책이 시작되었음을 의미한다.

통감부가 이과 과목의 교과서에는 일본어를 사용하는 방침을 관철시킴으로써 '일본어는 곧 실용적'이라는 등식이 자연스럽게 성립했다. 이는 과학과 실용의 영역에서 우리말을 배제시키는 논리가 됨으로써, 우리말의 역할이 극도로 축소되는 결과를 낳았다. 또한 인문 관련 교과서가 이두식 국한문 혼용으로 쓰이면서 학술 분야에서 자연스러운 우리말 문체가 정착될 수 있는 기회가 사라져 버렸다. 19세기 말 《독립신문》과 《제국신문》 등 순한글 신문에서 선보였던 근대적인 우리말 문체가 꽃피우지 못함으로써, 학술적 글쓰기가 이두식 국한문 혼용 문체의 틀에 갇혀 버린 것이다. 이는 우리말에 일본식 문체와 일본식 한자어가 범람하는 계기가 되었다.

1910년 이후 일본의 식민 지배가 본격화하면서, 일본어 상용화를 전제로 한 교육도 본격화하였다. 조선어를 제외한 모든 과목의 교과서가 일본어로 발행되었을 뿐만 아니라, 행정과 법률 관련 문서는 일본어로 된 문서를 표준으로 삼게 되었다. 일본어가 명실상부한 권력 언어인 국어로 되고, 우리말은 피지배 민족의 언어로 전락한 것이다. 당시 90퍼센트에 육박했던 문맹률과 저조한 진학률 때문에 일본어는 그 위세에 걸맞은 파급력을 가지지 못했다. 그 덕분에 조선어는 일상 언어로서 활발하게 사용되었지만, 교육, 행정, 법률, 학술 등의 영역에서 밀려나면서 이류 언어로 전락하고 말았다.

① 1910년 이후 진행된 일본의 우리말 억압이 우리 민족의 문맹률 상승으로 이어졌겠군.

② 일본어가 문서 작성을 위한 표준어로 기능하게 되면서 일상에서도 일본어가 많이 사용되었겠군.

③ 일본은 이과 교과서를 일본어로 발간함으로써 일본어에 대한 조선인의 인식을 바꾸고자 했군.

④ 19세기 말부터 이전 우리말에 일본식 문체와 일본식 한자어를 일상 언어로 많이 쓰게 되면서 인문 교과서에도 일본어가 쓰이게 되었겠군.

정답 및 해설 p.13

PART

2

견해·관점·논증을
분석하고 평가하기

기출로 확인하는 추론형 문제 유형

DAY 09 ~ DAY 16

기출로 확인하는 **추론형 문제 유형**

유형 2　견해·관점·논증을 분석하고 평가하기

유형 소개

이 유형은 제시문에 나타난 화자 및 필자의 견해·관점·논증을 분석한 뒤 선택지 또는 〈보기〉에 진술된 내용이 화자 및 필자의 견해·관점·논증을 강화 혹은 약화하는지 판단하는 방식으로 출제된다. 따라서 각각의 견해, 관점, 논증을 정확하게 분석하는 것이 최우선이며, 그것을 바탕으로 선택지나 〈보기〉의 내용을 비판적이고 논리적으로 판단해야 한다. 이때, 선택지나 〈보기〉의 내용이 각 견해나 관점을 강화하는 것인지 약화하는 것인지 분명하게 구분하는 과정이 필요하다.

신유형 특징

기존에는 사실적 사고를 통해 제시문에 드러나는 화자 및 필자의 견해, 관점, 태도가 선택지의 내용과 일치하는지를 비교하는 수준의 문제가 출제되었다. 그러나 최근에는 화자 및 필자의 견해, 관점, 논증을 분석하여 선택지나 〈보기〉의 내용이 각 관점, 견해, 논증을 강화하는지 또는 약화하는지를 판단하는 문제나, 선택지나 〈보기〉에 사례를 제시한 후 각각의 관점을 적용시키는 문제가 출제되고 있어 비판적이고 논리적인 사고가 요구된다.

대표 질문 유형

- 갑 ~ 병(A ~ C)에 대한 평가로 적절한 것만을 〈보기〉에서 모두 고르면?
- ㉠, ㉡의 주장에 대한 비판으로 적절하지 않은 것은?
- 〈보기〉의 관점에서 ㉠을 비판한 것은?
- 다음 글에 근거한 판단으로 적절한 것만을 〈보기〉에서 모두 고르면?

유형에 강해지는 전략

1단계 견해가 드러나는 부분에 밑줄을 그으면서 화자 및 필자의 관점, 견해, 논증을 분석한다.

- 중심 생각을 판단할 수 있는 핵심 단서는 글의 마지막 부분이나 문단의 마지막 부분에 나타나는 경우가 많다.

2단계 선택지나 〈보기〉에 제시된 내용이 화자 및 필자의 관점, 견해, 논증에 부합하는지 판단한다.

대표 유형 분석

갑~병에 대한 평가로 적절한 것만을 〈보기〉에서 모두 고르면?　　2022년 지방직 7급

> 갑: 일상적인 언어생활에서 가족이 아닌 이들과 대화할 때 '우리 엄마'라는 표현을 자주 쓰곤 하는데, 좀 이상하지 않아? '우리 동네'라는 표현과 비교하면 무엇이 문제인지 분명하게 알 수 있어. '우리 동네'는 화자의 동네이기도 하면서 청자의 동네이기도 한 특정한 하나의 동네를 지칭하잖아. 그런 식이라면 '우리 엄마'는 형제가 아닌 화자와 청자가 공유하는 엄마를 지칭하는 이상한 표현이 되는 셈이지. 그러니까 이 경우의 '우리 엄마'는 잘못된 어법이고 '내 엄마'라고 하는 것이 올바른 어법이라고 할 수 있어.
> '갑'의 견해
>
> 을: 청자가 사는 동네와 화자가 사는 동네가 다른 경우에도 '우리 동네'라는 표현을 쓸 수 있어. 물론 이 표현이 의미하는 것은 청자가 사는 동네와 다른, 화자가 사는 동네가 되겠지. 이 경우 '우리 동네'라는 표현은 '그 표현을 말하는 사람이 사는 동네' 정도를 의미할 거야. 갑이 문제를 제기한 '우리 엄마'의 경우도 마찬가지라고 볼 수 있어.
> '을'의 견해(1) / '을'의 견해(2)
>
> 병: '우리 엄마'와 '내 엄마'가 같은 뜻을 갖는 것은 아니야. '내 동네'라고 하지 않고 '우리 동네'라고 하는 것은 동네를 공유하는 공동체가 존재하기 때문이겠지. 마찬가지로 '내 엄마'라고 하지 않고 '우리 엄마'라고 하는 것은 우리가 늘 가족 공동체 속에서의 엄마를 생각하기 때문일 거야. 즉, 가족 구성원 중의 한 명인 엄마를 공유하는 공동체가 존재한다는 것이지.
> '병'의 견해

보기

ㄱ. 갑은 '우리 엄마'라는 표현이 화자와 청자 모두의 엄마를 가리킨다고 보는 입장이다.

ㄴ. 형제가 서로 대화하면서 '우리 엄마'라는 표현을 쓸 때 이 표현이 형과 동생 모두의 엄마를 가리킨다는 것은 을의 입장을 약화한다.

ㄷ. 무인도에 혼자 살아온 사람이 그 섬을 '우리 마을'이라고 말하면 어색하게 느껴진다는 것은 병의 입장을 약화하지 않는다.

① ㄱ　　　　　　　　　　　　　　　☑ ㄱ, ㄷ

③ ㄴ, ㄷ　　　　　　　　　　　④ ㄱ, ㄴ, ㄷ

1단계 견해가 드러나는 부분에 밑줄을 그으면서 화자 및 필자의 관점, 견해 논증을 분석한다.

• 갑: '우리'는 '화자＋청자'이므로 '우리 엄마'가 아닌 '내 엄마'라고 표현하는 것이 어법상 적절함
→ '우리 엄마'에서 '우리'는 화자와 청자를 모두 포함하는 뜻을 담고 있어 화자와 청자가 '엄마'를 공유하는 셈이 되므로 '우리 엄마'는 어법상 적절하지 않음

• 을: '우리'는 청자를 배제한 화자만을 가리키는 것도 가능함
→ '우리 동네'는 '화자가 사는 동네' 정도를 나타내므로 '우리 엄마' 또한 '화자의 엄마'를 가리키는 것 정도로 볼 수 있음

• 병: '우리'는 '화자＋대상'을 공유하는 공동체'를 가리킴
→ '우리'는 대상을 공유하는 공동체가 존재함을 가리키는 말이므로 '우리 엄마' 역시 엄마를 공유하는 가족 공동체가 존재함을 가리키는 것임

2단계 선택지나 〈보기〉에 제시된 내용이 화자 및 필자의 관점, 견해, 논증에 부합하는지 판단한다.

• ㄱ: 갑은 '우리'를 화자와 청자를 모두 포함하는 개념으로 인식한다. 따라서 '우리 엄마'가 형제가 아닌 화자와 청자가 공유하는 엄마를 지칭한다고 하였으므로 ㄱ은 갑의 견해에 대한 평가로 적절하다.

• ㄷ: 병은 '우리'를 화자를 포함한 공동체가 존재함을 가리킨다고 하였다. 이때 ㄷ에서 무인도는 그것을 공유하는 공동체가 존재하지 않는 사례에 해당하므로 병의 입장을 약화하지 않는다. ㄷ은 병의 견해에 대한 평가로 적절하다.

오답 분석

• ㄴ: 을은 '우리'라는 표현을 청자를 제외한 화자만 지칭하는 것도 가능하다고 하였을 뿐, 청자를 배제해야만 한다는 견해는 제시하지 않았으므로 ㄴ의 평가는 적절하지 않다.

1 A~C의 주장에 대한 평가로 적절하지 않은 것만을 〈보기〉에서 모두 고르면?

> A는 외계인이 우주를 보편적으로 지배하는 원리를 포함한 이론을 지니고 있다면, 그들과 우리 지구인 간에는 의사소통이 가능할 것이라 주장한다. 그들이 가지는 이론은 비록 우리와는 다른 방식으로 표현될 수 있지만, 그 내용은 우주를 보편적으로 지배하는 동일한 내용의 원리이기 때문에 이론을 바탕으로 고급 기술 개발 및 우주선 제작이 가능할 것이라고 본다. 따라서 A는 외계인이 그런 이론을 가지고 있다면, 그들과 우리는 서로 의사소통이 가능할 것이라고 본다.
>
> 반면 B는 상호 의사소통은 오직 공통된 생활 양식을 공유할 때만 가능하다고 주장한다. 이에 대해 갑은 지구에서 진화해 온 원숭이나 고래, 흰개미조차 우리 인간의 생활 양식이 크게 다르기 때문에 외계인 역시 생활 양식의 차이가 클 것이므로 의사소통이 어려울 것이라고 말한다. 즉, 외계인들은 우리와 근본적으로 다른 진화 경로를 거치며 외계의 환경에서 문명을 이뤘을 것이므로, B는 우리와 외계인의 의사소통은 불가능할 것이라고 전망한다.
>
> 마지막으로 C는 우주를 보편적으로 지배하는 원리는 동일하며, 그러한 원리를 포함한 이론을 가진 외계인의 존재 가능성을 인정한다. 하지만 의사소통을 위해서는 이론을 표현할 수 있는 일상 언어가 필요하다고 주장한다. 즉 이론을 우리가 이해할 수 있는 일상적인 언어로 표현할 수 있어야 한다는 것이다. 따라서 외계인이 보편적 원리를 지니고 있더라도 일상 언어가 결여되었다면 의사소통에 실패할 확률이 크다고 여긴다. 반면 외계인이 우주의 보편적 원리를 포함하는 이론을 이해하고 표현하는 데에 일상 언어를 사용한다면 우리와 의사소통이 가능할 것이라고 본다.

보기

ㄱ. A와 C는 우주의 보편적 원리를 포함하는 이론을 가진 외계인이 있다면 지구인과 의사소통을 할 수 있을 것이라고 본다.

ㄴ. B는 A와 달리 외계인이 우주의 보편적 원리를 포함하는 이론을 갖추고 있다고 하더라도 의사소통은 불가능할 것이라고 본다.

ㄷ. A, B, C는 모두 외계인의 존재 가능성을 인정할 뿐만 아니라 그들이 우주의 보편적 원리를 포함하는 이론을 가지고 있을 것이라고 본다.

① ㄱ, ㄴ   ② ㄱ, ㄷ

③ ㄴ, ㄷ   ④ ㄱ, ㄴ, ㄷ

2 다음 글에서 추론한 내용으로 적절하지 않은 것은?

> X는 한국의 500원짜리 동전을 감별할 목적으로 제작된 감별기이다. X에 동전을 넣으면 C 상태와 E 상태 두 가지 중 하나로 표시된다. X가 C 상태일 때는 파란불이, E 상태일 때는 빨간불이 각각 켜진다. X는 500원 동전의 크기와 무게에 정확하게 반응하며 크기나 무게가 다른 동전은 C 상태를 야기하지 않는다. X의 설계 목적 하에서 C는 500원 동전에 관한 상태이고 E는 500원 동전이 아닌 동전에 관한 상태이다. 그 상황에서 X의 파란불은 투입된 동전이 500원임을 의미한다. 이때 미국의 25센트 동전이 500원 동전과 크기와 무게가 같다고 가정하자. 그렇다면 25센트 동전을 X에 넣었을 때도 파란불이 켜질 것이다. 그러나 X는 500원 동전을 감별할 목적으로 설계되었기 때문에, 그 파란불은 투입된 동전이 500원임을 의미한다.
>
> 그런데 우연히 X가 미국에 설치되었다고 하자. 미국인들은 동전을 몇 번 넣어보고는 X에 25센트 동전을 넣으면 파란불이 켜지고 다른 동전을 넣으면 빨간불이 켜짐을 알게 된다. 그 이후부터 미국인들은 25센트 동전을 감별하는 목적으로 X를 사용하기 시작했다. 이제 X는 새로운 사용 목적을 갖게 된 것이다.
>
> 이는 인공물이 표상하는 의미가 고정되지 않는다는 것을 보여준다. X의 사용 목적에 따라 X의 C와 E는 다른 것에 대한 상태가 될 수 있고 X에 표시되는 파란불과 빨간불은 처음 제작 당시 지녔던 것과 다른 의미를 지닐 수 있다.

보기

ㄱ. X에 어떤 동전을 투입했을 때 빨간불이 들어온다면 500원 동전도, 25센트 동전도 아닐 것이다.

ㄴ. X에 세 개의 동전을 각각 투입했을 때 X가 세 번 모두 E 상태로 표시된다면 투입한 동전의 크기와 무게는 모두 같을 것이다.

ㄷ. X의 C 상태가 "투입된 동전이 25센트이다"를 의미하는지의 여부는 X에 동전을 투입하는 사람의 국적에 따라 달라질 것이다.

① ㄱ, ㄴ ② ㄱ, ㄷ

③ ㄴ, ㄷ ④ ㄱ, ㄴ, ㄷ

3 A와 B의 주장에 대한 평가로 적절한 것만을 〈보기〉에서 모두 고르면?

> A: 저는 기술 결정론적 관점에서 정보 기술이 발전되면 정보 경제라는 새로운 경제 부문이 급격하게 떠오르게 되고, 그에 따라 고용 구조라든가 정부나 기업이 조직되고 작동하는 방식에까지도 커다란 변화가 일어남으로써, 사회 구조의 모든 영역에서 근본적인 변화가 일어날 것이라고 봅니다. 즉, 정보 통신 기술은 변동의 기본 동인(動因)으로서 사회 변동에 자율적으로 작용할 것입니다. 이러한 관점에 저는 정보 사회라는 탈산업 사회는 '재화를 생산하는 경제'보다는 '서비스를 중심으로 하는 경제'라는 특징을 지니게 될 것이고 정보 지식이야말로 탈산업 사회의 핵심 자원이라고 생각합니다. 또한 저는 '참여 민주주의, 시민운동에 의한 사회 변동, 물질주의적 가치의 퇴조, 정보의 균등한 분배' 등이 미래 정보 사회의 주요 특성이 될 것이라고 봅니다.
>
> B: 저는 사회 구조론적 관점에서 정보 기술의 발전에 따라 정보화가 진전되는 일도 결국은 자본주의 체제 내부에서 일어나는 변화라고 생각합니다. 요컨대, 기술은 중립적이지만 기술을 이용하는 방식은 중립적일 수 없다는 겁니다. 즉, 누가, 무엇을 위해, 그리고 어떠한 방향으로 기술을 이용하느냐에 따라 효용이 달라지지요. 이러한 점에서 저는 정보 사회란 부가 가치가 높은 정보 기술을 생산과 관리에 도입함으로써 자본을 더욱 효율적으로 축적하고, 정보와 관련된 하드웨어와 소프트웨어를 상품화함으로써 이윤의 원천을 다양화할 수 있는 사회라고 생각합니다. 정보 기술을 활용함으로써 한편에서는 기존 산업을 정보화하고, 다른 한편에서는 정보 자체를 산업화하는 양면 전략, 즉 '산업을 정보화'와 '정보의 상품화'를 동시에 추구하는 것이죠. 다만, 저는 향후의 정보 사회를 낙관적으로만 보지 않습니다. 정보 불평등으로 인한 경제적 불평등이 확대되고, 직무는 극도로 단순화되어 이로 인해 노동자의 힘은 약해질 것이기 때문입니다.

> **보기**
> ㄱ. 지나치게 많은 정보가 범람함에 따라 양질의 정보를 가진 사람만이 부를 축적하게 된다는 것은 A의 입장을 약화한다.
> ㄴ. 외부에서 새로운 기술이 유입되어도 인프라가 부족한 국가에서는 그 기술을 사용할 수 없다는 것은 A의 입장을 약화하지만 B의 입장은 강화한다.
> ㄷ. 한 기업에서 인공지능 기술을 제조업에 적용한 기업이 크게 성장하였으나, 해당 기업에서 대규모 구조 조정이 실시되었다는 기사는 B의 입장을 강화한다.

① ㄱ, ㄴ   ② ㄱ, ㄷ

③ ㄴ, ㄷ   ④ ㄱ, ㄴ, ㄷ

정답 및 해설 p.15

1 〈보기〉의 관점에서 ⓐ을 비판한 것으로 적절한 것은?

인간의 행위는 어떤 동기에서 결정되며 어떤 원인에서 작용할까? 이 물음에 인간 행위가 인간의 자유로운 선택에 의한 것이라는 견해가 ⓐ'자유 의지론'이다. '자유 의지론'에 따르면 인간의 행위는 인간의 자유 의지로 선택한 결과이다. 따라서 인간의 자유 의지가 원인이며 결과가 인간이 행한 행위이기에, 행위에 따른 도덕적 책임을 인간 스스로가 진다. 인간의 자유 의지에 따라 우리의 삶과 세상은 얼마든지 변화할 수 있다. 여기서 인간의 자유 의지란 외부의 제약이나 한계에 구속되지 않고 실현하고자 하는 목표나 방향을 스스로 세우고 실행할 수 있는 의지를 말한다. 더불어 인간은 옳고 그름을 분별할 수 있는 자유 의지를 가지고 있다. 이에 따라 자유 의지가 전제되어야만 사람으로서 마땅히 지켜야 할 도리인 윤리가 확립된다. 즉, 인간이 자유 의지를 가지고 있다는 것은 인간이 본성에만 의존하여 행동하지 않음을 말하고 항상 선한 행동을 하기 위해서 노력한다는 것을 말한다.

보기

결정론은 인간의 행위를 포함한 세상에서 일어나는 모든 일은 이미 일정한 인과 관계가 있으며 그에 따라 결정된다고 말한다. 결정론은 인간의 의지나 자유를 부정하며 인간의 행위는 그 행위를 일어나게 한 주변 환경, 조건에 따라 결정되어 있다고 여긴다. 또한 인과 관계를 인간의 노력으로 바꾸는 것은 사실상 불가능하다고 본다.

① 비도덕적인 행위를 선택한 이유가 선한 의도였다면 행위의 도덕적 책임을 물을 수 없다.

② 자연법칙에 의해 지구 대기 중에 일어나는 물리적인 현상은 어떠한 의지로 선택된 현상이 아니다.

③ 인간마다 하는 노력이 다르고 그에 따른 결과도 모두 다르므로 인간은 스스로의 행위를 선택할 수 있다.

④ 악한 행위를 하는 것은 인간이 물려받은 유전자와 환경에 의해 갖추어진 성격과 가치관에서 기인한 것이므로 도덕적으로 비난하는 것은 의미가 없다.

2 다음 글에 근거한 판단으로 적절한 것만을 〈보기〉에서 모두 고르면?

'공리주의(utilitarianism)'라는 개념은 '유용성(utility)'이라는 말에서 기원하는데, 어원에서 보듯이 이 이론은 행복을 가져다주는 유용성으로부터 윤리적 규칙을 도출한다. 공리주의자들은 특정한 상황에서 우리가 무엇을 해야 할지를 결정할 때 사용할 수 있는 간단한 도덕 원칙을 자신들이 제공해 줄 수 있다고 주장한다. 그 원칙은 바로 '모든 사람이 최대 다수의 최대 행복을 가져올 수 있도록 행위해야 한다'는 것이다.

공리주의에 따르면 다른 모든 가치들이 의존하고 있는 본질적 가치를 지닌 것, 그리하여 옳고 그름의 최종적 판단 근거로 사용할 수 있는 가치를 지닌 것은 바로 행복이다. 행복이야말로 본질적이고 궁극적인 선이다. 따라서 행복 이외의 모든 것은 오직 행복을 얻기 위한 수단으로서의 가치를 지닐 뿐이다. 인간의 행동에 대한 도덕적 평가도 그 행동이 얼마나 많은 행복을 가져오는가에 따라 내려진다. 다시 말해서 그 행동이 가져올 행복과 불행의 총량을 따져 보는 것이다. 이 경우 가장 많은 양의 행복(행복에서 불행을 뺀 총량)을 가져 올 수 있는 행동이 옳은 행동이다.

여기서 공리주의와 이기주의를 혼동하지 않도록 주의해야 한다. 이기주의는 나 자신만을 위해 최선의 결과를 가져오는 행위를 지향하지만, 공리주의는 그러한 이기적 관점을 넘어 이 세상에서 행복의 총량을 문제 삼는다. 그리하여 행위자가 어떤 가능한 대안들을 평가할 때 그것이 모든 사람의 행복에 어떤 영향을 미칠지 따져 볼 것을 요구한다.

보기

ㄱ. 공리주의는 최대 다수의 최대 행복을 추구하므로 경우에 따라 소수의 행복이 희생될 수 있다.

ㄴ. 공리주의적 입장에서 어떤 사람이 취할 행동의 결과가 행복이 80, 불행이 90이라면 그 행동은 비도덕적인 행동이다.

ㄷ. 최대 다수의 행복을 추구하기 위해 행한 행동이 결과적으로 나 자신만의 행복만을 증진시켰다면 그것은 이기주의에 해당한다.

① ㄱ, ㄴ   ② ㄱ, ㄷ

③ ㄴ, ㄷ   ④ ㄱ, ㄴ, ㄷ

3 다음 글을 토대로 할 때, 하이데거의 주장과 반대되는 견해는?

> 하이데거는 자신의 회화론이 함축하고 있는 비사실적인 재현의 특성을 보여 주기 위해 '도구' 개념을 강조하는데, 이 도구는 사물에 대한 전통 형이상학적 규정으로부터 벗어나 있다.
>
> 전통 형이상학은 —하이데거의 해석에 따르면— 예술 작품을 포함한 모든 사물을 '형식화된 질료'로 규정한다. 즉 전통 형이상학은 '질료(hyle)'와 '형식(morphe)'의 개념틀로써 모든 사물의 구조를 파악한다. 이러한 개념틀에 의하면, '질료'는 사물을 경험하는 데 있어 우리의 감각을 자극하는 것들, 즉 색깔, 소리, 굳기, 부피 등을 의미하는 반면, '형식'은 변하지 않고 그 자체로 있는 사물의 고유한 항구성(standhaft-igkeit)을 지칭한다. 사물에 대한 이 같은 형이상학적 규정은 고대 그리스 철학에 의해 고안된 '질료'와 '형식'의 개념틀 위에 기초한 것인데, 이는 고대 그리스와는 다른 세계관을 가진 중세 시기에도 여전히 유지되었다. 〈중 략〉
>
> 하이데거에게서 인간은 전주제적인 세계에서 존재자들과 관계를 맺는데, 이 관계에서 마주하는 사물들은 전통적인 사물 개념인 '실재적 사물(Ding-realia)'이 아니라, 일상생활에서 사용하는 '도구적 사물(Ding-Zeug)'이다. "도구(Zeug)는 그것의 도구성에 상응하게 언제나 다른 도구에의 귀속성에서부터 존재한다: 필기도구, 펜, 잉크, 종이, 책받침, 책상, 등불, 가구, 창문, 문, 방, 등. 이러한 '사물들'은 결코 우선 스스로에게 자신을 내보이고 나서 그다음 실재적인 것의 합으로서(Summe von Realen) 방 하나를 채우고 있는 것이 아니다." 전주제적인 세계를 이해하기 위해서는 먼저 '실재적 사물'과 구분되는 '도구'의 특징이 규명되어야 한다.
>
> 인간의 전주제적인 주위 세계에서 만나는 '도구'는 우선 전통적인 사물의 경우처럼 질료와 형식의 통일로 이해되지 않고 "무엇을 하기 위한 어떤 것(Um-zu)"이라는 능력으로 규정된다. "도구는 본질적으로 '무엇을 하기 위한 어떤 것'이다." 그리고 "무엇을 하기 위한 어떤 것"으로서의 도구는 고립되어 있지 않고 항상 다른 도구들과의 "지시 연관성(Bedeutsamkeit)"을 전제로 한다. 한 예로 못질을 위해 도구로 사용되는 망치가 망치로 존재하기 위해서는 먼저 못과의 연관성 속에 있어야 한다. 따라서 도구는 실재적 사물과는 달리 개별적인 도구로 있지 않고 도구 전체성 안에만 주어진다. "엄밀히 말해서 하나의 도구는 없다. 도구의 존재에는 그때마다 각기 언제나, 그 안에서 도구가 그것이 무엇인 바로 이 도구일 수 있는 일종의 도구 전체가 속한다."

① 인간은 도구적 사물과 마주하며 존재자들과 관계를 맺는다.

② 전주제적인 세계에서 도구는 다른 도구와 관계를 맺으며 존재한다.

③ 어떤 화가가 그린 구두 그림은 구두의 형식화된 질료로 규정할 수 있다.

④ 눈앞에 어떤 사물이 있는지에 대한 것보다 그것이 어떻게 쓰이는지가 중요하다.

정답 및 해설 p.17

1　㉠과 ㉡에 대한 평가로 적절한 것만을 〈보기〉에서 모두 고르면?

　　모든 사회의 어린이는 불과 4~5년 동안에 특별한 지도가 없이도 새로운 문장을 자유로이 만들어 낼 수 있게 된다. 산수나 읽기, 음악 등은 지도와 훈련을 많이 받아도 낙오되는 수가 있거나 그 숙달 정도에 차이가 나타나지만, 말을 못하는 어린이는 없다.

　　이와 같은 언어 습득의 균일성과 통달성을 설명하기 위해 언어학자 ㉠ 촘스키(Noam Chomsky)는 다음과 같은 주장을 폈다. 인간의 아이는 기본적이고 추상적인 언어 구조에 관한 선험적 지식을 갖고 태어난다. 그의 말을 빌리면 "아이는 특정 언어를 모르고 태어나지만 언어의 보편적 문법체계는 안다(The child knows language, but not a language)." 다시 말해 인간에게는 보편적인 문법 체계가 생물학적으로 프로그램 되어 있다는 것이다. 바로 이러한 이유로 어린이의 언어 습득이 불완전한 언어 학습 환경 아래에서도 빠르게 이루어진다고 촘스키는 믿었다. 그러나 이에 대한 반박도 만만치 않다. 행동주의 심리학을 이끌었던 ㉡ 스키너(Burrhus Frederic Skinner)는 어린이의 언어 습득도 여느 학습과 마찬가지로 모방, 반복, 기억에 의한 학습 과정의 산물로 보았다. 스키너에 따르면 어린이의 언어 습득이 짧은 시기에 이루어지는 것은 태어난 아이는 오직 언어 습득에만 집중하기 때문이라는 것이다. 촘스키와 스키너의 각기 다른 설명 방식은 언어 능력과 언어 습득을 둘러싼 논쟁이 아직 끝나지 않았음을 말해 준다.

보기

ㄱ. 언어 습득의 결과를 ㉠은 생득적 관점에서 ㉡은 후천적 관점에서 바라본다.
ㄴ. 야생에서 발견된 10대 소년에게 말을 가르쳤으나 결국 실패했다는 사례는 ㉡의 입장을 약화한다.
ㄷ. 침팬지에게 학습을 통해 수백 개의 영어 단어를 구분하는 데 성공했다는 결과는 ㉠의 입장을 강화한다.

① ㄱ　　　　　　　　　　　　　　　　② ㄱ, ㄴ
③ ㄴ, ㄷ　　　　　　　　　　　　　　④ ㄱ, ㄴ, ㄷ

2 A와 B의 주장에 대한 평가로 적절한 것만을 〈보기〉에서 모두 고르면?

A는 인간의 본성을 어떻게 가정하느냐에 따라 인간 관리에 대한 전략이 달라진다고 주장한다. 이를 서로 상반되는 인간 본성에 대한 X이론과 Y이론으로 설명하였다. X이론은 인간을 부정적이고 수동적인 존재로 바라본다. 즉, 태생적으로 일하기 싫어하고 지시 받기를 좋아하며 책임을 회피할 뿐만 아니라, 야망이 없고 안전만을 추구하는 존재가 바로 인간이라는 것이다. 따라서 X이론을 따르는 지도자는 조직 구성원들의 행동을 항상 감독하고 관리하며 처벌이나 위협을 가하는 통제적인 지도성을 발휘한다. Y이론은 인간을 조직의 목표 달성을 위해서라면 스스로를 통제하는 능동적 존재로 보았다. 또한 목표 달성을 위해 기꺼이 책임 지고 헌신할 뿐만 아니라 최상의 보상을 임금이 아닌 자기만족이나 자아실현에 두는 긍정적인 존재로 인식한다. 따라서 Y이론을 따르는 지도자는 구성원이 잠재력이나 책임감과 같은 특성을 자발적으로 개발할 수 있도록 구성원 스스로를 자율적으로 통제하는 자율적 리더십을 택한다.

한편 B는 조직의 관리 방식에 따라 구성원들의 행동 양식이 달라진다고 주장한다. B가 연구한 결과, 어떤 조직에서는 조직의 구성원들을 언제나 어린아이와 같은 미성숙한 존재로 대하고, 또 다른 어떤 조직에서는 구성원들을 성숙한 존재로 대우한다는 사실이 드러났다. 조직 구성원들을 미성숙한 존재로 대할수록 구성원들은 자신들의 직장에서 최소한의 영향력 말고는 행사할 수 없으므로 점점 의존적이고 수동적이며 종속적인 행동을 보였다. 반면 조직 구성원들을 성숙한 존재로 대할수록 구성원들은 스스로 자신의 욕구를 충족시키기 위해 노력했으며 조직 내에서 성장하기 위해 다양한 노력을 행하였다. 하지만 전자 집단의 구성원이 후자 집단으로 옮긴 후에는 그 구성원 역시 능동적이고 성숙하게 행동하였다고 한다.

보기

ㄱ. B는 조직이 어떠한 관리 방식을 취하는지에 따라 구성원의 성숙도가 달라진다고 본다.

ㄴ. A는 지도자가 어떠한 경영 방식을 지녔는지에 따라 구성원의 행동이 결정된다고 본다.

ㄷ. B는 Y이론을 따르는 지도자의 조직보다 X이론을 따르는 지도자의 조직에서 구성원의 자립성이 낮다고 볼 것이다.

① ㄱ, ㄴ ② ㄴ, ㄷ

③ ㄱ, ㄷ ④ ㄱ, ㄴ, ㄷ

3 다음 글에서 추론한 내용으로 가장 적절한 것은?

'오컴의 면도날 원칙'은 중세 기독교 철학이나 교리와 연관이 있다. 당시 중세의 철학자들과 신학자들의 논쟁은 점차 뚜렷한 결론으로 흘러가는 것이 아니라 더 많은 주장과 의견을 논하며 다투었다. 이때 오컴은 '면도날'을 들었다. 이는 너무 많은 가정들과 주장들은 불필요하며, 어떤 현상을 설명할 때 너무 많은 가설들이 달리면 과감하게 면도날로 잘라내 버린다는 비유이다. 바로 이것이 '오컴의 면도날 원칙'이다. 다시 말하면 '오컴의 면도날 원칙'은 복잡성을 최소화하는 원리로, 가장 간단하고 단순한 설명이나 해석을 우선시하는 철학적인 원칙이다. 예를 들어 어떤 사람이 친구와 약속을 잡았으나 약속에 늦어 친구가 화가 난 상황에 처했다고 가정해 보자. 우리는 이 사건을 아래 두 가지와 같이 대응할 수 있다.

A: 내가 회사에서 바로 나오려고 했는데, 갑자기 문제가 생긴 거야. 분명 잘 처리한 업무라고 생각했는데, 그게 아닌 거 있지? 내가 더 잘 처리했어야 했는데⋯⋯.

B: 미안, 내가 급한 일이 있어서 약속에 늦었네. 오늘은 내가 밥 살게.

A는 추가적인 가정과 복잡한 내용을 장황하게 제시하였다. 하지만 B는 A보다 훨씬 간단명료하게 설명하였다. 과연 A와 B 중 누가 더 빨리 친구와의 갈등을 해결했을까? 답은 불 보듯 뻔하다. '오컴의 면도날 원칙'은 B와 같은 단순한 설명이 불필요한 요소들을 제거하여 핵심적인 요인에 집중함으로써 문제를 해결하는 데 도움을 주며, A보다 더 합리적일 가능성이 높다고 판단한다. 더불어 불필요한 가정이나 복잡한 설명은 합리성을 상실시킬 수 있으므로 더 단순하면서도 설명력이 있는 가정을 선택하는 것이 바람직하다는 것을 알려 준다. 다만, 오컴은 이 원칙을 사실이나 현상에 대한 절대적이고 적확한 결론을 낼 목적으로 사용하지 않았으며 여러 주장이나 가설들의 신뢰도를 대강 짐작으로 헤아리기 위해 사용하였다.

① 오컴은 B의 설명보다 A의 설명을 더 선호할 것이다.

② 동일한 사건이라도 A의 설명보다 B의 설명이 경제적이다.

③ B의 설명은 자신이 약속에 늦은 사건의 가장 정확한 원인이다.

④ B의 설명은 복잡한 가정이 필요하지만 간결성과 단순성을 우선시한 결과이다.

정답 및 해설 p.19

1 다음 글에 근거한 판단으로 적절한 것만을 〈보기〉에서 모두 고르면?

> A교육청은 관할 지역 내 중학생의 학력 저하가 심각한 수준에 달했다고 우려하고 있다. A교육청은 이러한 학력 저하의 원인이 스마트폰의 사용에 있다고 보고 학력 저하를 방지하기 위한 방안을 마련하기로 하였다. 자료 수집을 위해 A교육청은 B중학교를 조사하였다. 조사 결과에 따르면, B중학교에서 스마트폰을 가지고 등교하는 학생들 중에서 국어 성적이 60점 미만인 학생이 20명, 영어 성적이 60점 미만인 학생이 20명이었다.
>
> B중학교에 스마트폰을 가지고 등교하지만 학교에 있는 동안은 사용하지 않는 학생들 중에 영어 성적이 60점 미만인 학생은 없다. 그리고 B중학교에서 방과 후 보충 수업을 받아야 하는 학생 가운데 영어 성적이 60점 이상인 학생은 없다.

보기

ㄱ. A교육청이 조사를 실시한 B중학교의 학생 수는 최소 40명이다.

ㄴ. B중학교에서 영어 성적이 58점인 철수는 방과 후 보충 수업 대상이 아니다.

ㄷ. B중학교에 스마트폰을 갖고 등교하지만 학교에서 사용하지 않는 학생들 중 방과 후 보충 수업을 받아야 하는 학생은 없다.

① ㄱ　　　　　　　　　　　　　　② ㄱ, ㄴ

③ ㄴ, ㄷ　　　　　　　　　　　　④ ㄷ

2 A와 B의 주장에 대한 평가로 적절하지 않은 것만을 〈보기〉에서 모두 고르면?

> 한국인의 전통적 명분관은 신분과 상하의식에 따라 사회적 역할을 제한하는 명분론 A와 개인이나 사회가 당면하는 문제에 대응하는 판단이나 행위에 대하여 그 정당성을 부여하는 명분론 B의 성격을 지닌다.
>
> 명분관 A는 엄격한 계층 구조를 형성하여 안정된 사회 질서를 유지하는 역할을 한다. 가족 구성원 간의 계층적 성격에 따라 명분을 부여하여 가족적인 질서를 유지한 것이 그 예이다. 이에 따라 부모의 도리, 자식의 도리, 임금의 도리, 신하의 도리 등 각자의 도리가 명분으로 주어지면 이 명분은 위아래 어느 쪽에 대해서도 규범으로 작용하게 된다.
>
> 하지만 명분관 A는 명분이 윗사람에게는 관대하고 아랫사람에게 억압적인 것은 아니었다. 전통 사회에서는 오히려 위아래 구성원이 역할에 따라 명분의 제약을 받아 공동체의 질서와 결속을 유지했다. 그러나 명분관 A는 진보적인 요구를 억누르는 보수적인 성격도 가지고 있었다. 이는 근대에 신분 제도가 붕괴되면서 타당성을 잃었지만, 오늘날 여전히 자신의 분수를 지키는 것만을 미덕으로 여기고 도전과 모험의 진취적 태도를 부정하는 의식으로 잔재한다.
>
> 반면 명분관 B는 개인의 행위에 대해 인간의 본성에 근거하는 도덕적 정당성의 기준을 제시한다. 이는 불의에 대한 비판 의식이나 타협을 거부하는 강직한 선비 정신과 같다. 또한 사회적 행위에 적용되는 공통의 도덕적인 명분은 공동체의 정당성을 확고하게 하여 사회를 통합하는 데 기여해 왔다. 그러나 지나친 경직된 비판 의식은 사회적 긴장과 분열을 초래할 수도 있다. 조선 후기의 당쟁은 명분론의 대립으로 인해 심화된 측면이 있는 예시이다.
>
> 또한, 같은 시기에 명분론 B에 대한 관심이 고조되고 명분의 형식화와 체면치레가 성행하면서 실용적인 측면이 소홀히 되는 경향이 있었다. 특히, 성리학적 의리에 집착한 사대부들 사이에서는 현실과 동떨어진 논의가 만연되었다. 이러한 경향은 사회의 실제 문제에 대한 해결과 관련된 실용적인 판단을 흐리게 만들었다.

> **보기**
> ㄱ. A와 B는 공동체를 유지하기 위해 구성원의 의식을 통제하였다.
> ㄴ. A는 행위의 기준이 사회 구조에 있으나, B는 행위의 기준이 개인의 도덕성에 있다.
> ㄷ. A는 아랫사람이 윗사람을 비판하는 것을 금기시하였으나, B는 불의에 대한 비판을 통해 사회의 질서를 유지하고자 했다.

① ㄱ, ㄴ   ② ㄱ, ㄷ

③ ㄴ, ㄷ   ④ ㄱ, ㄴ, ㄷ

3 갑과 을에 대한 평가로 적절한 것만을 〈보기〉에서 모두 고른 것은?

> 갑: 유전자는 자신의 복제본을 더 많이 남기기 위하여 유기체를 활용한다. 그러므로 유기체는 유전자를 실어 나르는 운반체에 불과하다. 유기체는 유전자의 이익을 위하여 행동한다. 유기체의 행동 방식은 유전자를 최대한으로 퍼뜨리기 위한 전략적 선택에 의해 정해지는 것이다. 유기체가 바꿀 수 있는 것이 있다고 해도 이는 본질적이지 않다. 유전자에 의해 결정되는 형질은 인간이 환경이나 행동을 바꾼다고 해서 개선될 수 있는 것이 아니다. 고혈압과 심장병 같은 신체적인 질병뿐 아니라 중독과 행동 장애, 대부분의 정신 질환도 그것들을 유발하는 유전자가 있다.
>
> 을: 유전자 결정론은 인간에게 희망보다는 절망을 더 많이 안겨 주었다. 모든 것을 유전자가 결정해 버린다면 인간이 바꿀 수 있는 영역은 협소해질 수밖에 없다. 사실 우리가 마음먹고 행동하는 것에 따라 유전자가 반응하며 그것이 우리의 미래 목적을 이루는 데 기여할 수 있다. 중요한 것은 어떤 유전자를 타고났느냐가 아니라 한 사람 한 사람의 삶 속에서 유전자의 활동이 어떻게 조절되느냐의 문제이다. 우리가 먹는 음식과 주거 환경, 생활 양식이 모두 유전자의 활동을 조절하여 다른 신체 상태를 유발할 수 있다. 가령 동일한 유전자를 지닌 일란성 쌍둥이라도 신체를 어떤 환경에 노출시키느냐에 따라 치명적인 질병에 걸릴 수도 있고 무병장수할 수도 있다. 우리는 저마다의 행동과 실천으로 삶을 바꿀 수 있다.

보기

ㄱ. 모든 유기체가 유전자를 최대한 퍼뜨리기 위해 유전자의 활동을 조절한다는 연구 결과는 갑의 주장을 강화한다.

ㄴ. 도시에 살던 사람이 시골로 이사 간 지 5년 만에 암 발생 가능성이 70% 감소했다는 연구 결과는 갑의 주장을 약화한다.

ㄷ. 심장병을 유발하는 유전자를 지닌 사람이 꾸준히 식이요법을 진행하였으나 결국 심장병으로 사망했다는 신문 기사는 갑의 주장을 강화하지만 을의 주장은 약화한다.

① ㄱ, ㄴ   ② ㄱ, ㄷ

③ ㄴ, ㄷ   ④ ㄱ, ㄴ, ㄷ

정답 및 해설 p.20

1 ㉠과 ㉡의 주장에 대한 비판으로 적절하지 않은 것은?

> 사회 복지 방법론은 고통을 받고 있는 사람들이 인간답게 살 수 있도록 도와주는 데 필요한 전문 지식과 기술로 구성되는데, 이는 크게 둘로 나눌 수 있다. 하나는 도움을 필요로 하는 개인이 마주한 문제에 초점을 맞추고 문제를 개별화하여 그 해결 방안을 찾는 미시적 방법론이고 다른 하나는 문제를 집합적으로 보면서 전체적인 사회 차원에서 그 해결 대책을 강구하는 거시적 방법론이다. 사회 복지 전문가들은 이러한 방법론에 따라 도움이 필요한 사람들로부터 문제를 찾아내어 그 원인을 진단해 냄으로써 그들 스스로 자신의 문제를 해결할 수 있도록 도움을 주기도 하며, 다른 한편으로는 정부 정책이나 제도에 영향을 미침으로써 문제의 해결에 도움을 주기도 한다.
>
> 이러한 두 가지 방법론은 사회 체제와의 관계에서도 차이가 있다. ㉠ 미시적 방법론을 활용하는 사회 복지 전문가들은 사회 체제 자체에 별 관심을 보이지 않고, 따라서 사회 정책을 입안하고 집행하는 데에도 그다지 관여하려 하지 않는다. 이들은 단지 사회 체제 안에서 개인에게 도움을 줄 수 있는 효과적인 방법들 곧 자신이 담당하고 있는 임상(臨床) 분야의 전문성을 강화하는 데 관심을 기울인다.
>
> 반면에 ㉡ 거시적 방법론을 주장하는 전문가들은 개인의 생활에 영향을 미치는 정부의 정책이나 사회 체제 자체를 매우 중요시한다. 왜냐하면, 정부의 정책을 변화시키거나 사회 체제에 영향을 미침으로써, 그것이 궁극적으로 개인에게 도움을 줄 수 있다고 보기 때문이다. 따라서 이들은 사회의 발전 과정에서 나타나는 사회 세력들 간의 역동적인 측면에 관심을 보이며, 정부의 정책 과정 및 그것을 둘러싼 정책 환경에 관련된 지식들을 바탕으로 사회 복지 방법론의 지식과 기술을 발전시키고자 한다.

① ㉠은 개인적 측면에서의 문제 해결에 초점을 두기 때문에 사회 체제 내의 근본적인 문제를 발견할 가능성이 낮다.

② ㉠은 고통받는 개인에게 도움을 줄 수 있는 제도나 정책이 갖추어져 있지 않을 때 문제를 해결하는 데 어려움을 겪을 수 있다.

③ ㉡은 사회 체제에 영향을 줌으로써 국가 전체의 삶의 질을 상승시키는 것을 추구하므로 개별적 구성원의 삶의 질을 상승시키는 것은 등한시할 수 있다.

④ ㉡은 정책을 연구하고 개발하는 것을 통해 문제를 해결하고자 하기 때문에 긴급한 상황에 즉각적인 문제 상황에 대응할 당장의 방안을 제시하기 어려울 수 있다.

2 A와 B의 주장에 대한 평가로 적절하지 않은 것을 〈보기〉에서 모두 고르면?

산업화에 따라 국가의 통제력은 약화되고 사회는 분화되면서 개인은 점점 공동체적 유대로부터 벗어나게 되는데 이를 '개체화'라고 한다. A와 B는 현대의 개체화 현상을 사회적 위험 문제와 연관시켜 진단한 대표적인 학자들이다.

A는 과학 기술의 의도하지 않은 결과로 나타난 현대의 위기가 개체화와는 별개로 진행된 현상이라고 본다. A는 원전 누출 사고, 환경 재난 등 예측 불가능한 위험이 현실화될 가능성이 있음에도 삶의 편의를 위해 이를 방치해 위험이 항시적으로 존재하게 된 현대 사회를 '위험 사회'라고 규정한다. 현대의 위험은 과거와 달리 국가와 계급을 불문하고 파괴적 영향을 미친다는 것이 A의 관점이다. 그런데 A는 현대인들이 개체화되어 있기 때문에 오히려 전 지구적 위험에 의한 불안에 대응하기 위해 초계급적, 초국가적으로 연대할 가능성이 있다고 보았다. 특히 A는 그들이 과학 기술의 발전뿐 아니라 그 파괴적 결과까지 인식하여 대안을 모색하는 '성찰적 근대화'의 실천 주체로서 일상생활에서의 요구를 모아 정치적으로 표출하는 등 행동에 나서야 한다고 주장한다.

B는 개인들이 삶의 불확실성 속에서 생존을 모색하게 된 현대를 '액체 시대'로 정의하였다. 현대인의 삶과 사회 전체가, 형체는 가변적이고 흐르는 방향은 유동적인 액체와 같다고 본 것이다. 그런데 그는 액체 시대라는 개념을 통해 A가 언급한 전 지구적 위험 요인의 항시적 존재만이 아니라 삶의 조건을 불확실하게 만드는 개체화 현상 자체도 위험 요인으로 보았다. 그가 가장 심각하게 여긴 것은 협력의 고리를 잃어버린 현대인들이 개인 수준에서 위기에 대처해야 하는 상황에 빠졌다는 점이다. 더구나 그는 이러한 상황에서 위험에 대한 공포가 내면화되면 사람들은 극복 의지를 잃고 자기 방어에만 몰두하게 된다고 보았다. 그렇기 때문에 B는 일상생활에서의 정치적 요구를 담은 실천 행위도 개체화의 흐름에 놓여 있기 때문에 현대의 위기에 대한 해결책이 될 수 없다고 판단하고 있다.

보기

ㄱ. A는 개체화를 현대의 위험을 극복할 수 있는 해결책으로 보는 반면, B는 그러한 위험을 심화하는 요소로 본다.

ㄴ. A는 현대의 위기를 필연적 결과로 보는 반면, B는 현대의 위기를 현대 사회의 유동성에서 기인한 것으로 본다.

ㄷ. A는 현대 사회의 개체화를 해결할 수 있는 방법으로서 개인 간의 연대를 강조하나, B는 현대 사회의 개체화는 해결할 수 없는 것으로 본다.

① ㄱ

② ㄱ, ㄴ

③ ㄱ, ㄷ

④ ㄱ, ㄴ, ㄷ

3 갑과 을의 주장에 대한 평가로 적절한 것만을 〈보기〉에서 모두 고르면?

> 갑: 저는 어떤 대상이 반드시 가져야만 하고 그것을 다른 대상과 구분해 주는 속성인 본질이 존재한다고 생각합니다. 그러니까 X의 본질이 궁금하면 X에 대한 필요 충분한 속성을 찾으면 되는 것이죠. 다시 말해 X에 대해 오직 X에 대해서만 해당되는 것을 찾으면 됩니다. 예를 들어 모든 까투리가 그리고 오직 까투리만이 꿩이면서 동시에 암컷이므로, '암컷인 꿩'은 까투리의 본질이라고 보는 것이지요. 결국에 서로 다른 개체를 동일한 종류의 것이라고 판단하고 의사소통에 성공하기 위해서는 그러한 개체들이 공유하는 무엇인가가 필요하고 그것이 우리와는 무관하게 개체 내에 본질로서 존재하는 것입니다. 저는 이러한 가정을 바탕으로 자유나 지식과 같은 개념의 본질을 규명하기 위해 끊임없이 연구하고 있습니다.
>
> 을: 저는 본질은 존재하지 않는 것으로 봅니다. 인간이 정한 언어 약정이 본질주의에서 말하는 본질의 역할을 수행하는 것일 뿐이죠. 즉, 본질은 우리가 사물에 관습적으로 부여하는 의미를 표현한 것에 불과하다는 것입니다. 본질이 존재론적인 개념이라면 거기에 언어로 상관하는 것은 정의입니다. 하지만 어떤 대상에 대한 정의를 분명하게 내리기 어렵다는 것은 결국 본질 또한 분명하게 규정하기 어려움을 뒷받침합니다. 결국 우리 인간이 본질을 명확히 밝히지 못하는 까닭은 무지해서가 아니라 그런 본질이 있다는 잘못된 가정에서 출발했기 때문이며 사물의 본질이라는 것은 단지 인간의 가치가 투영된 것에 지나지 않습니다.

> **보기**
> ㄱ. 추상적인 대상의 본질은 구체적인 대상에 내재된 본질과 달리 정의가 분명하다는 것은 갑의 입장을 강화한다.
> ㄴ. 인간의 본질을 '인간은 사회적 동물'이라고 규정하였으나 벌과 개미도 사회적 동물이라는 것은 갑의 입장은 약화한다.
> ㄷ. 금이 오랫동안 색깔이나 밀도와 같은 특성으로 규정되어 왔으나, 오늘날에는 현대 화학에 입각해 정의된다는 점은 을의 입장을 강화한다.

① ㄱ   ② ㄱ, ㄴ

③ ㄴ, ㄷ   ④ ㄱ, ㄴ, ㄷ

정답 및 해설 p.22

제한 시간: 3분　**시작:**　시　분 ~ **종료:**　시　분　**점수 확인:**　/ 3개

1 다음 대화에 대한 이해로 적절한 것은?

> A: 저희 연구팀은 콩 속 제니스틴의 성인병 예방 효능을 실험을 통해 세계 최초로 입증했습니다. 또한 제니스틴은 발암 물질에 노출된 비정상 세포가 악성 종양 세포로 진행되지 않도록 억제하는 효능을 갖고 있다는 사실을 흰쥐 실험을 통해 밝혔습니다. 암이 발생하는 과정은 세포 내의 유전자가 손상되는 개시 단계와 손상된 세포의 분열이 빨라지는 촉진 단계로 나뉘는데 제니스틴은 바로 이 촉진 단계에서 억제 효과가 있습니다.
>
> B: 네, 의미 있는 결과네요. 저희 연구팀은 200명의 여성을 조사해 본 결과, 매일 흰 콩 식품을 섭취한 사람은 한 달에 세 번 이하로 섭취한 사람에 비해 폐암에 걸릴 위험이 절반으로 줄었다는 사실을 발견했습니다.
>
> C: 콩 섭취가 탈모에도 효과가 있다는 사실을 알고 계셨나요? 저희 연구팀은 식이요법으로 원형탈모증을 완치할 수 있을 것으로 보고 원형탈모증을 가지고 있는 쥐에게 콩기름에서 추출된 화합물을 투여해 효과를 관찰하는 실험을 진행했습니다. 실험 결과 콩기름에서 추출된 화합물을 각각 0.1ml, 0.5ml, 2.0ml씩 투여한 쥐에서 원형탈모증 완치율은 각각 18%, 39%, 86%를 기록했습니다.

① A는 콩 속의 제니스틴이 세포 내의 유전자 손상을 억제하는 데 효과적이라고 보겠군.

② B는 흰 콩 식품이 남녀의 폐암 발병 확률을 낮출 수 있을 것이라고 보겠군.

③ C는 콩을 많이 섭취할수록 원형탈모증 치료에 효과적이라고 보겠군.

④ A~C는 각각 검은 콩이 성인병, 폐암, 원형탈모증의 치료에 효과적이라고 보겠군.

해커스공무원 국어 추론형 독해 333 Vol. 1

PART 2

2 다음 ㉠의 주장을 강화하는 진술로 적절한 것을 고르면?

> 한 드라마에서 여주인공이 러브가 도대체 무엇이냐고 물었다. 그 물음을 받은 상대방은 러브는 함께할 상대방이 있어야 하고, 총을 쏘는 것보다 어렵고, 더 위험하고, 더 뜨거워야 한다고 대답했다. 사랑이란 무엇인가라는 질문은 비단 드라마에서만 묻고 답하는 것이 아니다. 역사 속에도 사랑을 정의하고자 하는 철학자들의 수많은 시도가 있었다.
>
> 그리스의 대표적인 철학가 ㉠플라톤은 사랑을 이미 갖고 있는 것이 아닌 갖지 못한 것에 대한 갈망, 결핍된 것이 지닌 아름다움을 향한 욕망이라고 하였다. 그가 주장하기를 에로스는 지혜와 무지 사이에서 지혜의 결핍을 깨닫는 순간 지혜를 사랑하게 된 것이라고 한다. 즉 사랑은 완전함을 위해 바쳐지는 열정이므로 받는 사랑이 아니라 주는 사랑인 '플라토닉 러브'라는 것이다.
>
> 그에게 사랑은 영혼을 따를 때 가장 아름다우며, 육체적인 사랑보다는 '선(善)'을 추구하는 행위이다. 선은 곧 아름다움이고, 영혼을 따르는 사랑은 선에 도달하기 위해 욕망을 절제하고, 이데아를 향해 나아간다. 또한 사랑은 선과 미를 향하는 절대적 열정이다. 이 열정은 인간의 결핍과 부족함을 완전한 아름다움으로 완성하기 위한 열망이다.
>
> 플라톤은 인간은 육체적 사랑으로 시작하여 영혼의 사랑으로 나아간다고 생각한다. 육체적 사랑을 통해 일시적으로 생성하고 소멸하는 것보다 영원한 영혼의 아름다움이 더 가치가 있음을 깨닫는다. 이윽고 모든 아름다움 너머에 아름다움의 본질인 '미'의 이데아에 대한 관조라는 최고 단계의 사랑으로 나아간다. 이 단계의 사랑은 순간적이지 않고 절대적이며 영원하다. 세상의 혼란과 한계를 극복하고 질서와 관조로써 지혜를 잉태하고 출산하는 숭고하고 성숙한 사랑이다.

① 인간은 가질 수 없는 것보다 자기가 가진 것을 소중하게 여긴다.

② 사랑은 육체적인 사랑을 배제한 플라토닉 사랑이 진정한 사랑이다.

③ 에로스가 완전한 지혜를 소유하고 있었더라도 에로스는 지혜를 사랑했을 것이다.

④ 육체적 욕망을 절제하고 이데아에 대한 관조의 자세를 지니는 것이 진정한 사랑이다.

3 밑줄 친 부분에 대한 비판으로 가장 적절한 것은?

루소에 의하면, 자연 상태에서 인간은 필요한 만큼의 욕구가 충족되면 그 이상 아무 것도 취하지 않았으며, 타인에게 해악을 끼치지도 않았다. 심지어 타인에게 도움을 주려는 본능적인 심성까지 지니고 있었다. 그러나 인지(認知)가 깨어나면서 인간의 욕망은 필요로 하는 것 이상으로 확대되었다. 이 이기적인 욕망 때문에 사유 재산 제도가 형성되고, 그 결과 불평등한 사회가 등장하게 되었다. 즉 이기적 욕망으로 인해 인간은 타락하게 되었고, 사회는 인간 사이의 대립과 갈등으로 가득 차게 되었다.

이러한 인간과 사회의 병폐에 대한 처방을 내리기 위해 쓰인 것이 『에밀』로서, 그 처방은 한마디로 인간에게 잃어버린 자연을 되찾아 주는 것이다. 즉 인간에게 자연 상태의 원초의 무구(無垢)함을 되돌려 주어, 선하고 자유롭고 행복하게 살 수 있는 사회를 만들게 하는 것이다. 루소는 이것이 교육을 통해서 가능하다고 보았다.

그 교육의 실체는 가공(架空)의 어린이 '에밀'이 루소가 기획한 교육 프로그램에 따라 이상적인 인간으로 성장해 가는 과정을 통해 엿볼 수 있다. 이 교육은 자연 상태의 인간이 본래의 천진무구함을 유지하면서 정신적·육체적으로 스스로를 도야해 가는 과정을 따르는 것을 원리로 삼는다. 그래서 지식은 실제 생활에 필요한 정도만 배우게 하고, 심신의 발달 과정에 따라 어린이가 직접 관찰하거나 자유롭게 능동적인 경험을 하도록 하는 것이다. 그럼으로써 자유로우면서도 정직과 미덕을 가진 도덕적 인간으로 성장해 나갈 수 있게 된다. 이것은 자연 상태의 인간을 중시하는 그의 인간관이 그대로 반영된 것이다.

① 아는 것이 병이라는 말처럼, 쓸데없는 것을 너무 많이 알게 되면 아이들에게 해롭지 않을까?

② 세 살 버릇 여든까지 간다는 말이 있듯이, 어려서 형성된 성격이 평생을 좌우하는 것이 아닐까?

③ 고기도 큰물에서 노는 놈이 크다는 말이 있듯이, 아이들에게는 무엇보다 교육 환경이 중요한 것 아닐까?

④ 논 자취는 없어도 공부한 공은 남는다는 말처럼, 지식을 열심히 쌓으면 아이들의 삶에 도움이 되니까, 아이들이 지식을 학습하는 것이 진정한 의미의 교육이 아닐까?

정답 및 해설 p.23

1 A~C에 대한 평가로 적절한 것만을 〈보기〉에서 모두 고르면?

A: 고대의 인간은 강건하고 거의 불변하는 기질로 구성되어 있으며, 인간 종족으로서 가능한 모든 활력을 발휘했다. 동물과 마찬가지로 인간은 자연스럽게 생을 마감할 때까지 살았다. 질병은 거의 존재하지 않았다. 질병은 고대 이후 과다한 노동, 나태, 행복 또는 궁핍을 낳는 문명의 부산물이었다. 고대인에게 질병이라고 할 만한 것이라고는 사고로 인한 손상뿐이었다. 그렇기에 고대인들은 후대인들에 비해 장수하는 것이 가능했다.

B: 인간의 황금시대는 18세기 후반에 본격적으로 열렸다. 문명의 진보는 세상의 원기를 회복시켰으며 미래를 향한 커다란 도약의 가능성을 열었다. 이제 인간은 새로운 인간 존재의 창조를 통해 새롭게 탈바꿈해야 했다. 인간 수명의 영역에서 혁명이 일어났다. 사회적 평등이 빈부의 극단적 차이를 종식시키며 빈자들의 환경을 개선함으로써 수명의 연장을 가능케 했다. 의학의 발달로 질병 치료의 가능성이 더 높아지고 그 결과 수명이 늘어났다. 이처럼 전반적인 진보의 속도와 보조를 맞추며 인간 수명은 꾸준히 증가한다.

C: 스트룰드부르그로 알려진 불사의 종족 이야기는 인간 수명의 증가에 대한 새로운 시각을 보여 주고 있다. 이 종족의 갓 태어난 아기들은 이마에 동그라미가 찍혀 있는데 그것은 영생의 표시였다. 그런데 이 이야기에서 영생의 행운을 거머쥔 듯 보이는 섬 주민들은 오히려 고통스러운 운명에 대해 하소연한다. 이처럼 영생이 곧 행복한 삶을 의미하지는 않는다. 한순간의 젊음이 지나고 나면 그들에게 남는 것은 온갖 질병과 알 수 없는 절망에 시달려야 하는 노년의 삶뿐이었다. 그들이 갈망하는 것은 자신들이 결코 소유할 수 없는 죽음뿐이다.

보기
ㄱ. 문명이 진보함에 따라 인간의 기대수명 역시 과거보다 더 길어졌다는 것은 A의 입장을 약화한다.
ㄴ. 문명화된 군대와 접촉한 고대 부족이 원인 불명의 전염병으로 인해 멸족했다는 것은 B의 입장을 약화한다.
ㄷ. 얼마나 오래 사느냐보다 얼마나 잘 사느냐가 더 중요하다는 연구 결과는 C의 입장을 강화한다.

① ㄱ, ㄴ   ② ㄱ, ㄷ
③ ㄴ, ㄷ   ④ ㄱ, ㄴ, ㄷ

2 다음 대화를 올바르게 이해한 것으로 가장 적절한 것은?

> 얼마나 많은 여가 시간을 갖고 인간답게 살아가느냐 하는 것은 한 사회의 '삶의 질'을 가늠하는 중요한 지표 가운데 하나다. 이와 관련해 노동자, 사용자 간의 이른바 노·사 협의가 진행되고 있다.
>
> 노동자: 저희는 노동 시간의 양보다 질적 성과가 더 중요하다는 점을 들어 노동 시간의 단축을 강력히 주장하는 바입니다. 다시 말해, 노동 시간을 단축하게 되면 늘어난 여가 시간을 통해 자기 계발의 기회를 확대할 수 있게 되고, 이를 통해 획득한 지식과 경험이 업무 수행 능력을 높임으로써 기업의 경쟁력이 제고된다는 것입니다. 아울러, 장시간의 노동에서 벗어나 가족이나 이웃과 함께하는 시간이 많아지면, 한 개인으로서 인간관계 회복에 도움이 됨은 물론, 노동자로서도 재충전의 기회를 충분히 가질 수 있습니다. 이 경우 직장과 일에 대한 애정을 느끼게 되어 생산성 향상을 기대할 수 있으며, 잔업이나 특근 등 지난날 장시간의 노동으로 인해 발생했던 직업병과 산업 재해도 줄일 수 있을 것입니다.
>
> 기업가: 네, 충분히 이해하는 바입니다. 그렇지만 저희는 법정 노동 시간의 단축이 실제로 노동 시간을 줄이기보다는, 시간 외 일에 대한 초과 임금 지급으로 인건비 부담만 가중시킴으로써 기업의 경쟁력을 저하시킬 것이라고 생각합니다. 또한, 제도를 도입하는 시점에서의 생산 차질과 노동 조건을 둘러싼 노사 마찰 때문에 노동 비용이 상승할 것이 분명합니다. 특히 저희같이 인건비의 비중이 높고 기술 수준이 낮은 중소기업의 경우에는 심각한 인력난을 겪을 우려도 큽니다. 따라서 중소기업들이 저임금의 노동력을 확보할 수 있는 외국으로 나가거나 기술 집약적인 사업으로 전환할 수 있는 시간적 여유를 주고, 성급한 노동 시간의 단축으로 야기될 노사 갈등을 막기 위해서라도 이 제도는 점진적으로 도입되어야 합니다.

① 노동자 측은 기업의 생산성 감소는 노동자의 사기 저하에 있다고 보는군.

② 기업가 측은 노동 시간 단축이 오히려 노동자에게 부담이 될 것임을 강조하는군.

③ 기업가 측은 법적으로 노동 시간이 단축되더라도 인건비는 줄어들지 않을 것으로 예상하는군.

④ 노동자 측은 노동 시간 단축에 따른 소득 감소보다 삶의 질을 향상시키는 것을 중시하는군.

해커스공무원 국어 추론형 독해 333 Vol. 1

3 다음 글에서 추론할 수 없는 것만을 〈보기〉에서 모두 고른 것은?

> 존재의 신비에 대한 막연한 경외는 이내 당혹감으로 변하며, 조리 있게 이해할 수 없는 세계는 두려움과 공포의 원천이 된다. 따라서 세계, 문명, 정치 생활의 의미를 이해하려는 치열한 노력은 그것들에 대해 우리가 갖게 되는 당혹감이나 공포를 극복하기 위한 최선의 길이 아닐 수 없다.
>
> 오크숏(Michael Oakeshott, 1901~1990)에 따르면 인간의 행위는 인과적 필연성과 우연성 사이에 있는 불확정적 상황성(contingency) 속에서만 의미와 가치를 갖는다. 불확정적 상황이 불러일으키는 당혹스러움은 인간의 지성적인 능력을 행사하도록 자극함으로써 우리가 주변의 세계를 개선시켜 나가며 자신을 독특한 도덕적 존재로 정립시키도록 조건 짓기 때문이다. 한마디로 불확정적 상황성은 인간의 지성과 자유를 실현하는 데 불가피한 것으로, 개인의 독특한 자아실현과 집단적 삶의 다채로운 양태를 발생시키는 근본적인 조건이다.
>
> 추상적이고 일반적인 행위의 규칙을 확립함으로써 개인이 자신을 독특한 도덕적 존재로 정립할 수 있는 안정된 질서의 틀을 유지하는 정치는 불확정적 상황 속에서 인간이 성취한 다채로운 문명과 개성을 보호하는 보자기 역할을 한다. 오크숏에게 정치는 다양한 모습으로 다가왔다. 때로는 정신의 혼미만을 반영하는 하찮고 속물적인 활동으로, 어떤 때는 전통에 암시되어 있는 것을 탐구하는 집단적 대화의 이미지로, 경우에 따라서는 문명의 해체를 막아주는 표면적인 활동으로, 마지막으로 정치 질서를 지탱하는 공적인 규칙 체계(respublica)를 수정 또는 제정하는 심의 활동으로 모습을 드러내기도 했다. 〈중 략〉
>
> 그럼에도 오크숏은 문명의 핵심은 철학과 문학, 역사와 과학 같은 비정치적인 활동이 차지하고 있으며, 정치는 문명의 핵심을 구성할 수 없다고 본다. 이는 그가 정치를 근본적으로 문명의 표면에서 작용하면서 문명의 해체를 막아 주는 외면적인 활동이라고 보기 때문이다.

보기

ㄱ. 정치는 문명을 지탱함으로써 인류의 문명이 존속될 수 있도록 보조한다.
ㄴ. 불확정적 상황성은 인간에게 당혹감을 유발해 정치에 대한 막연한 공포심을 심어 준다.
ㄷ. 정치는 행위의 규칙을 확립하고 안정된 질서의 틀을 제공함으로써 불확정적 상황성을 제거해 나간다.

① ㄱ, ㄴ   ② ㄱ, ㄷ
③ ㄴ, ㄷ   ④ ㄱ, ㄴ, ㄷ

정답 및 해설 p.25

1 다음 대화에 대한 이해로 적절하지 않은 것은?

> 갑: 인간은 오로지 자기 이익을 위해서 행동하는 것이겠지?
>
> 을: 타인의 불행을 보고 가엾게 여기고 도움을 주는 사람들을 보면 꼭 그렇지도 않은 것 같아.
>
> 갑: 인간이 타인의 불행을 보고 불쌍히 여기는 것은 자신에게도 올지도 모르는 그 불행을 타인을 통해 간접적으로 상상하여 느끼는 이기심에 의한 것이야. 타인을 진심으로 걱정하는 것은 아니라는 말이지. 도움을 주는 것도 마찬가지야. 다른 사람을 돕는 것은 그 행위를 통해 사회적 지위나 명성을 쌓거나 직업 경력에 도움을 받는 것과 같이 자신의 이익과 만족을 얻기 위해서야.
>
> 을: 물론 인간이 도덕적 행위를 함으로써 행복이 보장이 되면 그럴 수 있겠지만 도덕적 행위는 행복과 무관해. 타인을 돕는 행위를 무조건 도덕적 행위라고 할 순 없겠지만 사람들이 행복이 보장되지 않았는데도 스스로의 선한 의지로 도덕적 행위를 할 때는 그것이 진정한 도덕적 가치를 지녀. 그래서 인간의 행위는 어떤 것을 목적으로 해야 하는지에 따라 가치가 결정돼.

① 갑은 이타적인 행동은 없다고 보는군.

② 을은 봉사하는 것은 인간의 이익을 달성하기 위한 수단일 뿐이라고 여기고 있군.

③ 을은 행위의 목적이 이익 추구가 아닌 개인의 선의 추구인지의 여부에 따라 행위의 도덕적 가치가 결정된다고 보는군.

④ 갑은 인간이 타인의 불행을 바라볼 때 미래에 자신에게 발생할 가능성이 없는 일이라면 동정심이 생기지 않을 거라고 생각하는군.

2 ⊙, ⓒ의 주장에 대한 비판으로 적절하지 않은 것은?

> 현대 사회에서 총기 소유를 법적으로 규제하는 문제는 공공 안전 의무와 개인의 권리 사이에서 다양한 가치와 관점이 서로 충돌하고 의견이 극명하게 나뉘고 있는 문제이다. 우리나라는 총기 소유를 법적으로 엄격하게 규제하고 있는데, ⊙ 총기 소유의 법적 규제를 반대하는 측은 총기 소유 규제가 개인의 자기방어권을 제한한다고 주장한다. 그들은 총기를 소지하는 것이 작게는 개인과 가족을 위협으로부터 보호하는 수단으로, 크게는 국가의 독재나 탄압에 저항하는 수단으로 사용될 것이라고 말한다. 또한 그들은 총기 소유를 법적으로 규제하는 것은 합법적인 총기 소지자만 규제할 뿐이지 도리어 불법적 총기 소지자는 규제하지 못하는 역설이 발생한다고 주장한다. 합법적 총기 소지자는 법적 규제에 따라 추가적인 제약을 받지만 불법적으로 총기를 소지한 자들은 이미 법망에서 벗어난 상태이기 때문에 이러한 법적 규제에 영향을 받지 않으며, 단순히 규제를 강화하는 것만으로는 불법적 총기 소지자를 감시하고 검거하는 데에 한계가 있다고 주장한다.
>
> 반면 ⓒ 총기 소유의 법적 규제를 찬성하는 측은 총기 소유 규제는 총기 범죄 발생 가능성을 감소시키며 총기 사용의 비합리적이고 감정적인 사용을 제한하여 공공 안전을 증진한다고 본다. 이들은 공공 안전과 관련하여 미국 연방 질병통지센터(CDC)에서 발표한 연구 자료를 근거로 들어 미국의 총기 소지율이 높은 지역일수록 자살률이 높음을 강조하며 총기 소유의 법적 규제를 반대하는 측의 주장을 반박한다. 더구나 총기 소유 규제를 반대하는 사람들은 총기의 소유를 개인의 기본적인 권리로 보지만 찬성하는 측은 총기를 공공의 이익 가치를 우선하기 위해 제한해야 하는 의무의 대상으로 본다. 동시에 총기 소유 법적 규제는 개인의 권리와 자유를 존중하면서 공공의 이익과 사회적 안전을 보호하는 균형 있는 접근이라고 주장하고 있다.

① ⊙은 총기를 대신할 만한 자기방어 수단을 제시해야 한다.

② ⊙은 독재 국가에 대항하여 저항권의 수단으로 총기를 사용하는 것의 정당성을 입증해야 한다.

③ ⓒ은 총기 소유 법적 규제가 개인의 권리와 공공의 이익 사이의 균형을 유지하는 접근이라는 주장을 뒷받침할 자료를 제시해야 한다.

④ ⓒ은 미국 연방 질병통지센터의 연구 결과에는 다른 국가 간 차이나 사회적 요인이 고려되지 않았으므로 모든 사회에 동일하게 적용할 수 있는 또 다른 근거를 제시해야 한다.

3 다음 글에서 추론할 수 있는 것만을 모두 고른 것은?

지식 귀속 문제는 한 사람이 특정 지식을 가졌는지를 다른 사람이 판단하는 것과 관련된 문제이다. 이와 관련해 두 가지 입장이 있다. 입장 X는 평가자가 평가 대상자(이하 대상자)에게 지식을 귀속시킬지 여부를 판단하는 데 있어서, 대상자와 관련된 이해관계가 중요할수록 평가자는 대상자에게 더 엄격한 기준을 적용한다는 것이다. 입장 Y는 평가자의 대상자에 대한 지식 귀속 여부 판단은 대상자의 이해관계와 무관하다는 것이다. 이 두 입장과 관련해 X가 Y보다 대상자에 대한 평가자의 지식 귀속 판단을 더 잘 설명한다는 가설을 검증하기 위해 다음 두 사례를 이용한 실험이 진행되었다.

(가) 희수는 한자를 병용해야 하는 글쓰기 과제를 마무리했다. 담당 교수는 잘못된 한자 표기를 싫어한다. 희수는 이번 과제에서 꼭 90점 이상을 받아야 할 동기가 없지만, 틀린 한자 표기가 하나도 없기를 바란다. 희수는 한자 사전을 사용해서 과제를 꼼꼼히 검토할 예정이다.

(나) 서현도 같은 과목의 같은 과제를 마무리했다. 서현은 이 과제에서 90점 이상을 받아야만 A 학점을 받을 수 있고, A 학점을 받지 못하면 장학금을 받지 못해 학교를 계속 다닐 수 없게 된다. 서현도 한자 사전을 사용해서 과제를 꼼꼼히 검토할 예정이다.

이 실험에서 귀속되는 지식은 "내 과제에는 한자 표기에 오류가 없다."이다. 이 사례를 제시한 뒤 평가자에게 희수와 서현이 몇 번이나 과제를 검토해야 이들에게 이 지식을 귀속시킬지 물었다. 평가자가 추정한 희수의 검토 횟수와 서현의 검토 횟수를 각각 m과 n이라고 하자.

보기

ㄱ. (가)와 (나)의 사례 모두 평가자가 동일한 검토 횟수가 필요하다고 할 경우 Y의 입장이 약화된다.

ㄴ. 희수의 동기가 서현이의 동기보다 중요하다고 평가될 경우 입장 X는 m이 n보다 많을 것이라고 주장한다.

ㄷ. 평가자가 희수의 과제를 평가하는 데 필요한 검토 횟수가 3번이라고 할 때, n이 5라면 위 실험은 목적을 달성한다.

① ㄱ, ㄴ   ② ㄱ, ㄷ

③ ㄴ, ㄷ   ④ ㄱ, ㄴ, ㄷ

정답 및 해설 p.26

PART

3

글쓰기 과정을
분석해 추론하기

기출로 확인하는 추론형 문제 유형

DAY 17 ~ DAY 23

기출로 확인하는 **추론형 문제 유형**

유형 3 글쓰기 과정을 분석해 추론하기

유형 소개

이 유형은 통일성을 위배한 글 고쳐 쓰기, 무작위로 배열된 문단이나 문장을 재구성하여 한 편의 완성된 글을 구성하기, 글에 사용된 논증 방법을 파악하기 등의 방식으로 출제된다. 고쳐 쓰기 문제는 글의 맥락을 파악하는 것이 중요하며, 문단이나 문장의 위치를 재구성하는 문제는 중심 화제를 파악한 후 반복되는 핵심어, 지시 표현이나 접속 표현을 근거로 글의 처음, 중간, 끝에 맞게 문단 및 문장을 배열하는 것이 중요하다. 글의 논증 방법을 파악하는 문제는 제시문에서 설명하거나 사용한 논증 방법을 파악하고, 〈보기〉나 선택지에서 그와 동일한 논증 방법이 사용된 것을 찾아야 하므로 여러 논증 방법이나 논지 전개 방식을 알아 두면 도움이 된다.

신유형 특징

문장이나 문단을 재구성하는 문제의 경우 기존에는 4~5개의 문장(문단)을 배열하는 문제가 주로 출제되었으나 최근에는 앞뒤로 문장(문단)이 고정되어 있고 그 사이에 들어갈 3개의 문장(문단)을 배열하는 문제가 출제되고 있다. 이로 인해 해당 유형의 난이도가 하락하였으므로, 해당 유형에는 풀이 시간을 최대한 적게 투자하는 것이 바람직하다.

대표 질문 유형

- 다음 글의 전개 순서로 가장 자연스러운 것은?
- 다음 글의 글쓰기 방식에 대한 설명으로 적절한/적절하지 않은 것은?
- ㉠ ~ ㉣을 문맥에 맞게 수정하는 방안으로 적절한/적절하지 않은 것은?
- (가) ~ (다)를 맥락에 따라 가장 자연스럽게 배열한 것은?
- 다음 글을 고쳐 쓰기 위한 방안으로 적절한/적절하지 않은 것은?
- 다음 글에서 (가) ~ (다)의 순서를 자연스럽게 배열한 것은?
- 글의 통일성을 고려할 때, 삭제하는 것이 바람직한 문장은?
- ㉠ ~ ㉣ 중 어색한 곳을 찾아 수정하는 방안으로 가장 적절한/적절하지 않은 것은?

유형에 강해지는 전략

1단계 접속어 및 지시어로 시작하지 않은 것 중 화제를 제시하는 내용의 첫 문장(문단)을 찾는다. 첫 문장(문단)이 고정되어 있는 문제는 고정되어 있는 문장(문단)의 핵심 내용을 먼저 파악한다.

2단계 접속어, 지시어, 반복되는 핵심어 등에 유의하여 글의 흐름을 파악한다.

- 마지막 문장(문단)이 고정되어 있는 문제는 그것이 글의 구조상 끝에 해당하므로 바로 앞에 올 내용을 추론하는 단서로 활용하도록 한다.

다음 글에서 (가)~(다)의 순서를 자연스럽게 배열한 것은? 2023년 국가직 9급

빅데이터가 부각된다는 것은 기업들이 빅데이터의 가치를 받아들이기 시작했다는 뜻
<small>중심 화제</small>
이다. 여기에는 기업들이 데이터를 바라보는 시각이 변한 측면도 있다.

(가) 기업들은 고객이 판촉 활동에 어떻게 반응하고 평소에 어떻게 행동하며 사물에

대해 어떤 태도를 보이는지 알기 위해 많은 돈을 투자해 마케팅 조사를 해 왔다.
<small>키워드</small>
<small>• 기업들의 마케팅 조사 활동</small>

(나) 그런 상황에서 기업들은 SNS나 스마트폰 등 새로운 데이터 소스로부터 그러한
<small>지시 표현</small>
궁금증과 답답함을 해결할 수 있다는 것을 알게 되었다. 페이스북에 올리는 광

고에 친구가 '좋아요'를 한 것에서 기업들은 궁금증과 답답함을 해결할 수 있다.
<small>• 기업들이 새로운 데이터 소스를 사용하기 시작함</small>

(다) 그런데 기업들의 그런 노력이 효과가 있는 경우도 있었으나 아쉬운 점도 많았다.
<small>접속어</small>
쉬운 예로, 기업들은 많은 광고비를 쓰지만 그 돈이 구체적으로 어느 부분에서 효

과를 내는지는 알지 못했다.
<small>• 기업들이 빅데이터를 중요한 경영 수단으로 수용하게 되었음</small>

결국 데이터가 있는 곳에서 기업들은 점점 더 고객의 취향에 집중할 수 있게 되었으
<small>키워드</small>
며, 이에 따라 기업들은 소셜 미디어의 빅데이터를 중요한 경영 수단으로 수용하기 시

작한 것이다.

① (가)-(나)-(다) ☑ (가)-(다)-(나)

③ (나)-(가)-(다) ④ (다)-(나)-(가)

PART 3

해커스공무원 국어 추론형 독해 333 Vol. 1

1단계 접속어 및 지시어로 시작하지 않은 것 중 화제를 제시하는 내용의 첫 문장(문단)을 찾는다. 첫 문장(문단)이 고정되어 있는 문제는 고정되어 있는 문장(문단)의 핵심 내용을 먼저 파악한다.

→ 기업들이 '빅데이터(중심 화제)'의 가치를 수용하기 시작함

2단계 접속어, 지시어, 반복되는 핵심어 등에 유의하여 글의 흐름을 파악한다.

• (가)의 앞: 기업들이 빅데이터의 가치를 수용하기 시작함
  ↓
• (가): 기업들의 마케팅 조사 활동
  → 키워드 '마케팅 조사': 기업들은 빅데이터의 가치를 수용하기 이전에 마케팅 조사 활동을 해 왔음
  ↓
• (다): 기업의 기존의 마케팅 조사는 광고비가 어느 부분에서 효과를 내는지 파악하기 어려웠음
  → 접속어 '그런데': 화제를 앞의 내용과 관련시키면서 다른 방향으로 이끌어 나감
  ↓
• (나): 기업들이 새로운 데이터 소스를 사용하기 시작함
  → 지시 표현 '그런 상황': 기업이 많은 노력을 하였지만 광고비가 어느 부분에서 효과를 내는지 알지 못하는 상황을 가리킴
  ↓
• (다)의 뒤: 기업들이 빅데이터를 중요한 경영 수단으로 수용하게 되었음
  → 키워드 '결국': 빅데이터를 활용하기 시작한 (나)의 내용에 이어 기업들이 빅데이터를 중요 경영 수단으로 수용하기 시작했음을 제시하며 글을 마무리함

1 다음 글의 전개 방식에 대한 설명으로 가장 적절한 것은?

> 애국심은 자기 국민만을 사랑하는 감정이다. 자기 마음의 평정과 재산을 희생하고, 심지어 목숨까지 바치면서 적의 침략과 학살에서 국민을 보호한다는 신조이다. 애국심은 모든 국가의 국민들이 자기들의 이익을 위해 다른 나라의 국민들을 침략하고 학살하는 것을 당연한 일로 생각하던 시절의 개념이다. 하지만 이미 2,000년 전에 인류는 인류의 지혜를 대표하는 최고의 스승들을 통해 형제애라는 높은 차원의 개념을 깨닫기 시작했다. 이 개념은 인간의 의식 속에 더욱더 깊숙이 침투해 오늘날 매우 다양한 형태로 현실화되기에 이르렀다. 통신 수단이 발달하고 산업이나 무역, 예술, 과학의 연계성이 커지면서 사람들은 서로서로 긴밀한 관련을 맺었다. 이렇게 해서 이웃 국가의 침략이나 정복, 학살이라는 위협은 자취를 감추었다. 모든 국민들이 함께 평화 속에서 상호 협력의 원칙에 따라 상업적·산업적·예술적·과학적 우호 관계를 이루며 살고 있다. 따라서 애국심이라는 낡은 감정은 점차 수그러들어 마침내 완전히 사라지리라고 생각할 수 있을 것이다. 하지만 그와는 정반대의 현상이 일어났다. 시대에 뒤떨어지고 인류에게 해만 되는 이 감정이 계속 존재할 뿐만 아니라 더욱더 격렬하게 불타오르고 있는 것이다.

① 두 개념의 장단점을 비교하여 분석하고 있다.

② 상반된 두 개념의 절충적 개념을 서술하고 있다.

③ 예측할 수 없는 결과를 나열하여 개념의 심오함을 강조하고 있다.

④ 대상에 대한 예상을 제시한 후 그것이 빗나갔음을 서술하고 있다.

2 ⊙~㉣ 중 어색한 곳을 찾아 수정하는 방안으로 가장 적절하지 않은 것은?

언제부턴가 우리는 '잘 만든(well made)' 영화 강박증에 시달리고 있다. 감동, 재미, 긴장, 충격 등을 적절하게 섞어서 만든 영화가 곧 좋은 영화이자 ⊙ 지양해야 할 영화로 떠받들어진다. 노련한 배우들의 연기가 더해지면 더욱 좋고 격하지 않을 정도의 정치 사회적 주제가 얹히면 금상첨화다. 이런 영화들은 대개 흥행에 성공하고 평론가들의 적당한 찬사도 얻어낸다.

그런데 '잘 만든' 영화가 되기 위해서는 어떤 '적절한' ⓛ 선을 넘어야 한다. 표현의 수위를 말하는 게 아니다. 그런 건 눈치껏 넘어도 좋다. 폭력적이든 선정적이든, 총합이 너무 심각한 수준에만 이르지 않으면 된다. 대신, 사고(思考)의 수준만큼은 적정한 선에서 멈춰야 한다. 너무 깊거나 너무 예리해서는 안 되고, 너무 삐딱하거나 너무 멀리 나아가도 안 된다. 잘 만든 영화로 인정받기 위해서는 무엇보다 우리-관객의 평화와 안락을 ⓒ 깨지 말아야 한다. 인간, 존재, 삶, 세계 같은 것들에 대한 사유는 '적절한' 수준에서 멈춰야 하고, 우리로 하여금 비슷한 사유와 비슷한 감정을 되풀이하게 만들어야 한다. 그래서 우리가 영화관을 나서는 순간, 한층 가벼워진 머리로 재빨리 바쁜 일상에 되돌아갈 수 있게 해줘야 하고 객석을 떠돌았던 사고의 편린들을 훌훌 털어 버릴 수 있게 해줘야 한다.

정도의 차이는 있지만, 프랑스 영화는 이 적절한 선을 지키는 데 대체로 ㉣ 충실하다. 만듦새와 무관하게, 많은 영화들이 정해진 사고의 틀이나 감정의 선을 따라가는 것에 불쾌해하며, 현실을 지배하는 보편적인 원리나 진리보다 현실에 내재되어 있는 수많은 차이와 불확실성을 보여 주려 애쓴다. 마치 그 차이와 불확실성의 반복이, 설명할 수 없는 것들과 규정할 수 없는 것들의 연쇄가 현실의 진짜 모습이라고 믿는 듯이.

① ⊙을 '지향'으로 수정한다.
② ⓛ을 '선을 넘지 말아야 한다'로 수정한다.
③ ⓒ을 '깨부숴야 한다'로 수정한다.
④ ㉣을 '강한 거부감을 드러낸다'로 수정한다.

3 다음 글에서 (가) ~ (라)의 순서를 자연스럽게 배열한 것은?

> 벌은 꽃가루를 암술에 묻도록 도와주는 역할을 하는데, 이를 '화분매개(花粉媒介)'라고 하며 국내에서는 한해 평균 61만 개의 벌통이 농작물 화분매개에 사용되고 있다.
>
> (가) 지금까지 화분매개벌을 사용하는 작물 재배 농가들은 벌 관리가 생소하고 정보도 부족해 벌통을 가져다 놓고 별도의 관리 없이 벌을 사용해 왔다.
>
> (나) 이러한 문제점을 해결하기 위해 2년 전부터 '화분매개용 스마트 벌통' 개발에 착수하여 올해 처음 첫 스마트 벌통을 개발한 후 여러 차례 시설 재배 현장에 적용하면서 그 기능을 개선했다.
>
> (다) 그러나 최근 '꿀벌응애'와 같은 병해충이 발생하고 기후 변화 등으로 꿀벌 개체 수가 줄고 있기 때문에 효과적인 벌 관리로 화분매개 효율을 높이고 농작물을 안정적으로 생산할 수 있는 기술이 필요해졌다.
>
> (라) 화분매개를 하는 벌을 '화분매개벌'이라 하는데, 화분매개벌의 생존 기간과 활동량은 농작물 생산에 큰 영향을 줄 수 있다. 이 벌들을 효과적으로 사용하려면 벌이 살기 좋은 벌통 내부 환경을 유지하고 먹이를 관리해 주어야 한다.
>
> 이제 화분매개용 스마트 벌통은 벌통 내부 환경 자동 제어와 사용자에게 벌을 쉽게 관리할 수 있는 의사 결정을 지원할 수 있는 수준까지 발전했다.

① (가) - (다) - (나) - (라)

② (가) - (다) - (라) - (나)

③ (라) - (가) - (나) - (다)

④ (라) - (가) - (다) - (나)

정답 및 해설 p.28

1 ㉠~㉣ 중 어색한 곳을 찾아 수정하는 방안으로 가장 적절한 것은?

> 　언론을 빼놓고는 공포의 문화를 말할 수 없다. 공포를 생성하고 유지하는 여러 주체들 가운데 언론은 단연 일등 공신이다. 하지만 언론은 한편으로 긍정적 변화를 일으킬 수 있는 가장 유망한 후보이기도 하다. 따라서 언론을 일방적으로 싸잡아 비난하는 것은 바람직하지 않다.
>
> 　기자들은 공포를 퍼뜨리기도 하지만 대중을 겁주는 공포의 정체를 폭로하고 비판할 때도 있다. 공포를 퍼트림으로써 이득을 보는 집단은 기업, 압력 단체, 종교, 정당 등 다양하게 존재한다. 언론은 자신에게 먹잇감을 제공하는 공포를 이따금 물어뜯기도 하기에, 이러한 집단과 ㉠ 구별해야 한다.
>
> 　어떤 질병에 관한 연구 기금을 모으는 단체라면 그 질병의 위험성을 ㉡ 과장함으로써 대중의 관심과 불안을 계속 유지하기 위해 노력할 것이다. 경보 시스템을 판매하는 회사라면 범죄율이 감소한다는 사실을 ㉢ 드러내고 싶을 것이다. 하지만 대중의 공포를 불러일으키고자 하는 이들의 노력을 언론이 중간에 가로막는 경우도 있다.
>
> 　예컨대 아동 살인 사건을 보도하면서도 이것은 매우 ㉣ 예외적인 것이라고 말하는 언론도 있다. 예컨대 켄터키에서 교내 총격 사건이 발생했을 때 〈뉴욕타임스〉는 '최근 벌어진 대학살에도 불구하고 학교 폭력은 줄어들고 있다'라는 제목의 기사를 보도하기도 했다. 존즈버러 교내 살인 사건 이후에도 비슷한 논조의 보도가 나왔다. 학교 폭력 범죄가 계속 줄어들고 있다는 것을 입증한 최신 논문을 인용하기도 한다.

① ㉠을 '동일시해야 한다'로 고친다.

② ㉡을 '축소함으로써'로 고친다.

③ ㉢을 '숨기고'로 고친다.

④ ㉣을 '심각한 문제라고'로 고친다.

2 다음 글에서 토의 참여자의 말하기 방식에 대한 이해로 가장 적절한 것은?

사회자: 네, 지금까지 수돗물 정책을 담당하시는 박 과장님의 말씀을 들었습니다. 이번에는 상수도 사업 민영화에 대한 시민 단체의 의견을 들어 보겠습니다. 김 박사님. 의견 말씀해 주시죠.

김 박사: 네, 사실 굉장히 답답합니다. 공단 폐수 방류 사건 이후에 벌써 수차례 종합 대책이 마련이 됐었고, 상당히 많은 예산이 투입이 된 걸로 알고 있습니다. 그런데도 이번에 상수도 사업을 민영화하겠다는 것은 결국 수돗물 정책이 실패했다는 것을 스스로 인정하는 꼴이 아닌가 싶습니다. 그리고 민영화만 되면 모든 문제가 해결되는 것처럼 말씀하시는데요, 현실을 너무 안이하게 보고 있다는 생각이 듭니다.

사회자: 말씀 중에 죄송합니다만, 수돗물 사업이 민영화되면 좀 더 효율적이고 전문적으로 운영된다는 생각에 동의할 분도 많을 것 같은데요.

김 박사: 전 동의할 수 없습니다. 우선 정부도 수돗물 사업과 관련하여 충분히 전문성을 갖추고 있다고 봅니다. 저희가 알아본 바에 의하면 시설 가동률이 50% 정도에 그치고 있고 누수율도 15%나 된다는데, 이런 문제들은 시설 보수나 철저한 관리를 통해 정부가 충분히 해결할 수 있다고 봅니다.

사회자: 네, 김 박사님 의견 잘 들었습니다. 만일 상수도가 민영화가 된다면 또 어떤 문제가 일어날 수 있는지 의견을 들어 보겠습니다. 이 팀장님 말씀 부탁드립니다.

이 팀장: 네, 우선 지금 상태로 민영화가 된다면 또 다른 문제가 생길 수 있습니다. 수돗물 가격의 인상을 피할 수 없다고 보는데요. 물 산업 강국이라는 프랑스도 민영화 이후에 물값이 150%나 인상되었다고 하는데, 우리에게도 같은 일이 일어나지 않을까 걱정됩니다.

사회자: 박 과장님, 김 박사님과 이 팀장님의 의견에 대해 어떻게 생각하십니까?

박 과장: 민영화할 경우 아무래도 어느 정도 가격 인상 요인이 있겠습니다만 정부와 잘 협조하면 인상 폭을 최소화할 수 있으리라고 봅니다. 무엇보다도 수돗물 사업을 민간 기업이 운영하게 된다면, 수질도 개선될 것이고 여러 가지 면에서 더욱 질 좋은 서비스를 받을 수 있을 겁니다. 또 시설 가동률과 누수율의 문제도 조속히 해결될 수 있을 겁니다.

① 이 팀장은 구체적인 정보를 활용하여 자신의 견해를 뒷받침하고 있다.

② 박 과장은 예상되는 반론에 대해 사회적 통념을 근거로 논박하고 있다.

③ 사회자는 이해가 되지 않는 부분에 대해서 타당한 근거 자료를 요구하고 있다.

④ 김 박사는 상대방의 반론을 일부 인정하면서도 자신의 주장을 굽히지 않고 있다.

3 (가)~(다)를 맥락에 따라 가장 자연스럽게 배열한 것은?

> 프랑스 화가인 장 오귀스트 도미니크 앵그르는 다비드의 제자이자 열렬한 추종자였습니다. 그는 스승보다 고대 미술에 더 충실했어요. 뚜렷한 윤곽선과 붓자국이 보이지 않는 매끈한 면을 고집했지요.
>
> (가) 〈그랑 오달리스크〉는 앵그르의 대표작입니다. 오달리스크는 터키 황제의 시중을 드는 하렘(harem, 이슬람 국가에서 부인들이 거처하는 방)의 여자 노예를 이르는 말이에요. 유럽은 나폴레옹 1세의 이집트 출정을 계기로 동방에 관심을 두게 되었습니다. 동화에서나 등장할 것 같은 이국적이고 사치스러운 삶에 대해 환상의 나래를 펼쳤지요. 특히 하렘의 장면은 유럽 미술가들의 사랑을 많이 받았어요. 한 번도 동방에 가 본 적 없는 미술가조차 여행기나 문학에서 접한 하렘을 즐겨 그렸답니다. 앵그르의 〈그랑 오달리스크〉도 하렘의 오달리스크를 묘사한 작품입니다. 머리의 터번과 손에 쥔 깃털 부채는 모두 동방 소품이지요.
>
> (나) 이렇게 사실적으로 묘사된 사물에 감탄하다 보면 오달리스크의 몸이 희한하게 생겼다는 사실을 눈치채기 어렵습니다. 오달리스크의 몸을 자세히 살펴보세요. 실제 인간의 몸보다 길어 보이지 않나요? 특히 등이 길어서 당시 사람들은 이 여인의 척추뼈가 몇 개인지 세어 보기도 했다고 합니다. 신체 각 부분도 해부학적 사실과 다르게 표현되어 있어서 평론가들의 비난을 받았어요.
>
> (다) 앵그르가 살던 시대는 엄숙한 신고전주의 미술과 자유분방한 낭만주의 미술이 날카롭게 대립하던 시기였어요. 앵그르는 낭만주의의 대표 화가였던 들라크루아를 '인간의 탈을 쓴 악마'라고 비난했고, 낭만주의자들은 앵그르의 그림을 '한물 지난 소묘'라고 평가했지요. 새로운 적으로부터 고대 미술의 원칙을 지켜야 했던 앵그르는 그만큼 엄격해질 수밖에 없었어요.
>
> 신고전주의 대가가 이 사실을 모르고 그린 것은 아닐 거예요. 〈중 략〉 앵그르는 여성의 신체에 관능과 우아함을 더하기 위해 이런 방식을 선택한 것입니다. 결과적으로 앵그르의 오달리스크는 현실에는 존재하지 않는 차가운 관능을 지닌 여성이 되었지요.

① (나) - (가) - (다)

② (나) - (다) - (가)

③ (다) - (가) - (나)

④ (다) - (나) - (가)

정답 및 해설 p.29

1 다음 글의 논지 전개 방식으로 적절하지 않은 것은?

> 　일반 사용자가 디지털 카메라를 들고 촬영하면 손의 미세한 떨림으로 인해 영상이 번져 흐려지고, 걷거나 뛰면서 촬영하면 식별하기 힘들 정도로 영상이 흔들리게 된다. 흔들림에 의한 영향을 최소화하는 기술이 영상 안정화 기술이다.
>
> 　영상 안정화 기술에는 빛을 이용하는 광학적 기술과 소프트웨어를 이용하는 디지털 기술 등이 있다. 광학 영상 안정화(OIS) 기술을 사용하는 카메라 모듈은 렌즈 모듈, 이미지 센서, 자이로 센서, 제어 장치, 렌즈를 움직이는 장치로 구성되어 있다. 렌즈 모듈은 보정용 렌즈들을 포함한 여러 개의 렌즈들로 구성된다. 일반적으로 카메라는 렌즈를 통해 들어온 빛이 이미지 센서에 닿아 피사체의 상이 맺히고, 피사체의 한 점에 해당하는 위치인 화소마다 빛의 세기에 비례하여 발생한 전기 신호가 저장 매체에 영상으로 저장된다. 그런데 카메라가 흔들리면 이미지 센서 각각의 화소에 닿는 빛의 세기가 변한다. 이때 OIS 기술이 작동되면 자이로 센서가 카메라의 움직임을 감지하여 방향과 속도를 제어 장치에 전달한다. 제어 장치가 렌즈를 이동시키면 피사체의 상이 유지되면서 영상이 안정된다. 〈중 략〉
>
> 　OIS 기술이 손 떨림을 훌륭하게 보정해 줄 수는 있지만 렌즈의 이동 범위에 한계가 있어 보정할 수 있는 움직임의 폭이 좁다. 디지털 영상 안정화(DIS) 기술은 촬영 후에 소프트웨어를 사용해 흔들림을 보정하는 기술로 역동적인 상황에서 촬영한 동영상에 적용할 때 좋은 결과를 얻을 수 있다.

① 대상의 등장 배경을 언급하여 독자의 흥미를 유발하고 있다.

② 대상이 작동하는 과정을 제시하여 독자의 이해를 돕고 있다.

③ 대상의 변천 양상을 살펴보며 과학 기술사적 의의를 제시하고 있다.

④ 대상을 구성 요소별로 나누어 설명하여 대상의 특징을 드러내고 있다.

2 ⑦~②의 고쳐 쓰기로 적절하지 않은 것은?

자유와 권력의 다툼은 역사가 시작된 까마득한 옛날부터 있어왔기 때문에 우리에게는 아주 익숙하다. 그리스와 로마, 그리고 영국의 역사를 들여다보면 특히 그렇다. 그런데 과거에는 이런 다툼이 백성, 또는 백성 가운데서도 일부 계급과 정부 사이에서 일어났다. 이때 자유는 정치 지배자의 압제에서 보호받는 것을 의미했다. (그리스의 일부 민주 정부를 제외하면) 당시에는 지배자와 일반 인민이 적대적인 관계에 있는 것이 불가피한 것처럼 인식되었다. 이때는 한 사람이나 한 부족 또는 한 계급이 지배 권력을 ⑦ 배분했다. 이들은 세습 또는 정복을 통해 권력을 잡았는데, 어떤 경우에도 피지배자들을 위해 권력을 행사하지 않았다. 그리고 권력의 폭압적 행사를 방지하기 위한 어떤 조치가 취해진다 하더라도, 보통 사람들은 그들의 지배에 감히 도전할 생각을 하지 못했다. 아마 도전하고 싶어 하지도 않았을 것이다. 권력을 행사하는 것은 불가피한 일이었지만, 동시에 대단히 위험한 결과를 낳을 수도 있었다. 그 힘을 외적의 침입을 막는 데 쓸 수도 있지만, 그에 못지않게 백성들을 ⑥ 보살피는 데 사용할 수도 있었기 때문이다. 한 나라 안에서 약자들이 이런저런 강자들의 침탈 대상이 되는 것을 막기 위해서는 그들 모두를 ⑥ 제압할 수 있을 만큼 힘이 센 최고 강자가 하나 있어야 했다. 그러나 그렇다고 그가 다른 소소한 강자들보다 덜 괴롭히리라는 보장도 없기 때문에 약자들로서는 한시도 그 발톱과 부리에 대한 경계를 늦출 수가 없었다. 따라서 이를 걱정하는 사람들은 자기 나라를 온전히 지탱하기 위해, 최고 권력자가 행사할 수 있는 힘의 한계를 ② 없애고자 했다. 그러면서 이렇게 권력에 대해 제한을 가하는 것을 바로 자유(liberty)라고 불렀다.

① ⑦을 '장악했다'로 고친다.

② ⑥을 '억누르는 데'로 고친다.

③ ⑥을 '보호할 수 있을 만큼'으로 고친다.

④ ②을 '규정하고자'로 고친다.

3 다음 글과 논증 방식이 가장 가까운 것은?

> 이제 중독 현상은 술이나 마약 따위에 한정된 현상이 아니다. 스마트폰 중독된 사람들이 SNS에 중독된 사람들을 우리 주변에서 얼마든지 발견할 수 있으며, 먹방 콘텐츠가 유행하면서 청소년들은 매운 음식에 매료되어 미각 역시 강한 자극에 중독되어 버렸다. 또한 직업과 나이를 막론하고 카페인이 없이는 살 수 없다는 카페인 중독도 우리 생활에 만연해 있다. 이처럼 중독은 우리의 문화와 생활 곳곳에 찌들어 있다.

① 수학을 잘하면 논리력이 뛰어날 것이다. 논리력이 뛰어나다면 지능이 높을 것이다. 따라서 수학을 잘하면 지능이 높을 것이다.

② 살인 사건의 용의자로 지목된 현수와 민석이 둘 중 한 명이 진범이다. 경찰 조사 결과 현수는 범인이 아님이 밝혀졌다. 그러므로 민석이가 살인 사건의 범인이다.

③ 하루에 30분 이상 꾸준히 달리기를 하는 모든 사람은 면역력이 높다. 러닝 클럽(running club)에서 활동하는 사람들은 반드시 하루에 1시간씩 달리기를 한다. 따라서 러닝 클럽에서 활동하는 사람들은 면역력이 높다.

④ 이집트의 나일강, 메소포타미아의 티그리스와 유프라테스강, 인도의 인더스강, 중국의 황허강 지역에서 각각 이집트 문명, 메소포타미아 문명, 인더스 문명, 황하 문명이 발달되었다. 이를 통해 인류 문명은 물을 구하기 쉬운 곳이어야 발전할 수 있었음을 알 수 있다.

정답 및 해설 p.31

1 〈보기〉에서 위배한 협력의 원리와 동일한 격률을 위배하고 있는 것은?

> 협력의 원리는 그라이스가 제시한 대화의 원리로 화자와 청자 간에 이루어지는 대화를 원활하게 하기 위해서는 서로 협력하는 노력이 필요하다는 가정에서 비롯되었다. 여기에는 네 가지 격률이 있다. 첫째, 양의 격률은 필요한 양만큼의 정보를 전달하고 필요 이상의 정보를 전달해서는 안 된다는 것이다. 둘째, 질의 격률은 거짓이 아닌 진실만을 말해야 하며 적합한 근거가 부족한 말을 해서는 안 된다는 것이다. 셋째, 관련성의 격률은 대화의 화제와 관련된 것만을 말하라는 것이다. 넷째, 태도의 격률은 명료하지 않은 모호하거나 중의적인 표현을 피하고 간결하고 조리 있게 말하라는 것이다.

> **보기**
>
> 경아: 보경아, 나랑 오늘 저녁에 쇼핑하러 갈래?
>
> 보경: 나 그저께도 약속 있었고, 어제도 약속 있어서 나갔어.
>
> 경아: 그렇구나, 내가 맛있는 거 사줄게. 가자!

① A: 우리 딸이랑 결혼하면 어떻게 살 거니?

　　B: 평생 손에 물 한 방울 안 묻히고 살게 하겠습니다.

② A: 어떻게 이렇게 중요한 발표에서 실수할 수 있니?

　　B: 음, 우리 잠깐 산책이나 할까?

③ A: 우리 팀 회식을 이번 주에 해야 하는데, 너 시간 어때?

　　B: 되긴 되는데, 언제 될지 몰라.

④ A: 너 다음 달에 어디로 여행 간다고 했지?

　　B: 프랑스 가기로 했는데, 간 김에 이민 간 이모네 집에도 들르고 싶어. 이모가 독일에 살고 계시거든.

PART 3

해커스공무원 국어 추론형 독해 333 Vol. 1

2 다음 글의 전체 흐름과 맞지 않는 한 곳을 ⊙~@에서 찾아 수정한 것으로 가장 적절한 것은?

> 마인드풀니스의 다른 이름은 마음 챙김 명상이다. 명상이라고 하면 왠지 의심스러운 눈으로 볼 수도 있다. 왠지 종교적인 것 같다는 생각을 할지도 모르고, '굳이 그런 번거로운 것을 하지 않아도 가만히 있으면 뇌가 쉴 수 있을까?' 생각하는 사람도 있을 것이다.
>
> 그러나 인지 활동을 하지 않는다고 해서 뇌가 쉴 수 있는 것은 아니다. ⊙ <u>오히려 점점 에너지를 소모할 가능성이 있다.</u>
>
> 인간의 뇌는 체중의 2퍼센트 정도의 크기지만 신체가 소비하는 ⓒ <u>전체 에너지의 20퍼센트를 사용하는 대식가이다.</u> 뇌가 소비하는 에너지의 대부분은 디폴트 모드 네트워크(DMN, Default Mode Network)라는 뇌 회로에 사용된다. 이는 뇌의 안쪽 전전두엽과 후방대상피질, 설전부(쐐기앞소엽), 하두정소엽(아래마루소엽)으로 구성되는 뇌 내 네트워크로 뇌가 의식적인 활동을 하지 않을 때도 작동하는 기초 활동이다. 자동차의 아이들링(공회전)을 생각하면 이해하기 쉬울 것이다. 즉 ⓒ <u>우리의 뇌는 아무것도 하지 않아도 공회전하며 에너지를 쓰고 있다는 뜻이다.</u> 〈중 략〉
>
> 디폴트 모드 네트워크는 뇌가 소비하는 전체 에너지 중 무려 60~80퍼센트를 사용한다. 즉 가만히 있어도 디폴트 모드 네트워크가 과도하게 활성화되면 뇌는 점점 지치고 만다. '하루 종일 가만히 있었는데도 이상하게 피곤하다'고 느낀 적이 있다면 @ <u>스스로 자신의 뇌가 자기도 모르는 사이에 과도한 인지 활동을 한 것은 아닌지 점검해 볼 필요가 있다.</u>

① ⊙을 '오히려 점점 에너지를 채울 가능성이 있다'로 고친다.

② ⓒ을 '전체 에너지의 20퍼센트를 사용하는 미식가이다'로 고친다.

③ ⓒ을 '우리의 뇌는 일을 하면서도 쉴 새 없이 공회전하며 에너지를 사용하고 있다'로 고친다.

④ @을 '스스로 디폴트 모드 네트워크가 지나치게 활성화되지 않았는지 점검해 볼 필요가 있다'로 고친다.

3 다음 글과 논증 방식이 가장 가까운 것은?

> 소크라테스의 교육 방법은 질문과 응답을 통한 대화 형식으로 진행되었는데, 처음에는 쉽고 단순한 문제에서 시작해 점차 심오한 문제로 파고 들어갔다. 그리하여 결국 상대방으로 하여금 자기의 무지를 인정하지 않을 수 없게 만드는 것이다. 이처럼 물음을 던짐으로써 스스로 무지를 깨닫도록 만드는 방법을 '소크라테스적 반어법'이라고 부른다.
>
> 또 진리 산출에 도움이 되는 문답법을 소크라테스의 '산파술(産婆術)'이라고도 부르는 바, 이는 그 어머니의 직업에서 따온 것으로 여겨진다. 산파는 산모가 아이를 낳을 때 옆에서 도와주는 역할만 할 뿐이지, 출산이 더디다고 해서 산모 대신 아이를 낳아줄 수는 없다. 아무리 고통이 크더라도 산모 자신의 힘으로 아이를 낳아야 한다. 마찬가지로 '진리'라는 옥동자는 배우는 사람 스스로에 의해 산출되는 것이지, 스승이 대신 낳아줄 수 없다. 말을 물가로 끌고 갈 수는 있으나, 억지로 물을 마시게 할 수 없는 것과 같은 이치다. 이처럼 소크라테스는 인간 스스로의 자발적 사유 작용에 의해 절대적 진리로 나아가는 길을 제시해 주고자 했다.

① 사용자 경험을 고려한 인터페이스를 설계하기 위해서는 단순성과 기능성이 고려되어야 한다. 사용자는 직관적이면서도 단순한 인터페이스를 선호하면서도, 동시에 다양한 기능이나 고급 옵션을 활용하고 싶어 한다. 이러한 이유로 개발자는 사용자의 요구를 고려해 복잡하지 않으면서도 다양한 서비스를 지원하는 제품을 개발하고 여러 가지 기능을 손쉽게 활용할 수 있는 방법을 고안해야 한다.

② 프랑스의 사회학자 에밀 뒤르켐은 사회를 유기체와 같다고 보았다. 이는 어떤 유기체가 신체 중 어느 한 곳만 아파도 제 기능을 수행하기 어려운 것처럼 사회도 그것을 구성하는 교육, 문화, 경제와 같은 부문 중 어느 한 부문에 문제가 생기면 나머지에도 영향을 준다는 것이다. 이러한 관점에서 뒤르켐은 사회가 정상적으로 기능하기 위해서는 변화보다는 안정과 통합을 추구해야 한다고 주장한다.

③ 지속적으로 경험하는 감정의 불일치는 감정의 부조화를 유발한다. 감정 노동자는 실제 자신이 느끼는 감정과 무관하게 직무를 수행해야 하는 감정적 노동직에 종사하는 사람들을 일컫는데, 이들은 자신의 실제 감정과 표현해야 하는 감정이 불일치하는 상황에 자주 처한다. 따라서 감정 노동자 역시 감정의 부조화 상태를 겪을 가능성이 높으므로 정부는 감정 노동자들의 처우를 개선해 주어야 한다.

④ 백화점의 경우 20%의 고객이 백화점의 전체 매출의 80%를 올린다는 연구 결과가 밝혀졌다. 이뿐만 아니다. 회사도 마찬가지다. 소수의 직원들만이 조직의 발전을 위해 헌신하고자 하고 대다수는 일하는 척만 한다. 이러한 사례는 역사 속 전쟁에서도 찾아볼 수 있다. 전투에서 죽기를 각오하는 병사는 극히 소수에 불과하며, 다수의 병사들은 도망가기 바빴다. 결국 승리는 그러한 소수 병사의 손에서 결정된 것이다. 이를 통해 인간 사회는 소수에 의해 견인되는 사회임을 알 수 있다.

정답 및 해설 p.33

1 글의 통일성을 고려할 때, 밑줄 친 ㉠~㉣ 중 삭제하는 것이 바람직한 문장은?

세상은 점점 요지경이 되어 가고 있다. 사람들은 점점 더 빨라지고 있으며, 빨라지는 그만큼 생각을 점점 더 않게 된다. 생각을 하지 않으니 이 세계에 대해 점점 더 피상적으로 될 수밖에 없다. 많이 안다고 여기지만, 그것은 대개 시시껄렁한 것 아니면 실용적인 지식이며, 삶의 근원과 관련된 앎은 아니다. ㉠ 문학 작품이나 예술 작품이라는 텍스트를 읽는 일은 한편으로는 즐거운 일이지만 한편으로는 고통스럽다. 왜 고통스러운가. 텍스트 속으로 깊이 들어가기 위해선 '생각', 즉 사유를 해야 하기 때문이다. ㉡ 하지만, 인생 역시 그렇듯이 이 고통의 과정 없이는 우리는 텍스트의 본질을 이해할 수 없다. ㉢ 즉 철학적 관점에서 고통은 인간에게 정신적 부담을 주면서도 창조와 성장의 기반이 되는 것이다. ㉣ 텍스트에 대한 사유를 통해 우리는 기다림을 배우고, 연민을 배우며, 깊은 슬픔을 응시해 낼 수 있게 되고, 이 세상의 온갖 존재들이 감추고 있는 아름다움을 읽어 내는 심안을 얻게 된다. 이 점에서, 문학과 예술이라는 텍스트를 읽는 일은 세상·삶·자연이라는 텍스트를 읽는 일이기도 한 것이다.

① ㉠

② ㉡

③ ㉢

④ ㉣

2 다음 글의 전개 순서로 가장 자연스러운 것은?

> (가) 원유를 전적으로 수입에 의존하는 우리나라는 1차 석유 파동의 충격이 남달리 컸다. 1973년에 3.5퍼센트였던 물가 상승률은 이듬해에 무려 24.8퍼센트로 치솟았으며 경제 성장률은 12.3퍼센트에서 7.4퍼센트로 반 토막이 났다. 무역에서도 적자 폭이 2.5배나 커지는 직격탄을 맞았다. 1차 석유 파동의 충격은 2년 동안 지속된 후, 1976년이 돼서야 비로소 경제가 회복됐다.
>
> (나) 1차 석유 파동은 1973년에 발생한 아랍권과 이스라엘의 전쟁이 직접적인 도화선이 됐다. 전쟁이 발발하자 중동 국가들이 주축이 된 석유수출국기구가 카르텔을 형성해 석유 생산량을 줄이고 비우호국에 대한 석유 수출을 중단했다. 원유 가격이 요동쳐 3개월 만에 배럴당 2.9달러에서 11.6달러까지 무려 4배나 폭등했다. 이로 인해 세계 각국은 두 자릿수 인플레이션을 겪는 등 혼란에 빠졌다. 동시에 각국 경제는 마이너스 성장이라는 불경기를 경험했다.
>
> (다) 석유 파동의 뿌리 깊은 원인은 자원 민족주의에서 찾을 수 있다. 2차 세계 대전으로 아시아나 아프리카의 대부분 국가가 정치적으로는 독립했지만 경제와 자원은 여전히 선진국에 의해 지배되는 경우가 많았다. 이에 반발해 자원은 그 자원을 품고 있는 국가의 것이라며 자원에 대한 주권을 주장하고 자원 지배권을 강화하려는 움직임이 등장했다. 바로 이러한 개념이 자원 민족주의다.
>
> (라) 산업 혁명 이후 자원의 중심은 석탄이었다. 그러나 석탄의 채산성이 떨어지고 고갈 가능성이 염려되자 세계 경제는 석탄보다 효율적인 석유에 의존하기 시작했다. 이제 석유 없이는 경제가 제대로 돌아가기 힘들 정도로 석유의 위상이 높아졌다. 여기에 하나의 함정이 있었다. 석탄과 달리 석유 매장은 특정 지역에 한정돼 있다는 것이다. 많은 사람들이 우려했던 사태가 실제로 발생해 세계 경제를 혼란에 빠뜨렸다. 바로 석유 파동이다.

① (나) – (가) – (라) – (다)

② (나) – (라) – (다) – (가)

③ (라) – (가) – (나) – (다)

④ (라) – (다) – (나) – (가)

3 다음 글을 고쳐 쓰기 위한 방안으로 적절하지 않은 것은?

교육청과 질병관리청이 실시한 학생 건강 검사 및 청소년 건강 행태 조사 결과에 따르면 ⊙ 청소년기에 술을 마시는 청소년 음주는 전년도에 비해 증가한 것으로 밝혀졌다. 청소년기의 음주가 가져오는 신체적, 정신적 피해가 매우 크다는 점을 고려할 때 이러한 현상은 아주 염려스러운 일이다.

청소년 보호법에 의해 청소년에게 주류 판매는 법적으로 금지되어 있으며, 이를 통해 청소년의 음주를 금하고 있다. 해당 법에서 청소년은 19세 미만인 자를 ⓛ 가르키는데, 성인과 달리 성장기의 청소년은 신체적으로 미성숙한 상태이다. 그렇기 때문에 청소년 시기에 음주를 하면 뇌 손상, 발육 부진 등 성인에 비해 피해가 클 뿐만 아니라 그 피해가 장기적으로 나타난다.

청소년기 음주는 특히 중추 신경계에 심각한 손상을 유발하는 것으로 ⓒ 알리어져 있다. 이 시기에 술을 마시면 뇌 세포에 알코올이 확산되어 모든 감각과 능력이 약해지고 판단력이 흐려진다. 특히 신경 발달을 저해하여 기억력을 감퇴시키고 학습 능력을 떨어뜨린다. 신경 세포는 다른 세포에 비해 잘 재생이 되지 않으므로 청소년기에는 음주를 절대 금하여 알코올에 의해 신경 세포가 손상되지 않도록 유의해야 한다.

그것뿐만이 아니다. 청소년기 음주는 또 다른 비행(非行)의 입구가 된다. 술김에 충동적으로 흡연, 가출, 폭행 등의 행동을 범할 가능성이 커지는 것이다. 무엇보다도 청소년기에 술을 마시지 말아야 하는 가장 큰 이유는 알코올의 강한 중독성 때문이다. 절제력이 약한 청소년 시기에 음주를 하기 시작하면 어느새 습관적으로 술을 마시게 되고 결과적으로 알코올 중독에 빠지기 쉽다. 따라서 ⓔ 알코올 중독을 예방하기 위해서는 음주 습관을 개선하여 올바른 음주 문화를 만들어야 한다.

---

① ⊙: 의미가 중복되므로 '청소년 음주'로 고친다.

② ⓛ: 어휘가 잘못 사용된 것이므로 '가리키는데'로 고친다.

③ ⓒ: 불필요한 이중 피동을 사용하였으므로 '알리어 있다'로 고친다.

④ ⓔ: 글의 맥락상 자연스럽지 않으므로 '청소년기에는 호기심으로라도 술을 마시는 일이 없어야 한다'로 고친다.

정답 및 해설 p.34

1 (가) ~ (다)를 맥락에 따라 가장 자연스럽게 배열한 것은?

> "예방이 치료보다 낫다"는 명제는 20세기 말까지 의료, 보건, 소방, 상업, 제조업, 건설업, 운송업, 레저 산업 등에 이르기까지 사회생활 전반에 걸쳐 유행어가 되었다.
>
> (가) 이들 위험 요소는 특히 잠재적 범죄자를 식별해 내어 그들이 범행을 저지르기 전에 그들의 태도를 바꾸는 데 사용될 수 있었다.
> (나) 근대적 처벌 정책(penal modernism)은 범죄인을 개선하는 데 과학적 지식을 활용함으로써 교정 효과를 기대하는 낙관적 입장이었지만, 범죄인의 개별성을 이해하기 위해 그의 과거에 관심을 집중했다.
> (다) 그러나 새로운 위험 관리 기술들은 통계적인 방법을 이용하여 선존재하는 조건과 범죄 행위 사이의 상관관계를 밝히고, 범행에 앞서 범죄인에게 존재하는 조건들을 위험 요소들로 취급한다.
>
> 범행을 저지른 뒤에 진압 조치를 취하는 것보다 사전에 이를 교정하는 것이 훨씬 효율적이고 경제적인 예방책이라는 명제가 더욱 위세를 군힐 수밖에 없었다.

① (가) – (나) – (다)

② (가) – (다) – (나)

③ (나) – (가) – (다)

④ (나) – (다) – (가)

2 다음 글의 전개 순서로 가장 자연스러운 것은?

(가) 제3 세계 국가의 주민들을 위해 개발된 적정 기술은 의식주는 물론 보건, 교통, 통신 분야에까지 광범위하게 적용되고 있다. 예컨대 MIT에서는 전기 대신 인력으로 돌아가는 세탁기인 바이슬아바도라(bicilavadora), 곧 '자전거 세탁기'를 개발했다. 이 세탁기는 드럼통이 자전거 바퀴 안에 들어가 있어 어린이도 발로 페달을 밟아서 돌릴 수 있다. 전기가 들어오지 않는 오지 마을 여인네들은 발로는 페달을 밟아서 바이슬아바도라를 돌려 빨래를 하고 동시에 손으로는 뜨개질을 하는 것으로 알려졌다.

(나) 적정 기술의 원조는 인도의 민족주의 지도자인 마하트마 간디(1869~1948)이다. 간디는 스스로 물레를 돌려 옷을 만들어 입을 정도로 소규모의 전통 기술을 중요하게 여겼다. 인도를 식민 통치하던 영국은 직물을 대량 생산하는 기술을 들여왔다. 이런 상황에서 간디는 영국의 대량 생산 기술이 대다수 민중을 희생하여 소수에게만 특혜를 주게 되므로 인도 사람은 빈곤에서 벗어날 수 없다고 주장했다. 그는 마을 중심의 전통 기술이 지역 경제의 자급자족에 필수적임을 설파하는 사회 운동을 펼쳐 적정 기술의 씨앗을 뿌린 최초의 인물로 역사에 기록된다.

(다) 적정 기술은 '현지에서 구한 재료로 소규모의 사람들이 생산할 수 있으며, 누구나 쉽게 배워서 사용할 수 있고, 에너지가 많이 필요하지 않은 환경친화적인 기술'이라고 정의된다.

(라) 간디에 이어 적정 기술의 이론을 처음으로 확립한 독일 출신의 영국 경제학자인 에른스트 슈마허(1911~1977)는 적정 기술의 아버지라 불린다. 1973년 그가 펴낸 『작은 것이 아름답다(small is Beautiful)』는 1970~80년대에 적정 기술 운동이 전 세계적으로 전개되게끔 촉매 역할을 톡톡히 했다.

① (다) - (가) - (라) - (나)

② (다) - (나) - (가) - (라)

③ (다) - (나) - (라) - (가)

④ (다) - (라) - (나) - (가)

3 다음 토론에 대한 설명으로 적절하지 않은 것은?

> 사회자: 최근 다양한 강력 범죄가 급격하게 증가함에 따라 성폭력과 관련된 범죄뿐만 아니라 다른 범죄를 저지른 범죄자에게도 위치 추적 전자 장치, 이른바 전자 발찌 착용을 의무화해야 한다는 의견이 제기되고 있습니다. 오늘은 '위치 추적 전자 장치 착용 대상을 확대해야 한다'를 주제로 토론해 보겠습니다. 먼저 찬성 측 입론해 주시죠.
>
> 찬성1: 법무부에 의하면 현재 전자 발찌는 성폭력, 미성년자 유괴, 살인, 강도 등 법에서 정한 특정 범죄자 중 재범 가능성이 높거나 미성년자를 대상으로 범죄를 저지른 경우에 한해 부착하고 있습니다. 하지만 마약이나 음주 운전, 스토킹 등의 범죄가 심각한 가운데 그러한 범죄자들에 대해서는 착용 의무가 법률상 존재하지 않습니다. 만약 이러한 상황이 지속된다면 범죄율 증가 및 사회적 불안감 증가로 사회의 안전을 보장할 수 없을 것입니다. 만약 전자 발찌 부착 대상이 확대된다면 범죄 예방, 음지에 숨어 있는 범죄자 색출 및 재발 방지, 범죄 집단 소탕 등 탁월한 효과가 있을 것입니다.
>
> 사회자: 네, 반대 측 반대 신문해 주시기 바랍니다.
>
> 반대2: 전자 발찌 부착만으로 모든 범죄를 예방할 수는 없습니다. 만약 전자 발찌 부착 대상을 점점 확대하게 된다면, 그 범위가 결국 경범죄에까지 확대될 가능성이 큽니다. 그렇게 되면 국가가 국민을 과도하게 통제하는 상황이 벌어질 것이 분명하지 않습니까?
>
> 찬성1: 네, 말씀하신 것처럼 개인의 인권을 침해하는 사태가 발생할 가능성이 없지 않습니다. 하지만 그보다 범죄 예방이 더 중요하다고 생각합니다. 전자 발찌를 착용으로 인권을 침해당하기 싫으면 범죄를 저지르지 않으면 되는 것입니다.
>
> 사회자: 이번에는 반대 측 입론 시작해 주시기 바랍니다.
>
> 반대1: 전자 발찌 착용 대상을 확대하는 것은 범죄 예방에 효과가 있을지 모릅니다. 하지만 실제로 관리 인력 1명이 전자 발찌 착용자 348명을 관리하고 있는 상황이며, 성폭행범의 재범률은 1.8%에 이릅니다. 이러한 상황에서 착용 대상이 다른 범죄에까지 확대된다면 관리 인력 비용이 급격히 증가할 것입니다. 또한 1인당 기기 값이 200만원인 점을 고려한다면 사회적 비용의 증가 역시 불가피합니다. 즉, 자칫 잘못하면 귀신 피하려다 호랑이 만난 격이 될 수 있습니다.

① 찬성1: 논제와 관련된 문제의 심각성을 언급하고 문제 해결의 시급함을 강조하고 있다.

② 반대2: 상대방의 주장에 대한 부정적 전망을 제시하면서 상대방의 주장을 비판하고 있다.

③ 찬성1: 상대방의 주장을 일부 인정하면서 문제 해결을 위한 절충안을 제시하고 있다.

④ 반대1: 상대방이 제시한 해결 방안으로 얻을 이익보다 비용이 클 것으로 전망하고 있다.

정답 및 해설 p.36

1 문맥에 따른 배열로 가장 적절한 것은?

> (가) 《세종실록》에 나오는 나무로 만든 숟가락 역시 반함 때 사용했던 것이다. 상주는 망자의 입에 버드나무 숟가락으로 쌀을 떠 넣으면서 "천 석이요, 이천 석이요, 삼천 석이요" 하고 소리를 질렀다. 그래야 저승까지 잘 갈 수 있다고 믿었다. 버드나무로 만든 숟가락을 사용했던 이유는 버드나무가 귀신을 물리친다고 여겼기 때문이다.
>
> (나) 중국이나 일본의 역사와 달리, 한반도에서는 고대 중국의 청동으로 만든 숟가락과 젓가락이 스텐인리스 스틸 젓가락과 숟가락으로 그 재질만 바뀌었을 뿐 지금까지도 두 가지 식사 도구를 거의 그대로 사용하고 있다. 그렇다면 한반도에서 숟가락은 어떤 모습으로 이어져왔을까?
>
> (다) 그렇다고 나무로 만든 숟가락이 홀대를 받은 것은 아니다. 상례에서는 왕실이든 민간이든 나무로 만든 숟가락을 사용했다. 그것도 꼭 버드나무로 만든 숟가락이어야 한다고 믿었다. 예전 사람들은 어른이 숨을 거두어도 혹시 깨어날지 몰라서 하룻밤 동안 시신을 별도의 방에 모셔둔 후 이튿날 시신을 씻기고 수의를 입혔다. 수의를 다 입힌 다음에 상주는 망자가 저승으로 갈 때 필요한 엽전이나 쌀을 시신의 입에 넣었다. 이 행위를 '반함(飯含)'이라고 부르는데, 이때 버드나무 숟가락을 사용했다.
>
> (라) 조선 시대 왕은 주로 은으로 만든 숟가락을 사용했다. 은은 독성 물질이 닿으면 색이 변하는 특성이 있어 왕의 식탁에서 독을 검출하는 역할을 겸했다. 이에 비해 양반들은 놋쇠로 만든 숟가락을 주로 사용했다. 그러나 비싼 놋쇠 숟가락을 마련하기 힘든 가난한 사람들은 나무로 만든 숟가락을 사용할 수밖에 없었다. 비록 놋쇠 숟가락은 비싸서 엄두를 내지는 못했지만 18~19세기에 산골짜기에 살았던 사람들조차 놋쇠로 만든 숟가락을 사용하는 것이 좋다고 생각했다.

① (나) - (가) - (라) - (다)

② (나) - (라) - (다) - (가)

③ (라) - (가) - (나) - (다)

④ (라) - (다) - (나) - (가)

2 글의 맥락을 고려할 때, 삭제하는 것이 바람직한 문장은?

피부 감각은 통증, 압력, 접촉, 온도 변화로서 피부 진피에 있는 신경말단 감각 센서가 이를 측정하여 신경을 통해 뇌로 전달된다. 그중에서도 압력 센서는 표면 거친 정도, 바람이 피부에 닿는 느낌도 전달할 정도로 예민하다. 인간 손 감각을 모방하려는 연구는 인공 손에 입힐 피부 대용기술, 즉 촉각 센서로 개발되고 있다. 인공 손은 의수를 사용하는 장애인에게 감각이 있는 의수를 만들어 주려 한다. ⑦ 현재 의수는 다른 기능이 거의 없다. 하지만 쥐고 잡을 수 있는 로봇 팔 기능을 개발하고 있다. 쥐고 잡으려면 얼마나 세게, 얼마나 약하게 쥐어야 하는지를 알아야 한다. 아니면 상대방 손을 너무 세게 잡아서 으스러트릴 수 있다. 달걀을 집어 올리려면 달걀의 가벼운 촉감을 느낄 정도 촉감을 로봇 손이 가져야 한다. 인간 손을 모방해야 한다.

피부는 0.1m 표피와 1~4mm 진피로 되어 있다. 촉각 센서는 표피와 진피 경계면에 있다. 경계면에서 표피에 가해지는 압력, 즉 수직 압력과 수평 압력을 느낀다. ⓛ 하지만 절단 사고 환자의 약 70%는 촉각 센서를 상실한 절단 부위에서 고통을 느끼는 환상통을 경험한다. 인공 촉각 센서도 피부의 촉각신경을 모방했다. 즉 두 개의 얇은 막 사이에 센서를 집어넣고 센서가 두 개 막 사이에서 비틀리면서 발생하는 전기측정치를 촉각으로 간주했다. ⓒ 이 촉각센서로 미세한 힘도 측정이 가능해서 사람이 느끼는 것보다 더 예민하게 힘의 변화, 즉 촉감을 느끼게 한다. ② 이 촉각 센서에 온도, 습도센서를 같이 장치해서 모든 감각을 측정할 수 있다.

① ⑦

② ⓛ

③ ⓒ

④ ②

3 다음 글의 전개 순서로 가장 자연스러운 것은?

(가) 한국의 대학은 그동안 경제 성장에 필요한 인재를 배출하여 사회 발전에 큰 기여를 해왔지만 인구 구조의 급격한 변화와 세계적인 경쟁의 심화로 국내에서는 구조 조정의 압박을 강하게 받고 대외적으로는 우수한 인재의 유치가 더욱 어려워지는 사면초가의 상태에 있다.

(나) 동시에 미래의 고급 인재 양성을 위한 세계적으로 경쟁력 있는 대학을 확보하는 것 역시 매우 중요하다.

(다) 특히 일부 저명 대학은 글로벌 시대에 외국 명문과 자유롭게 경쟁할 수 있게 하는 자율형 사립 대학의 모형이 필요하다.

(라) 이러한 상황을 타개하기 위해 한국의 대학은 양적 팽창을 지양하고 구조 조정을 통해 경쟁력 제고에 나서야 한다.

(마) 따라서 정부 차원의 거시적인 전략으로써 획일적인 규제와 구조 조정에서 벗어나 각 대학의 특성에 따라 차별화된 대학 정책으로 전환하는 것이 필요하다.

① (가) – (나) – (라) – (다) – (마)

② (가) – (나) – (마) – (다) – (라)

③ (가) – (라) – (나) – (마) – (다)

④ (가) – (라) – (마) – (다) – (나)

정답 및 해설 p.37

PART 4

생략된 내용을
추론하기

기출로 확인하는 추론형 문제 유형

DAY 24 ~ DAY 27

기출로 확인하는 **추론형 문제 유형**

유형 4 | 생략된 내용을 추론하기

유형 소개

이 유형은 제시문의 빈칸에 들어갈 생략된 내용이나 접속어를 추론하는 방식으로 출제된다. 풀이 시에 글의 전체적인 흐름뿐만 아니라 빈칸 앞뒤의 내용을 근거로 빈칸에 들어갈 내용을 추론해야 한다. 이때 빈칸의 위치가 주장에 해당하는지, 주장에 대한 근거에 해당하는지 아니면 결론에 해당하는지를 파악하면 문제 풀이의 정확도를 높일수 있다.

신유형 특징

기존에는 글의 전체적인 흐름과 빈칸 앞뒤의 맥락을 파악하면 빈칸에 들어갈 내용을 추론하기 어렵지 않았으며, 한개의 빈칸에 들어갈 내용을 추론하는 문제가 주로 출제되었었다. 그러나 최근에는 두 개의 빈칸에 들어갈 내용을 추론하는 문제가 주로 출제되고 있으며, 지문이나 선택지에 논리학과 관련된 내용이 적용되고 있어 논리학에 대한 기본적인 지식이 요구된다.

대표 질문 유형

· (가)와 (나)에 들어갈 말로 가장 적절한/적절하지 않은 것은?

· ㉠~㉢에 들어갈 적절한 접속어를 순서대로 나열한 것은?

· 글의 통일성을 고려할 때 (가)에 들어갈 말로 가장 적절한 것은?

· 다음 글의 맥락을 고려할 때 빈칸에 들어갈 말로 가장 적절한 것은?

유형에 강해지는 전략

1단계 중심 화제를 바탕으로 필자의 주장이나 핵심 내용을 파악한다.

2단계 빈칸 앞뒤의 내용을 근거로 빈칸에 들어갈 내용을 추론한다.

· 접속어를 추론하는 문제의 경우 빈칸 앞뒤의 문장 간의 관계에 주목한다.

(가)와 (나)에 들어갈 말로 가장 적절한 것은?

2022년 지방직 7급

A는 다음과 같은 실험을 진행했다. 먼저, 검은색 옷과 흰색 옷을 입은 6명이 두 개의 농구공을 가지고 패스를 주고받는 동안 고릴라 복장의 사람을 지나가게 하고 그 장면을 동영상으로 촬영했다. 그리고 실험 참가자들에게 이 동영상을 보여 주면서 흰색 옷을 입은 사람들이 몇 번 패스를 주고받았는지 세어 달라고 요청했다. 이에 대해 참가자들은 패스 횟수에 대해서는 각자의 답을 말했는데, 동영상 중간 중간에 출현한 고릴라 복장의 사람에 대해서는 하나같이 보지 못했다고 답했다. 참가자들이 패스 횟수를 세는 데 집중하느라 1분이 채 안 되는 동영상 가운데 9초에 걸쳐 등장하는 고릴라 복장의 사람을 인지하지 못한 것이다. A는 이 실험을 통해 다음의 결론을 도출했다. (가) .

그 외의 것 = 인지하지 못함 · 빈칸이 실험의 결론에 위치함

참가자들이 중요하게 여긴 것

이 실험 결과를 우리의 일상에서도 확인해 볼 수 있다. 오토바이 운전자의 안전을 위해 눈에 잘 띄는 밝은색 옷을 입도록 권하는데, 밝은색 옷의 오토바이 운전자는 시각적으로 더 잘 보이고, 덕분에 더 쉽게 알아볼 수 있기 때문이다. 그렇다고 해도 모든 자동차 운전자가 밝은색 옷을 입은 오토바이 운전자를 다 알아보는 것은 아니다. 바라보는

인간의 보는 행위는 인지의 필요조건에 해당함(본다고 해서 모두 인지할 수 있는 것은 아니므로)

행위는 인지의 (나) 없기 때문이다.

① (가): 인간의 인지는 시각과 밀접하게 관련되어 있다

　　(나): 충분조건일 수는 있어도 필요조건일 수는

② (가): 인간의 인지는 시각과 밀접하게 관련되어 있다

　　(나): 필요조건일 수는 있어도 충분조건일 수는

③ (가): 인간은 중요하다고 생각하는 것 위주로 주의를 기울인다

　　(나): 충분조건일 수는 있어도 필요조건일 수는

✔ (가): 인간은 중요하다고 생각하는 것 위주로 주의를 기울인다

　　(나): 필요조건일 수는 있어도 충분조건일 수는

1단계 중심 화제를 바탕으로 필자의 주장이나 핵심 내용을 파악한다.

- 1문단: 실험 참가자들은 패스 횟수를 세느라 고릴라 복장의 사람을 인지하지 못하였음

　　↓ 일상에서도 확인

- 2문단: 오토바이 운전자가 밝은색 옷을 입어도 자동차 운전자가 밝은색 옷을 입은 오토바이 운전자를 다 알아보지는 못함

2단계 빈칸 앞뒤의 내용을 근거로 빈칸에 들어갈 내용을 추론한다.

- (가): (가)는 실험의 결과에 해당한다. (가) 앞에는 사람들이 자기가 중요하게 여기는 것(흰 옷을 입은 사람이 패스를 주고받은 횟수)에만 집중해 그 외의 것에는 주의를 기울이지 못했다는 내용(고릴라 복장의 사람을 기억하지 못함)이 제시되어 있다. 이로 미루어 보아 (가)에는 인간은 중요하다고 생각하는 것 위주로 주의를 기울인다는 내용이 들어가는 것이 적절하다.

- (나): (나)는 (가)의 내용을 일상에서 확인한 것을 통해 얻는 결론에 해당한다. (나) 앞에는 자동차 운전자는 오토바이 운전자가 눈에 잘 띄는 밝은옷을 입어도 그러한 오토바이 운전자를 다 알아보는 것은 아니라고 하였다. 이로 미루어 보아 바라보는 행위는 인지의 '필요조건일 수는 있어도 충분조건일 수는 없다'라는 내용이 들어가는 것이 적절하다.

* 충분조건과 필요조건의 관계 (10p 참고)

1 다음 글을 읽고 (가)와 (나)에 들어갈 내용을 추론한 것으로 가장 적절한 것은?

> 명제 'P이면 Q이다'에서 일반적으로 P를 가정, Q를 결과라고 한다. 하지만 P와 Q의 관계를 필요조건, 충분조건으로 설명할 수도 있다. 무언가가 필요하다는 것은 A를 하기 위해 B가 반드시 요구된다는 것을 의미한다. 낚시를 하기 위해서 낚싯대가 필요하다는 것은 낚싯대가 없으면 낚시를 할 수 없다는 것과 의미가 통한다. 그러므로 필요조건은 명제가 성립하는 데 반드시 필요한 조건을 의미한다. 그렇다면 충분하다는 것은 무엇일까? A를 하기에 B만 있어도 됨을 의미한다. 낚싯대만 있으면 물고기를 잡기에 충분하다는 것은 그물이나, 통발 없이도 낚싯대 하나면 물고기 잡는 데 문제없다는 말이다. 그러므로 충분조건은 명제가 성립하는 데 충분한 조건을 의미하는 것으로 그것이 만족되면 명제가 참을 보장한다. 덧붙여 말하자면 이 명제가 참을 보장한다고 해서 이 명제의 역(가정과 결과를 바꾸어 만든 명제)이 무조건 성립하지는 않는다.
>
> '직각 삼각형(P)이면 삼각형(Q)이다'라는 명제에서 P와 Q의 관계를 살펴보자. 직각 삼각형이 되기 위해서는 각이 세 개여야 하며, 세 각 중 하나의 내각이 90도여야 한다는 조건이 필요하다. 반면 삼각형이 되기 위해서는 각이 세 개라는 조건만 충족되면 된다. 다시 말해, 어떤 도형이 삼각형이 되기 위해서는 각이 세 개만 있으면 되지만 각이 세 개 있다는 것만으로 직각 삼각형이 될 수는 없다. 즉 세 개의 각이 있다는 것은 직각 삼각형이 되기 위한 조건 중 하나일 뿐, 그것만으로는 직각 삼각형을 이룰 수 없다. 그러므로 이때   (가) .
>
> 그렇다면 '물(P)은 산소 원자 한 개와 수소 원자 두 개로 구성(Q)되어 있다'는 어떻게 설명할 수 있을까? 실제로 이 명제는 참이다. 그런데 이 명제의 경우, 가정과 결과를 바꾸었을 때 산소 원자 한 개와 수소 원자 두 개가 결합(Q)되면 그것이 곧 물(P)임을 나타내어 참이 된다. 그러므로 이 경우에는   (나)   알 수 있다.

① (가): P는 Q이기 위한 충분조건이고 Q는 P의 필요조건이다
　 (나): P와 Q가 서로 필요조건임과 동시에 충분조건임을

② (가): P는 Q이기 위한 충분조건이고 Q는 P의 필요조건이다
　 (나): P는 Q의 충분조건이고 Q는 P의 필요조건임을

③ (가): P는 Q이기 위한 필요조건이고 Q는 P의 충분조건이다
　 (나): P와 Q가 서로 필요조건임과 동시에 충분조건임을

④ (가): P는 Q이기 위한 필요조건이고 Q는 P의 충분조건이다
　 (나): P는 Q의 필요조건이고 Q는 P의 충분조건임을

2 빈칸에 들어가지 않을 말을 〈보기〉에서 고른 것은?

· 코로나19를 겪으며 정착된 개념으로 '사회적 거리두기(social distancing)'가 있다. 감염병을 막기 위해 사람들 사이에 간격을 두고 밀집도를 낮추는 것을 뜻한다. ［ ㉠ ］ 그런 의미라면 '사회적'이라는 수식어가 별로 적합하지 않은 듯하다. '사회적 거리'를 두라는 메시지로 들리기 때문이다. (사회학에서 사회적 거리란 민족, 인종, 계급, 성적 지향 등에 따라 개인이나 집단 사이에 생겨나는 거리를 의미한다.) ［ ㉡ ］ 세계보건기구(WHO)도 '물리적 거리두기(physical distancing)'로 대체하기를 제안한 바 있고, 한국 정부에서는 '생활 속 거리두기'라는 용어를 쓰기도 했다.

거리두기는 자가 격리, 재택근무, 온라인 수업, 타인과 두 팔 간격 떨어지기, 모임 인원 및 시간제한 등 여러 가지 방식으로 실행되었다. 의심 증세가 나타나거나 확진 판정을 받을 경우 외출을 삼가는 것부터 공공장소에서 밀접, 밀집, 밀폐의 상황을 피하고 대화를 최대한 줄이는 것에 이르기까지 그 스펙트럼이 넓다. ［ ㉢ ］ 접촉을 최소화하기 위해서 악수 대신 주먹 인사를 하는 습관이 정착되었고, 물품을 배달시킬 때도 문 앞에 놓고 가도록 하는 등의 세밀한 지침들이 지켜졌다.

［ ㉣ ］ 실천 속에서 세상의 풍경이 많이 달라졌다. ［ ㉤ ］ 만남의 빈도가 줄었고, 만나더라도 회식 등의 비공식적 자리를 생략하는 식으로 시간을 최소한으로 잡는다. 그래서 우리가 그동안 즐겨 온 떠들썩한 모임이나 북적이는 행사들이 다소 낯설어졌다.

보기

그런데, 그러나, 그래서, 왜냐하면, 또한, 그리고, 이러한
우선, 이와 같이, 만약, 요컨대, 즉, 이를테면, 게다가

---

① 또한, 우선

② 이러한, 그래서

③ 만약, 왜냐하면

④ 그런데, 이를테면

3 다음 글의 빈칸 (가)에 들어갈 내용으로 적절한 것은?

식물 생태계 유지에 중요한 상호작용 중 하나는 식물 이외의 생물에 의한 씨앗 포식이다. 여기서 '포식'은 동물이 씨앗을 먹는 행위뿐만 아니라 곤충과 같이 작은 동물이 일부를 갉아먹는 행위, 진균류 등에 의한 감염까지 포함한다. 포식된 씨앗은 외피의 일부가 손상되는 효과 등으로 인해 발아할 가능성이 높아진다. 이렇게 씨앗 포식은 발아율을 결정하는 주된 원인이므로 발아율은 씨앗 포식의 정도를 알려주는 지표이다.

한 과학자는 대형 포유류, 소형 포유류, 곤충, 진균류 등 총 네 종류의 씨앗 포식자가 서식하는 A 지역에서 같은 종류의 씨앗을 1~6그룹으로 나눈 뒤 일정한 넓이를 가진, 서로 인접한 6개의 구역에 뿌렸다. 이때 1그룹은 아무 울타리도 하지 않은 구역에 뿌려 모든 생물이 접근 가능하도록 하였다. 2그룹은 성긴 울타리만 친 구역에 뿌려 대형 포유류의 접근이 불가능하도록 하였다. 3~6그룹은 소형 포유류와 대형 포유류의 접근이 불가능하도록 촘촘한 울타리를 친 구역에 뿌리되, 4와 6그룹에는 살충제 처리를 하여 곤충이 접근하지 못하게 하였으며, 5와 6그룹에는 항진균제 처리를 하여 진균류의 접근을 차단하였다. 살충제와 항진균제는 씨앗 발아에 영향을 미치지 않는 것만을 사용하였다. 일정 시간 후에 각 그룹에 대해 조사하였다. 포유류에 의한 씨앗 포식량은 1그룹과 2그룹에서 각각 전체 씨앗 포식량의 25%와 7%였고, 발아율은 1~5그룹 사이에서 차이가 없었으며 6그룹에서는 다른 그룹에 비해 현저히 낮았다. 이 실험으로 미루어 보아

      (가)

① 씨앗 발아율은 포식자의 종류와 관련이 없다.

② 씨앗 포식자의 종류가 늘어나면 발아율도 증가한다.

③ 1그룹 내에서 대형 포유류의 포식량이 곤충의 포식량보다 월등히 높다.

④ 씨앗 발아율은 포식자의 유무와 관계없이 언제나 일정한 수준을 유지한다.

정답 및 해설 p.39

1 다음 글의 (가)와 (나)에 들어갈 말을 적절하게 나열한 것은?

　　사람들은 각기 다른 머리카락 색, 피부 색, 발가락 모양, 체질 등의 형질을 갖고 있다. 하지만 과학이 발전하기 이전에는 생물의 형질이 피 속에 조각조각 나뉘어 있다고 생각했다. 그렇기 때문에 유전은 부모의 피 속에 있는 형질이 수정될 때 골고루 혼합되어 자손에게 전해지는 것이라고 생각했다. 이에 따르면 곱슬모 형질의 아빠와 직모 형질의 엄마 사이의 자녀는 부모의 형질을 고루 물려받아 반은 곱슬, 반은 직모인 머리를 가지고 태어나야 할 것이다. 그러나 현실에서는 대개 둘 중 하나만 물려받은 머리를 볼 수 있다.

　　왜 이런 결과가 나타난 것일까? 이 비밀을 풀기 위해 멘델은 완두 품종을 이용하여 형질과 유전에 관한 관련된 실험을 진행하였다. 멘델은 여러 세대 동안 둥근 완두만 맺은 완두와 여러 세대 동안 주름진 완두만 맺은 완두를 심어 꽃을 피웠다. 그다음 둥근 완두에서 핀 꽃의 꽃가루를 주름진 완두의 꽃 암술머리에 묻혔다. 그 결과 타가 수분이 완료된 완두꽃에서 모두 둥근 완두를 맺었음을 확인하였다. 신기한 결과였다. 분명 교배를 했기 때문에 두 형질의 인자를 모두 갖고 있겠지만 한 가지 형질만 드러났다. 이처럼 실제로 드러난 둥근 완두의 형질을 우성이라고 하고 표현되지 않는 형질을 열성이라고 한다. 그리고 이와 같이 두 가지 인자가 함께 쌍을 이룰 때, ＿＿＿＿＿(가)＿＿＿＿＿

　　멘델은 여기서 그치지 않고 첫 번째 교배로 맺힌 둥근 완두를 다시 심어 자가 수분을 시도했다. 그러자 오로지 둥근 완두만 나온 것이 아니라 주름진 완두도 맺은 것을 확인할 수 있었다. 그 속에 숨은 원리는 사실 이렇다. 첫 번째 교배로 맺힌 둥근 완두는 우성 형질 R과 열성 형질 r을 가지고 있으므로, 자가 수분 시 유전자 Rr은 R과 r로 나뉘어 각각의 생식 세포로 들어간다. 수정 후에는 RR, Rr(1), Rr(2), rr의 네 가지의 유전자 쌍을 갖고 있는 완두가 거의 균등하게 나오게 된다. 이처럼 두 번째 교배에서는 우성 형질과 열성 형질이 모두 나뉘어 나타났으므로 이것을 분리의 법칙이라고 하였다. 우성의 법칙과 분리의 법칙을 통하여, ＿＿＿＿＿(나)＿＿＿＿＿

① (가): 우성 형질만 나타나는 현상을 우열의 법칙이라 한다.
　　(나): 두 번째 교배에서 둥근 완두와 주름진 완두가 약 1:1의 비율로 생겼음을 알 수 있다.

② (가): 우성 형질과 열성 형질이 모두 나타나는 현상을 우열의 법칙이라 한다.
　　(나): 두 번째 교배에서 둥근 완두와 주름진 완두가 약 2:1의 비율로 생겼음을 알 수 있다.

③ (가): 우성 형질만 나타나는 현상을 우열의 법칙이라 한다.
　　(나): 두 번째 교배에서 둥근 완두와 주름진 완두가 약 3:1의 비율로 생겼음을 알 수 있다.

④ (가): 우성 형질과 열성 형질이 모두 나타나는 현상을 우열의 법칙이라 한다.
　　(나): 두 번째 교배에서 둥근 완두와 주름진 완두가 약 4:1의 비율로 생겼음을 알 수 있다.

PART 4

해커스공무원 국어 추론형 독해 333 Vol.1

2 ⊙~@에 들어갈 적절한 말을 순서대로 나열한 것은?

> 먹을 물에 용해하여 만들어 내는 농담*의 아름다운 계조(階調)는 다른 물감도 미칠 수 없는 먹만의 독특한
> 맛이 있다. 여기서 용묵*의 기본을 일단 담묵(淡墨), 중묵(中墨), 농묵(濃墨)의 세 단계로 구분하지만 실제로
> 사용하는 단계에서는 먹색은 더욱 미묘하게 변화하여 예측할 수 없는 깊은 아름다움을 발휘한다.
>
> 이 용묵의 방법은 먹을 사용하는 경우든 색채에 의해서 그리는 경우든, 농담을 만드는 방법은 모두 같다.
> 선을 긋는 경우에, 혹은 면을 그리는 묘화의 경우도 80%는 한 자루의 붓으로 농담을 만들어 사용하는 것
> 이 보편적이다. (㉠) 용묵은 물과 먹을 배합하는 정도와 방법에 따라서 그 상태는 수없이 변화하니, 그
> 미묘한 심취는 다양한 화재(畫材) 중에서도 이것을 흉내 낼 수조차 없는 일종의 정신성까지도 지니고 있
> 는 것이다.
>
> (㉡) 이 먹물의 상태야말로 묵화의 생명이라 할 수 있기에 결코 소홀히 해서는 안 된다.
>
> (㉢) 기술적으로 어려운 일이 아니어서 그 방법을 요약해서 말하면, 먼저 붓을 물에 적신 후, 갈아 둔
> 농묵(濃墨)을 붓끝에 찍은 다음, 접시의 가장자리에서 붓의 중하단에서 적당히 혼합하여, 담묵과 농묵의 중
> 간이 되는 중묵층을 만든다. 그리고 또 붓끝에 농묵을 찍으면 한 자루의 붓에 담묵, 중묵, 농묵의 삼묵(三墨)
> 을 한 붓에 만들어서 그리는 방법을 말한다. 붓끝에 묻히는 농묵의 분량은 그리는 대상에 따라 많게 하거나
> 적게 하여 더 많은 농담의 변화를 얻을 수 있을 것이다.
>
> 이 용묵의 방법은 언제나 같은 순서, 같은 방법으로 해서 그려야 한다. (㉣) 화면의 넓고 좁은 것과는
> 상관없이, 또 사용하는 붓의 크기나 먹물의 양에 관계없이 용묵법은 항상 같다.
>
> * 농담(濃淡): 색깔이나 명암 따위의 짙음과 옅음
> * 용묵(用墨): 동양화에서, 그림을 그릴 때 먹을 쓰는 일

	㉠	㉡	㉢	㉣
①	가령	하지만	그러므로	요컨대
②	또한	그러므로	그러나	다시 말해서
③	반면	또한	그래서	즉
④	그리고	따라서	그렇지만	그래서

3 다음 글에서 〈보기〉가 들어가기에 가장 적절한 곳은?

> **보기**
>
>   율격이 규칙에 매이지 않고 자연스러운 변형을 갖추도록 하는 것은 그래야 멋이 있다고 생각하기 때문이다.

근대시는 일본을 통해 받아들인 서양의 전례에 따라 온통 자유시가 된 것 같지만, 전통적인 율격을 변형시켜 계승한 작품이 적지 않다. 일본의 경우에는 전통적인 율격의 규칙이 단조롭고 변형을 할 여지가 없으므로, 질서를 파괴하자 바로 무질서가 나타났던 것과 다르게, 한국의 시가 율격에는 원래 질서와 무질서가 공존하고 있으므로, 무질서의 측면을 두드러지게 하는 자유시를 만들어내는 데 별다른 어려움이 없었다. 그런데도 글자 수를 헤아리는 율격론이 일본에서 수입되어, 혼선을 빚었다. (㉠) 일본과 같은 음수율, 영시에서와 같은 강약률을 적용해서 한국 시가의 율격을 잘못 헤아리다가 한국 특유의 음보율을 발견한 것이 최근의 일이다.

(㉡) 멋은 변형을 선호하는 미의식이라고 할 수 있다. 직선으로 뻗기만 했거나 규칙적으로 모가 난 도형은 좋아하지 않고, 천연스럽게 휘어지고 자연스럽게 이지러진 곡선이라야 멋이 있다고 한다. (㉢) 문학 표현의 기본 원리기이도 하다. 멋과는 거리가 멀 듯한 한문학에서도 격식이나 꾸밈새를 나무라고, 천진스러운 마음을 그대로 드러내야 한다고 했다. (㉣)

① ㉠

② ㉡

③ ㉢

④ ㉣

PART 4

해커스공무원 국어 추론형 독해 333 Vol. 1

1 (가)와 (나)에 들어갈 말로 가장 적절한 것은?

> 한계편익은 우리가 어떤 행위를 하나 더 할 경우에 추가적으로 얻는 편익을 말한다. 즉, 추가편익이다. 마찬가지로 한계비용은 우리가 어떤 행위를 하나 더 할 경우에 추가적으로 드는 비용을 말한다. 추가비용이라고 할 수 있다.
>
> 내가 아이스크림을 한 개 더 먹을 때, 그 아이스크림으로부터 느끼는 만족이 한계편익이라면, 아이스크림을 한 개 더 사기 위해 지불해야 하는 값이 한계비용이다. 기업이 스마트폰을 한 대 더 생산함으로써 버는 수입이 한계편익이며, 스마트폰을 한 대 더 생산하는 데 드는 돈이 한계비용이다.
>
> 이제 답은 나온 셈이나 마찬가지다. 만약 어떤 행위를 추가로 하나 더 할 때의 한계편익이 한계비용보다 크다면, ___(가)___ 이때 플러스(+)의 순편익(net benefit)을 얻을 수 있다. 순편익은 한계편익에 한계비용을 뺀 것이다.
>
> 반대로 한계편익이 한계비용보다 작다면, 그 행위를 하지 말아야 한다. 행위에서 마이너스(-)의 순편익이 발생하기 때문이다. 이는 분명히 손해다. 〈중 략〉
>
> 만약 자동차를 한 대 더 생산할 때의 한계편익이 5000만 원이고 한계비용이 5100만 원이라면, ___(나)___

① (가): 그 행위를 하면 할수록 이득이다.
　(나): 생산을 늘려 손실을 복구해야 한다.

② (가): 그 행위를 하면 할수록 이득이다.
　(나): 생산을 중단해야 한다.

③ (가): 그 행위를 하지 말아야 한다.
　(나): 생산을 늘려 손실을 복구해야 한다.

④ (가): 그 행위를 하지 말아야 한다.
　(나): 생산을 중단해야 한다.

2 글의 통일성을 고려할 때 (가)에 들어갈 말로 가장 적절한 것은?

사실상 가치 상대주의에 대한 논란은 간단한 오해에서 비롯한 경우가 많다. 그것은 근본 규범과 이로부터 파생되어 나온 파생 규범을 구분하지 못한 데서 생긴 오해이다. 후자는 일정한 시대와 장소에서 통용되는 구체적인 규범들로서 서로 상치되거나 시간이 지남에 따라 계속 변할 수 있다. 다시 말해서 상대성을 지닌다. 반면에 전자는 다양한 구체적 규범들의 밑바탕에 놓여 있는 어떤 공통된 정신이나 기본 원리를 의미하는데, 이는 상식을 가진 대부분의 사람들이 받아들이고 있는 것으로서 절대적인 성격을 갖는다. 예를 들어 유흥비를 마련하려는 목적으로 무고한 사람을 살해하는 행위에 대해 우리는 '어떤 관점에서 보자면 나쁘다'고 말하지 않고 '무조건 나쁘다'고 말한다. 또, 다른 사람을 살리기 위해 자기를 희생하는 행위에 대해 우리는 '어떤 관점에서 볼 때 선한' 행위라 하지 않고 '참으로 선한' 행위라고 찬탄한다. 사실 서로 다른 시대와 문화의 도덕 현상들 간에는 우리가 흔히 생각하는 것보다 훨씬 많은 공통점이 존재한다. 모든 문화에서 부모는 자녀에 대한 의무가 있고 자녀는 부모에 대한 의무가 있다. 어디에서나 받은 은혜에 감사하는 것은 좋은 것으로 여겨지고, 인색한 사람은 경멸받으며, 관대한 사람은 존경받는다. 또 어느 사회에서나 판사의 공정함과 군인의 용기는 기본적인 덕으로 인정된다. 이와 같이 우리는 _____(가)_____

① 시간이 지남에 따라 파생 규범이 변하는 것을 경험하게 된다.

② 특정한 시대에 통용되는 기본 원리를 여러 경험을 통해 알게 된다.

③ 특정한 행동 방식에 대해서 우리 자신이 즉각적으로 절대적 가치 판단을 내리는 경험을 한다.

④ 도덕의 절대적 성격과 상대적 성격을 설명해 주고 근본 규범과 파생 규범을 구분하는 법을 배우는 경험을 하게 된다.

3 〈보기〉가 들어갈 가장 적절한 위치는?

> **보기**
>
>   그래서 사군자를 임함에 있어 고인(古人)의 화풍을 깨우치고 익히면서 일점일획(一點一劃)을 소중히 다루어 깊이 있게 연구해 간다면 수묵화의 원류를 터득하게 되고, 더 나아가 자기 발전의 새로운 화경(畫境)과 독자적인 예술 세계의 구축에 보탬이 되리라 생각한다.

    사군자는 사계절을 통한 화제로서 매(梅)는 봄을 가리키는 것으로 아직 백화(百花)가 없는 설한(雪寒) 속에서도 먼저 꽃을 자랑하며 그윽한 향기와 자태를 가진 꽃나무이다. 난(蘭)은 여름을 상징하며 심산유곡에서 담박한 영양으로 외롭게 살면서 은은한 향기를 품은 꽃을 피우는 다년생 화초이고, 국(菊)은 늦은 가을 첫 추위의 능상(凌霜)과 고절(孤節)을 지키면서 꽃을 피우는 다년생 화초이다. 그리고 죽(竹)은 겨울까지, 즉 사계를 통해 변함없이 푸른 잎을 간직하고 곧게 서 있다 하여 절개로 비유되어 왔다.

    ────────────────── ㉠ ──────────────────

    이 사군자의 화법 체계가 세워지기까지는 매, 난, 국, 죽의 자연 생태에 대한 오랜 관찰과 사실적인 탐구를 통하여 그것들이 갖는 형상을 양식화하고 단순화, 또는 집약화하여 신운(神韻)과 기상(氣象)이 넘치는 화풍(畫風)을 이루게 하는 형식적인 과정이 있었다는 것을 알아야 할 것이다.

    ────────────────── ㉡ ──────────────────

    특히 사군자의 그림은 점(點)과 선(線), 그리고 묵색(墨色)의 조화로 이루어지는 특징이 있기에 동양화(한국화)에 입문한 자로서는 꼭 다루어 보아야 할 과제 중의 하나이다.

    ────────────────── ㉢ ──────────────────

    우리가 보통 사군자 하면 으레 계절에 맞춰 매, 난, 국, 죽이라 하지만 사군자의 그림을 공부함에 있어서의 순서는 난, 죽, 매, 국의 순으로 하는 것을 상례로 한다. 그 이유는 난은 곡선, 대는 직선, 매와 국은 직·곡선에다가 몰골법의 터득까지를 필요로 하기 때문이다.

    ────────────────── ㉣ ──────────────────

① ㉠

② ㉡

③ ㉢

④ ㉣

정답 및 해설 p.43

DAY
27

제한 시간: 3분　**시작:**　시　분 ~ **종료:**　시　분　**점수 확인:**　/ 3개

1 다음 문장이 들어갈 곳으로 가장 적절한 것은?

> 그래서 노동조합으로 뭉쳐 단체 교섭도 하고 도무지 타협이 안 되면 파업과 같은 쟁의 행위까지 한다.

우리는 흔히 노동과 자본이 상호 존중하고 협력하기만 하면 좋겠다는 생각을 하곤 한다. (㉠) 그러면 아무런 갈등 없이 '누이 좋고 매부 좋은' 관계를 맺을 것이다. (㉡) 하지만 실제로는 노동과 자본 사이엔 타협하기 어려운 적대 관계가 존재한다. 노동자는 일을 하고 받는 월급을 생활비로 써야 하기 때문에 가능한 한 많이 받고자 한다. (㉢) 그러나 자본가 또는 경영자는 노동자에게 주는 월급이 비용이기 때문에 가능한 한 적게 주고자 한다. 심지어 법으로 정한 최저 임금조차 제대로 주지 않거나 이런저런 이유를 달며 떼먹으려 하는 경우조차 있다. 이런 식으로 노동과 자본은 바라는 방향이 완전히 거꾸로 가는 경향이 있으므로 대립하고 적대하게 된다. 그런데 노동과 자본은 이렇게 임금을 둘러싸고 대립하는 것에서 그치지 않는다. 그 둘은 상품을 생산하는 과정에서도 대립하고 적대하게 된다.

노동이 자본과 상품 생산 과정에서 적대하는 이유는 어떤 한 상품의 가치에는 인간 노동력이 녹아 들어가기 때문이다. (㉣) 따지고 보면, 우리가 시장에서 사는 상품들 속에는 사용하는 기계의 가격이나 원료비, 인건비 외에 이윤에 해당하는 추가분이 녹아 있다.

① ㉠　　　　　　　　　　　　　　　② ㉡
③ ㉢　　　　　　　　　　　　　　　④ ㉣

2 다음 글을 읽고 (가)에 들어갈 내용으로 적절하지 않은 것은?

> 　명제란 어떤 문제에 대한 하나의 논리적 판단 내용과 주장을 언어 또는 기호로 표시한 것으로, 참과 거짓을 판단할 수 있다. 명제는 주어와 서술어의 일치와 불일치를 아무런 제약이나 조건 없이 내세우는 명제인 '정언 명제'와 몇 가지 명제가 '또는', '~이고', '~이면' 등과 같은 논리어로 연결된 '복합 명제'로 나뉜다. 복합 명제는 다시 가언 명제, 연언 명제, 선언 명제로 구분되는데 이들의 참과 거짓을 구분하는 것이 명제에서는 아주 중요한 문제이다.
>
> 　그중에서도 가언 명제는 흔히 '~이면'과 같은 말을 사용하여 만약의 상황을 가정하는 명제이다. "만약 P 이면 Q이다(P → Q)."라는 명제가 있다면 P는 전건, Q는 후건이라고 한다. 가언 명제의 참과 거짓은 전건과 후건이 각각 긍정인지 부정인지에 따라 그 판단이 달라진다. 예를 들어, 아이에게 "양치질을 하면 사탕을 주겠다."라고 말한 경우, 아이가 양치질을 했을 때 아이에게 사탕을 줬다면 그 말은 참이 된다. 하지만 아이가 양치질을 했음에도 아이에게 사탕을 주지 않은 경우, 그 말은 거짓이 된다. 아이가 양치질을 한다는 조건을 달성했음에도 아이에게 사탕을 준다는 말을 어겼기 때문이다. 또한 아이가 양치질을 하지 않았을 때 아이에게 사탕을 주지 않는 것은 참이다. 아이가 양치질을 하지 않았기 때문이다. 그렇다면 아이가 양치질을 하지 않았을 때 아이에게 사탕을 준 경우는 어떨까? 이 경우도 참이다. 왜냐하면 '양치질을 한다면'이라는 조건은 있지만 '오직 양치질을 해야만'이라는 조건은 없기 때문이다. 이를 통해 가언 명제는 　(가)　 참이 성립함을 알 수 있다.

① 전건을 긍정하면서 후건을 긍정할 때

② 전건을 부정하면서 후건을 긍정할 때

③ 전건을 부정하면서 후건을 부정할 때

④ 전건을 긍정하면서 후건을 부정할 때

3 (가)와 (나)에 들어갈 말로 가장 적절한 것은?

어느 시대든 사람들은 원인이 무엇인지 알고 있다고 믿었다. 사람들은 그런 앎을 어디서 얻는가? 원인을 안다고 믿는 사람들의 믿음은 어디서 생기는 것일까?

새로운 것, 체험되지 않은 것, 낯선 것은 원인이 될 수 없다. 알려지지 않은 것에서는 위험, 불안정, 걱정, 공포감이 뒤따라 나오기 때문이다. 우리 마음의 불안한 상태를 없애고자 한다면, 우리는 알려지지 않은 것을 알려진 것으로 환원해야 한다. 이러한 환원은 우리 마음을 편하게 해 주고 안심시키며 만족하게 하고 힘을 느끼게 한다. 이 때문에 우리는 이미 알려진 것, 체험된 것, 기억에 각인된 것을 원인으로 설정하게 된다. '왜?'라는 물음의 답으로 나온 것은 그것이 진짜 원인이기 때문에 우리에게 떠오른 것이 아니다. 그것이 우리에게 떠오른 것은 ⎡   (가)   ⎤ 따라서 원인을 찾으려는 우리의 본능은 위험, 불안정, 걱정, 공포감 등에 의해 촉발되고 자극받는다.

우리는 '설명이 없는 것보다 설명이 있는 것이 언제나 더 낫다'고 믿는다. 우리는 특별한 유형의 원인만을 써서 설명을 만들어 낸다. 이것은 낯설고 체험하지 않았다는 느낌을 가장 빠르고 가장 쉽게 제거해 버린다. 그래서 특정 유형의 설명만이 점점 더 우세해지고, ⎡   (나)   ⎤ 기업인은 즉시 이윤을 생각하고, 기독교인은 즉시 원죄를 생각하며, 소녀는 즉시 사랑을 생각한다.

① (가): 그것이 우리의 사고 과정에 인과 관계를 부여하여 지적인 만족감을 부여하기 때문이다.
  (나): 그러한 설명들이 하나의 체계로 모아져 결국 그런 설명이 우리의 사고방식을 지배하게 된다.

② (가): 그것이 우리의 사고 과정에 인과 관계를 부여하여 지적인 만족감을 부여하기 때문이다.
  (나): 그러한 설명들이 설명될 가능성이 있는 다른 원인들을 제거하여 우리 마음을 더욱 편하게 해 준다.

③ (가): 그것이 우리를 안정시켜주고 성가신 것을 없애주며 무겁고 불편한 마음을 가볍게 해 주기 때문이다.
  (나): 그러한 설명들이 하나의 체계로 모아져 결국 그런 설명이 우리의 사고방식을 지배하게 된다.

④ (가): 그것이 우리를 안정시켜주고 성가신 것을 없애주며 무겁고 불편한 마음을 가볍게 해 주기 때문이다.
  (나): 그러한 설명들이 설명될 가능성이 있는 다른 원인들을 제거하여 우리 마음을 더욱 편하게 해 준다.

정답 및 해설 p.44

PART

5

원리를 구체적
사례에 적용하기

기출로 확인하는 추론형 문제 유형

DAY 28 ~ DAY 30

기출로 확인하는 **추론형 문제 유형**

유형 5 | 원리를 구체적 사례에 적용하기

유형 소개

이 유형은 제시문에서 파악한 특정 원리나 개념, 이론을 다른 글이나 대상에 적용할 수 있는지를 묻는 방식으로 출제된다. 해당 유형에서 가장 중요한 것은 원리나 개념, 이론을 정확하게 이해하는 것이다. 따라서 제시된 원리, 이론을 간단한 도식으로 정리해 두면 정확하게 이해할 수 있을 뿐만 아니라, 그것들을 선택지나 〈보기〉에 적용하는 과정에서 범할 수 있는 오류를 최소화할 수 있다. 이때 선택지나 〈보기〉의 사례가 상식으로는 성립하지만, 제시된 이론이나 원리에 근거했을 때 성립하지 않는 경우가 많으므로 상식에 의해 자의적으로 문제를 풀기 보다는 제시된 이론이나 원리에만 근거하여 문제를 풀도록 한다.

신유형 **특징**

기존에는 지문의 성격이 주로 어법이나 사회 현상, 화법의 원리, 논증의 오류 등으로, 제시문에 주어진 내용만 이해하면 어렵지 않게 문제를 풀 수 있었다. 하지만 최근에는 지문에 명제와 같은 논리학과 관련된 내용이 포함되면서 추론적 사고와 논리적 사고를 동시에 활용해야 풀 수 있는 문제들이 출제되고 있다. 따라서 평소에 명제의 역, 이, 대우의 관계, 문장의 참과 거짓을 판단하는 방법을 익힌다면 실제 시험에서 풀이 시간을 단축할 수 있다.

대표 질문 유형

- 다음 글의 이론 '○'에 근거한 판단으로 적절한 것만을 〈보기〉에서 모두 고르면?
- ⑦ ~ ②의 사례로 적절하지 않은 것은?
- 다음 글의 사례로 적절하지 않은 것은?
- ○○의 주장에 부합하는 사례로 가장 적절한 것은?
- 글쓴이의 견해에 부합하는 대응으로 가장 적절한 것은?
- <보기>의 내용에 대한 이해로 가장 옳지 않은 것은?

유형에 강해지는 전략

1단계 제시된 이론이나 원리를 정리한다.

2단계 글에서 파악한 내용을 선택지에 적용하여 답을 찾는다.

대표 유형 분석

다음 글의 '이론 X'에 근거한 판단으로 적절한 것만을 〈보기〉에서 모두 고르면?

2021년 지방직 7급

> 이론 X에 따르면, 'A가 B의 원인이다.'는 '만약 A가 일어나지 않았더라면 B도 일어
> 나지 않았을 것이다.'와 같다. 예를 들어 '기온이 낮아진 것이 온도계 눈금이 내려간 원
> A가 B의 원인이다 = 만약 A가 일어나지 않으면 B도 일어나지 않았을 것이다
> 인이다.'는 '만약 기온이 낮아지지 않았더라면 온도계 눈금은 내려가지 않았을 것이다.'
> 와 같다.
>
> 이론 X에서 '만약 A가 일어나지 않았더라면 B도 일어나지 않았을 것이다.'의 의미는
> 무엇인가? 그것은, A가 일어나지 않고 B가 일어난 상황보다, A가 일어나지 않고 B도 일
> 어나지 않은 상황이 A가 일어나고 B가 일어난 사실과 더 유사하다는 것이다. 가령 '만
> [유사성의 차이] A(x) → B(○) & A(○) → B(○) < A(x) → B(x) & A(○) → B(○)
> 약 기온이 낮아지지 않았더라면 온도계 눈금은 내려가지 않았을 것이다.'라는 것은, 기
> 온이 낮아지지 않고 온도계 눈금이 내려간 상황보다, 기온이 낮아지지 않고 온도계 눈
> 금이 내려가지 않은 상황이 기온이 낮아졌고 온도계 눈금이 내려간 사실과 더 유사하
> 다는 것이다.

보기

ㄱ. 갑의 흡연이 갑의 폐암의 원인이라면, 갑이 흡연하지 않았더라면 갑은 폐암에 걸리
   지 않았을 것이다.

ㄴ. 갑이 홈런을 치지 않고 갑의 팀이 승리한 상황보다, 갑이 홈런을 치지 않고 갑의 팀이
   승리하지 않은 상황이 갑이 홈런을 치고 갑의 팀이 승리한 사실과 더 유사하다는 것
   은, 갑의 홈런이 그 팀의 승리의 원인이라는 것이다.

ㄷ. 까마귀가 날자 배가 떨어졌음에도 까마귀가 난 것이 배가 떨어진 원인이 아니라는 것
   은, 까마귀가 날지 않고 배가 떨어지지 않은 상황보다, 까마귀가 날지 않고 배가 떨어
   진 상황이 까마귀가 날고 배가 떨어진 사실과 더 유사하다는 것이다.

① ㄱ, ㄴ

② ㄱ, ㄷ

③ ㄴ, ㄷ

④ ㄱ, ㄴ, ㄷ

1단계 제시된 이론과 원리를 정리한다.

- 'A가 B의 원인이다'
  = '만약 A가 일어나지 않으면 B도 일어
   나지 않았을 것이다' A(x) → B(x)

- '만약 A가 일어나지 않으면 B도 일어나
  지 않을 것이다'의 의미는 유사성의 차이
  로 파악할 수 있음
  [유사성 작음]
  A(x) → B(○) & A(○) → B(○)
  [유사성 큼]
  A(x) → B(x) & A(○) → B(○)

2단계 글에서 파악한 내용을 선택지에
   적용하여 답을 찾는다.

'이론 X'에 근거한 판단으로 적절한 것은
① ㄱ, ㄴ'이다.

- ㄱ: '이론 X'는 문장 'A가 B의 원인이다'
  가 'A가 일어나지 않았다면 B도 일어나
  지 않았을 것이다'와 같다고 설명한다.
  따라서 ㄱ에서 흡연(A)이 폐암(B)의 원
  인이라는 말은, 흡연(A)하지 않았다면
  폐암(B)에 걸리지 않았을 것이라는 말과
  같다. 따라서 ㄱ은 적절하다.

- ㄴ: '이론 X'는 'A가 일어나지 않고 B가
  일어난 상황보다, 'A가 일어나지 않고 B
  도 일어나지 않은 상황'이 'A가 일어나고
  B도 일어난 사실'과 더 유사하다고 하였
  다. 따라서 즉, '갑이 홈런(A)을 치지 않고
  팀이 승리(B)하는 상황'보다, '갑이 홈런
  (A)을 치지 않고 갑의 팀이 승리(B)하지
  않은 상황'이 '갑이 홈런(A)을 치고 팀이
  승리(B)한 상황'과 더 유사하므로 '갑의
  홈런(A)이 없었다면 갑의 팀은 승리(B)
  하지 않았을 것이다'를 도출할 수 있다.
  따라서 갑의 홈런(A)은 갑의 팀 승리(B)
  의 원인이므로 적절하다.

오답 분석

- ㄷ: '이론 X'는 A와 B의 인과 관계를 증
  명하는 것이므로 ㄷ의 까마귀가 난 것
  (A)이 배가 떨어진(B) 원인이 아니라면
  '이론 X'로 판단할 수 없으므로 적절하
  지 않다.

1 다음 글의 '이론 X'에 근거한 판단으로 적절한 것만을 〈보기〉에서 모두 고르면?

> 이론 X에 따르면 'A라면 B이다'는 '만일 B가 아니라면 A가 아니다'와 같다. 예를 들어 '만약 비가 온다면 길이 젖을 것이다'는 '만약 길이 젖어 있지 않으면 비가 오지 않은 것이다'와 같다.
>
> 이론 X에서 '만일 B가 아니라면 A도 아니다.'의 의미는 무엇인가? 그것은 A라는 조건일 때 B라는 결론이 일어난 상황과 원래 결론의 부정을 가정으로 하고, 원래의 조건의 부정이 결론이 되는 상황이 모두 성립이 된다면, 이론 X가 성립한다는 것이다. 가령, 비가 온다는 조건이면 길이 젖는다는 결과가 나온다면, 이론 X에 따르면 그 길이 젖는다는 원래의 결과의 부정을 가정했을 때 비가 온다는 원래 조건의 부정인 비가 오지 않는다는 결과가 나온다는 것이다.

보기

ㄱ. '갑은 하루에 게임을 3시간 이상 하면 폭력성이 증가한다'가 성립한다면, '갑의 폭력성이 증가하지 않았으면, 갑은 그날 게임을 3시간 이상 하지 않았을 것이다'도 성립한다.

ㄴ. '어떤 선비가 한 달이 지나도 한양에 도착하지 않는다면 그 선비는 산적의 습격을 받은 것이다'가 성립한다면 '어떤 선비가 한 달 안에 한양에 도착하면 그 선비는 산적의 습격을 받지 않은 것이다'도 성립한다.

ㄷ. 갑과 을이 각각 속한 팀의 축구 경기에서 '갑이 그 경기에서 골을 넣으면 갑이 속한 팀이 을이 속한 팀을 이길 수 있을 것이다'가 성립하면 '갑이 속한 팀이 을이 속한 팀에게 패배했다면 갑은 그 경기에서 골을 넣지 못했을 것이다'도 성립한다.

① ㄱ, ㄴ
② ㄱ, ㄷ
③ ㄴ, ㄷ
④ ㄱ, ㄴ, ㄷ

2 다음 글의 (가)가 추구한 사회의 사례를 〈보기〉에서 모두 고른 것은?

> 민주주의의 최고 이념인 인간 존엄성을 실현하기 위해서는 개인의 자유와 평등의 가치를 보장해야 한다. 이 두 가치가 보장이 되어야만 민주주의가 실현되지만 이 두 가치는 성격상 충돌이 불가피하다. 자유만 지나치게 추구하면 강자가 약자의 자유를 억압하여 불평등의 문제가 심각해지고, 반대로 평등의 가치만을 지나치게 추구한다면 개인의 자유가 침해될 수 있다.
>
> 자유의 가치를 우선시하면 자유주의, 평등의 가치를 우선하면 평등주의라 한다. 우선 자유주의를 지지하는 자들은 개인주의를 옹호한다. 그들은 자유가 우선적으로 보장이 되어야만 사회가 발전한다는 근본적인 이념을 갖고 있다. (가) 적극적 자유주의자들은 자유란 하늘이 준 천부적 권리이므로 개인의 자유를 최우선시하여야 하며 개인의 자유를 적극적으로 옹호한다. 반면에, 물론 개인의 자유를 우선하지만 평등한 사회를 위해서 어느 정도의 개인의 자유는 제한할 필요가 있다는 입장은 평등적 자유주의자들의 입장이다.
>
> 적극적 자유주의자들은 개인의 자유를 최대한 보장하는 것이 곧 국가의 역할이라고 주장한다. 여기에 결부되는 것이 형식적 평등이다. 개인이 최대의 자유를 누리기 위해서는 평등은 기회균등적인 형식적 평등으로 그쳐야 하며 실질적 평등은 곧 개인의 자유 침해로 본다. 더불어 경제적 측면에서도 시장에서 국가의 개입은 최소로 이루어져야 하며 시장의 자율에 맡겨야 한다고 주장한다. 반면 평등적 자유주의자들은 기본적으로 개인의 자유를 보장하는 것은 맞지만 경제의 분배에 있어서 국가의 적극적 개입하여 실질적 평등을 이루어야 한다고 본다.

보기

ㄱ. 국가가 세금을 절대 빈곤층 국민들에게 다시 나누어 줌으로써 국민들 간의 소득 격차를 줄였다.

ㄴ. 수십 년 동안 여성 참정권을 열렬히 요구한 결과 1893년 뉴질랜드에서 세계 최초로 여성 참정권이 인정되었다.

ㄷ. 모두에게 시장에 참여할 권리를 주었을 때, 양극화나 실업 같은 사회 경제적 문제가 발생한다 해도 부의 재분배 목적의 정책이 사용되거나 수립되지 않는다.

① ㄱ   ② ㄷ

③ ㄱ, ㄴ   ④ ㄴ, ㄷ

해커스공무원 국어 추론형 독해 333 Vol. 1

3 다음 글에서 추론한 내용으로 적절하지 않은 것은?

옛말에 "첫술에 배부르랴"라는 말이 있다. 무슨 일이든 처음부터 단번에 만족할 수 없음을 의미한다. 하지만 이 속담은 경제학에서는 적용되지 않는다. 무엇이든 첫 번째 단위의 소비에 가장 큰 만족을 얻고 소비량이 늘어감에 따라 단위당 만족은 점차 감소하게 마련이다. 한 가구에서 두 대의 차량을 살 때 첫 번째 자동차에서 얻는 감흥이 훨씬 큰 것은 두말할 나위 없다. 소비에서 얻을 수 있는 만족, 행복감, 충만함을 경제학에서는 '효용'이라고 부른다.

그리고 소비 단위를 하나씩 증가시킬 때마다 추가로 늘어나는 효용을 '한계 효용'이라고 한다. 소비자는 모든 상품의 첫 번째 소비에서 가장 큰 한계 효용을 누린다. 소비 단위가 늘어날 때마다 처음의 만족이 감소하는 것은 한계 효용이 점차 줄어들기 때문이다. 이를 '한계 효용 체감의 법칙'이라고 한다. '새것'과 '처음'을 좋아하는 인간의 본성에서 비롯된 경제 법칙이다.

한계 효용은 모든 상품의 가치를 평가하는 척도가 된다. 소비자는 결코 자신의 한계 효용보다 더 높은 가격을 지급하려고 하지 않는다. 따라서 한계 효용이 큰 제품을 개발해야만 재화 가치를 높이고 더 비싼 값을 받을 수 있다. 새 기능을 추가하여 차별화시켜야만 새로움에 높은 한계 효용을 부여하는 소비자들을 만족하게 할 수 있다. 〈중 략〉

기업이 한 개를 더 생산해서 얻게 되는 수입을 한계 수입이라고 한다. 생산을 많이 할수록 가격은 내려가고 한계 수입도 따라서 줄어든다. 그런데 생산을 공짜로 하는 것이 아니다. 하나 더 생산하는 데는 추가적인 비용, 즉 한계 비용이 들어간다. 따라서 한계 수입이 한계 비용보다 적다면 하나 더 생산할 때 이윤은 오히려 줄어든다. 경제에서는 희소성이 그 가치를 결정하기 때문에 이렇게 아홉이 열보다 더 큰 가치가 있을 수 있다. 경제의 아이러니다.

① 무한 리필 음식점의 생존 전략에는 한계 효용 체감의 법칙이 내재되어 있다.

② 독점 기업에서는 희소성의 가치를 이용해 적은 수량으로 많은 이윤을 확보하려는 전략을 선택할 수 있다.

③ 일상생활에서 다이아몬드는 물보다 훨씬 비싸지만 생활필수품이 아니므로 물의 한계 효용보다 다이아몬드의 한계 효용이 더 작다.

④ 풍년이 든 해에 쌀의 시장 가격이 폭락하고 농부의 순수입이 풍년이 아닌 해보다 오히려 줄어드는 것은 한계 수입이 한계 비용보다 적기 때문이다.

정답 및 해설 p.46

1 다음 글의 '과정 이론'에 근거한 판단으로 적절한 것만을 〈보기〉에서 모두 고르면?

새먼은 인과를 과학적 세계관에 입각하여 이해하기 위해 과정 이론을 제시했다. 야구공을 던지면 땅 위의 공 그림자도 따라 움직인다. 공이 움직여서 그림자가 움직인 것이지 그림자 자체가 움직여서 그림자의 위치가 변한 것은 아니다. 과정 이론은 이 차이를 다음과 같이 설명한다. 과정은 대상의 시공간적 궤적이다. 날아가는 야구공은 물론이고 땅에 멈추어 있는 공도 시간은 흘러가고 있기에 시공간적 궤적을 그리고 있다. 공이 멈추어 있는 상태도 과정인 것이다. 그런데 모든 과정이 인과적 과정은 아니다. 어떤 과정은 다른 과정과 한 시공간적 지점에서 만난다. 즉, 두 과정이 교차한다. 만약 교차에서 표지, 즉 대상의 변화된 물리적 속성이 도입되면 이후의 모든 지점에서 그 표지를 전달할 수 있는 과정이 인과적 과정이다.

가령 바나나가 a 지점에서 b 지점까지 이동하는 과정을 과정 1이라고 하자. a와 b의 중간 지점에서 바나나를 한 입 베어 내는 과정 2가 과정 1과 교차했다. 이 교차로 표지가 과정 1에 도입되었고 이 표지는 b까지 전달될 수 있다. 즉, 바나나는 베어 낸 만큼이 없어진 채로 줄곧 b까지 이동할 수 있다. 따라서 과정 1은 인과적 과정이다. 바나나가 이동한 것이 바나나가 b에 위치한 결과의 원인인 것이다. 한편, 바나나의 그림자가 스크린에 생긴다고 하자. 바나나의 그림자가 스크린상의 a′ 지점에서 b′ 지점까지 움직이는 과정을 과정 3이라 하자. 과정 1과 과정 2의 교차 이후 스크린상의 그림자 역시 변한다. 그런데 a′과 b′ 사이의 스크린 표면의 한 지점에 울퉁불퉁한 스티로폼이 부착되는 과정 4가 과정 3과 교차했다고 하자. 그림자가 그 지점과 겹치면서 일그러짐이라는 표지가 과정 3에 도입되지만, 그 지점을 지나가면 그림자는 다시 원래대로 돌아오고 스티로폼은 그대로이다. 이처럼 과정 3은 다른 과정과의 교차로 도입된 표지를 전달할 수 없다.

보기
ㄱ. 과정 3은 인과적 과정이 될 수 없을 것이다.
ㄴ. 과정 1과 과정 2의 교차 시점 전후로 바나나의 물리적 속성이 달라진다.
ㄷ. 과정 1과 과정 3은 동시에 진행되는 사건이므로 같은 시공간의 궤적을 그릴 것이다.

① ㄱ
② ㄱ, ㄴ
③ ㄱ, ㄷ
④ ㄴ, ㄷ

2 다음 글을 바탕으로 〈보기〉의 주제와 관련해 청자 A~D를 효과적으로 설득하기 위한 메시지로 가장 적절하지 않은 것은?

> **보기**
>
> 유전자 변형 농산물(GMO) 수입 규제를 완화해야 한다.

청자를 설득하기 위해서는 청자를 분석해 메시지를 적절히 조직해야 한다. 청자를 분석할 때는 청자의 기존 입장, 지적 수준, 사전 지식, 개인적 관련성을 고려해야 한다.

기존 입장은 주장과 관련해 청자가 지니고 있는 입장을 의미한다. 이때 화자와 청자의 기존 입장이 일치할 때는 논쟁을 야기할 수 있는 반론을 나타내지 않고 화자가 주장하는 내용만을 청자에게 제시하는 일면 메시지를 사용하는 것이 효과적이다. 반면 청자의 기존 입장이 화자의 주장과 반대되는 경우에는 양면 메시지, 즉, 화자가 주제에 대한 긍정적인 측면과 예상되는 반론까지 함께 제시하여 해당 문제가 이미 충분히 검토되었음을 언급해 청자의 심리적 저항감을 약화해야 한다.

지적 수준은 청자의 교육 수준과 관련이 깊다. 만약 청자가 지적 수준이 높다면, 청자는 주장에 대한 긍정적, 부정적 측면을 모두 고려할 가능성이 크다. 이때 양면 메시지를 활용하면 그러한 청자에게 신뢰감을 심어줄 수 있다. 그러나 청자의 지적 수준이 높지 않다면 일면 메시지를 활용하는 것이 효과적이다.

사전 지식은 청자가 주제에 대해 갖고 있는 지식의 양을 의미한다. 주제에 대한 지식이 많은 청자가 화자의 주장에 대해 반대되는 입장인 경우, 화자의 주장이 청자에 의해 반박당할 가능성이 크므로 양면 메시지를 활용하는 것이 적합하다. 만약 청자가 주제에 대한 지식이 적을 경우에는 주제에 대한 배경을 충분히 설명해 주는 과정이 필요하다.

개인적 관련성이란 주장에 대해 청자가 얼마나 큰 관련성을 느끼는지를 의미한다. 즉, 주제가 청자의 삶에 얼마나 큰 영향을 끼칠 것인지에 관한 것이다. 따라서 주제에 대한 개인적 관련성이 높은 경우에는 주제에 대한 찬반 입장이 뚜렷하지만 개인적 관련성이 낮은 경우에는 주제를 청자의 삶과 관련시켜 개인적 관련성을 강화해야 한다.

① GMO에 대해 관심이 없는 A에게: "당신의 식탁에서 GMO 식품을 발견하는 것은 어렵지 않습니다. 옥수수, 콩 등 다양한 GMO 식품들이 우리 밥상 위에 올라오죠."

② GMO에 대해 잘 모르는 B에게: "먼저 GMO는 특정 농작물에 없는 유전자를 인위적으로 결합·변형시키는 유전공학적 기술을 사용한 농수산물을 가리킵니다. 대표적으로 콩, 옥수수, 사탕무 등이 있지요."

③ 식품공학과 교수인 C에게: "잘 아시다시피 GMO 식품은 우리 삶에서 빼놓을 수 없는 식재료 중 하나입니다. GMO는 그것의 안정성이 이미 보장되어 있을 뿐만 아니라, 가난한 나라의 식량난을 해결할 수 있는 중요한 열쇠죠."

④ GMO를 부정적으로 생각하는 D에게: "일각에서 GMO가 미래에 인체에 악영향을 줄 수 있다는 우려가 있다는 것을 알고 있습니다. 하지만 이미 GMO가 위해성이 없고 오히려 GMO를 통해 질병을 개선할 수 있다는 연구 결과가 다수 존재합니다.

3 다음 글의 사례로 적절하지 않은 것은?

국어의 표준어 규정은 '발음 변화에 따른 규정'과 '어휘 선택의 변화에 따른 규정' 등에 대해 초점을 맞추고 있다. 그중에서도 '발음 변화에 따른 규정'은 어휘의 발음과 관련된 내용을 다루고 있다.

우선 표준어 규정에서 표준어는 교양 있는 사람들이 두루 쓰는 현대 서울말로 정한다고 규정하고 있다. 표준어 규정은 변화가 있더라도 쉽게 바꾸어서는 안 되지만 교양 있는 서울 사람들이 바뀐 발음을 두루 사용하게 된다면 표준어를 새로이 정하고 있다.

표준 발음 규정에서 제시한 발음을 제대로 발음하기 위해서는 모음과 자음의 소릿값, 모음의 장단 등에 유의해야 한다. 하지만 이를 구별하고 제대로 발음하기가 쉽지 않다. 대표적으로 'ㅔ'와 'ㅐ'의 발음이다. 'ㅔ'는 혀의 높이를 중간으로 하여 발음하고 'ㅐ'는 혀의 위치를 가장 낮추어서 발음해야 한다. 그리고 이중 모음 역시 잘못 발음하는 경우가 많은데, 특히 'ㅢ' 발음이 문제가 된다. 'ㅢ'의 발음은 [ㅢ]로 발음하는 것이 원칙이지만 자음을 첫소리로 가지고 있는 음절에서 'ㅢ'는 [ㅣ]로 발음해야 한다. 또한 단어의 첫음절 이외의 'ㅢ'는 [ㅣ]로, 조사 '의'는 [ㅔ]로 발음하는 것도 허용한다.

'윗-'과 '웃-' 역시 잘 구별해서 사용해야 한다. 일반적으로 '위, 아래'의 개념상 대립이 성립하지 않을 때에는 '웃-'으로 쓰고, 그 외에는 '윗-'을 사용하는 것이 원칙으로 규정되어 있다. 다만 된소리나 거센소리 앞에서는 사이시옷을 쓰지 않는 한글 맞춤법 제30항 규정에 맞추어 '윗-'을 '위-'로 쓰기로 하였으므로 주의해야 한다.

① 나무의 잎 틔우기 [나무에 입 티우기]

② 윗층의 회의실로 가시오. [윋층의 회:의실로 가시오]

③ 웃어른에게 예의를 지키다. [우더르네게 예이를 지키다]

④ 더워서 윗옷을 벗고 윗몸 운동을 했다. [더워서 위도슬 벋꼬 윈몸 운동을 핻따]

정답 및 해설 p.48

PART 5

해커스공무원 국어 추론형 독해 333 Vol. 1

1 다음 글에서 추론할 수 없는 것만을 〈보기〉에서 모두 고르면?

> 인터넷 검색 엔진은 검색어를 포함하는 웹 페이지를 찾아 화면에 보여 준다. 웹 페이지가 화면에 나타나는 순서를 정하기 위해 검색 엔진은 수백 개가 넘는 항목을 고려한 다양한 방식을 사용한다. 대표적인 항목으로 중요도와 적합도가 있다.
>
> 중요도는 웹 페이지의 중요성을 값으로 나타낸 것으로 링크 분석 기법으로 측정할 수 있다. 기본적인 링크 분석 기법에서 웹 페이지 A의 값은 A를 링크한 각 웹 페이지들로부터 받는 값의 합이다. 이렇게 받은 A의 값은 A가 링크한 다른 웹 페이지들에 균등하게 나눠진다. 즉 A의 값이 4이고 A가 두 개의 링크를 통해 다른 웹 페이지로 연결된다면, A의 값은 유지되면서 두 웹 페이지에는 각각 2가 보내진다.
>
> 하지만 두 웹 페이지가 실제로 받는 값은 2에 댐핑 인자를 곱한 값이다. 댐핑 인자는 사용자들이 웹 페이지를 읽다가 링크를 통해 다른 웹 페이지로 이동하지 않는 비율을 반영한 값으로 1 미만의 값을 가진다. 댐핑 인자는 모든 링크에 동일하게 적용된다. 가령 그 비율이 20%이면 댐핑 인자는 0.8이고 두 웹 페이지는 A로부터 각각 1.6을 받는다. 웹 페이지로 연결된 링크를 통해 받는 값을 모두 반영했을 때의 값이 각 웹 페이지의 중요도이다. 웹 페이지들을 연결하는 링크들은 변할 수 있기 때문에 검색 엔진은 주기적으로 웹 페이지의 중요도를 갱신한다.

보기

ㄱ. 웹 페이지 A를 링크한 웹 페이지들로부터 받은 값의 합은 A가 링크한 웹 페이지들이 A로부터 실제로 받은 값의 합과 항상 같다.

ㄴ. 웹 페이지 B의 방문자 총 10명 중 3명이 링크를 통해 다른 웹 페이지로 이동했다면 댐핑 인자는 0.7이다.

ㄷ. 웹 페이지 C의 값이 6이고 댐핑 인자는 0.1일 때, C가 링크한 웹 페이지 총 3개 중 하나인 D는 C로부터 0.2의 값을 받는다.

① ㄱ, ㄴ

② ㄱ, ㄷ

③ ㄴ, ㄷ

④ ㄱ, ㄴ, ㄷ

2 다음 보기 중 밑줄 친 (가)~(다)의 사례로 옳게 짝지은 것은?

심리학에서 적응이란 개인이 자신의 욕구와 가능성 사이에서 균형을 이루기 위해 노력하는 것으로, 자신이 추구하는 목적과 환경이 조화를 이룰 수 있도록 주위 환경을 조절하는 것이다. 그러나 때때로 우리 인간은 부적응 상태를 경험하게 되는데, 부적응 상태란 주변의 환경이나 사회적 요구를 적절하게 받아들이지 못하고 타인과의 관계에서도 조화를 이루지 못하는 것에서 비롯되는 심리적 불안, 불만의 상태를 말한다. 인간은 부적응 상태에 놓이면 이를 극복하기 위해 자신과 환경 사이의 불균형을 조절하기 위해 노력하는데 이것이 바로 적응 기제이다.

적응 기제 중에서도 사람들이 많이 사용하는 방법은 '합리화'이다. 이는 그럴듯한 이유를 들어서 자신의 행동이나 일의 결과가 타당하고 정당함을 내세움으로써 곤란한 상황이나 실망스러운 결과에서 벗어나고자 하는 것으로 크게 세 가지 유형으로 나눌 수 있다. 우선 (가) 신 포도형(sour grapes) 합리화는 어떤 목적을 달성하고자 하였으나 그것에 실패한 사람이 자기는 처음부터 그것을 원하지 않았다고 변명을 하는 경우이다. (나) 달콤한 레몬형(sweet lemon) 합리화는 현재 자기의 입장이나 처지가 애초에 원하지 않았던 것이었거나 불만족스러움에도 불구하고 자신이 원하던 것이라고 주장하는 경우이다. (다) 전가형 합리화는 변명거리를 내세워 자신이 한 행동의 결과를 정당화하는 경우이다.

이와 같은 합리화를 포함한 적응 기제는 적절하게 사용하면 개인의 적응을 돕고 정신 건강을 향상시킬 뿐만 아니라, 긍정적인 사회적 효과를 낳기도 한다. 하지만 과도하게 사용하면 심각한 정신 증상을 유발할 수 있을 뿐만 아니라, 정신적 에너지를 고갈시켜 삶을 피폐하게 만들므로 적절한 적응 기제의 사용이 무엇보다 중요하다.

보기
ㄱ. 낮은 시험 성적을 받은 대학생이 자신이 노력을 하지 않았기 때문이라고 말하는 경우
ㄴ. 도시에서 근무를 하다가 지방으로 좌천된 회사원이 안 그래도 도시 생활이 너무 각박했는데 지방으로 내려가게 되어 잘 됐다고 말하는 경우
ㄷ. A 대학교에 입학하기를 간절히 원했던 학생이 A 대학 입학시험에서 떨어지자, A 대학은 지방에 있어서 원래 가기 싫었다고 말하는 경우

① (가) - ㄴ
② (가) - ㄷ
③ (나) - ㄱ
④ (다) - ㄷ

3 다음 글을 통해 〈보기〉에서 해당 논리적 오류를 범한 사례만을 적절하게 묶은 것은?

> 사회에는 여러 가지 갈등이 존재하며, 이러한 갈등은 흔히 주장하는 글의 주제로 사용된다. 이때 주장하는 글을 잘 쓰기 위해서는 주장에 대한 판단 능력을 갖추는 것이 중요하다. 주장하는 글에는 문제에 대한 필자의 주장과 그것을 뒷받침하는 근거가 나타나는데 근거로부터 주장을 이끌어 내는 과정에서 논리적 오류가 발생하기도 한다.
>
> 먼저 ⊙ 성급한 일반화의 오류는 귀납 논증 과정에서 발생하는 오류로 몇몇 경우에만 해당하는 대표성이 결여된 사례를 근거로 보편적이고 일반된 원칙이나 결론을 이끌어낼 때 발생한다. ⓒ 원칙 혼동의 오류는 연역 논증 과정에서 발생하는 오류로 모든 원칙에는 그 원칙이 적용될 수 있는 일정한 전제와 범위가 존재하는데, 일반적인 원칙을 적용하기 어려운 우연적이거나 예외적인 상황에도 동일한 원칙을 적용할 때 발생한다. ⓒ 잘못된 인과 관계의 오류는 두 사건이 원인과 결과 관계가 성립하지 않음에도 두 사건 사이에 인과 관계가 성립한다고 판단할 때 발생한다.
>
> 이외에도 일상생활에서 자주 접할 수 있는 오류가 있다. ⓔ 무지의 오류는 상대방이 주장을 입증하지 못했음을 근거로 활용해 자신의 주장이 입증되었다고 우길 때 발생한다. 마지막으로 ⑩ 순환 논증의 오류는 자신의 주장에 대한 근거로써 같은 주장을 다른 말로 바꾸어서 제시하는 것이다. 즉, 어떤 주장의 근거를 제시할 때 주장을 되풀이하는 것이다.

보기

ㄱ. ⊙ A 고등학교의 몇몇 학생이 시험에서 부정행위를 했다는 사실이 밝혀졌다. A 학교의 교장은 A 학교의 모든 학생들이 부정행위에 동조했다고 보고 모든 학생들에게 징계를 내렸다.

ㄴ. ⓒ 미성년자의 경우 보호자의 동의하에 수술을 진행할 수 있다. 하지만 미성년자의 부상 정도가 크거나 의식을 잃은 상황의 경우 의료진의 판단하에 응급 수술을 진행할 수 있다.

ㄷ. ⓒ 입사한지 3개월밖에 되지 않은 신입 사원이 갑자기 그만두자 담당 부장이 요즘 신입 사원들은 다들 책임감이 없다고 소리를 질렀다.

ㄹ. ⓔ 외계인이 존재하지 않는다는 것이 과학적으로 증명되지 않았으므로 외계인은 어딘가에 반드시 존재한다.

ㅁ. ⑩ 국민 모두에게 표현의 자유를 허용하는 것은 국가에 도움이 된다. 왜냐하면 국민 모두가 자신의 감정을 자유롭게 표현할 수 있을 때, 국익이 증진되기 때문이다.

① ㄱ, ㄴ, ㅁ

② ㄱ, ㄷ, ㄹ

③ ㄱ, ㄹ, ㅁ

④ ㄱ, ㄷ, ㄹ, ㅁ

정답 및 해설 p.50

부록

문학 작품에서
추론하기

정답 및 해설 p.52

1 다음 글에서 의인화하고 있는 대상은?

> 공방(孔方)의 자(字)는 관지(貫之)이니, 그 조상이 일찍이 수양산(首陽山)에 숨어 굴속에서 살았기에 세상에 쓰인 적이 없었다. 처음 황제(黃帝) 시절에 조금 쓰이기도 했으나 성질이 굳세어 세상일에 그리 잘 적응하지 못하였다. 〈중 략〉
>
> 방의 위인이 밖은 둥글고 안은 모나며, 때에 따라 그에 맞게 변하기를 잘하여 한(漢)나라에서 벼슬하여 홍로경(鴻臚卿)이 되었다. 그때에 오(吳)나라 왕 비(濞)가 교만하고 주제 넘어 권세를 부렸는데, 방이 그에게 붙어 많은 이익을 얻었다.
>
> 무제(武帝) 때에 천하의 경제가 궁핍하여 나라의 창고가 텅 비었으므로 위에서 걱정하여 방에게 부민후(富民侯)라는 벼슬을 주어 그의 무리 염철승(鹽鐵丞) 근(僅)과 함께 조정에 있었는데, 근이 매양 형님이라 하고 이름을 부르지 않았다.
>
> 방의 성질이 욕심 많고 더러워 염치가 없었는데, 이제 재물과 씀씀이를 도맡게 되니 본전과 이자의 경중을 저울질하기 좋아하였다. 나라를 편하게 하는 것이 반드시 질그릇이나 쇠그릇을 만드는 생산의 기술에만 있는 것이 아니라고 하면서 백성과 더불어 사소한 이익조차도 다투었다.

① 술   ② 엽전

③ 거북이   ④ 지팡이

2 ㉠을 이해한 내용으로 적절하지 않은 것은?

"네쌍 나을취?"

"을 씽 섬마?"

하고 덤벼 보았으나 중국인 또한 그 기름 끼인 뚜한 얼굴에 수수께끼 같은 웃음을 띨 뿐이요 별로 대꾸를 하지 않았건만 그래도 무어라도 연해 웅얼거리면서 나를 보고 웃어 보였다.

그것은 마치 짐승을 놀리는 요술쟁이가 구경꾼을 바라볼 때처럼 훌륭한 제 재주를 갈채해 달라는 웃음이었다. 나는 쌀쌀하게 그의 시선을 피해 버렸다. 그 주적대는 꼴이 어쭙잖고 밉살스러웠음이다.

그러자 그의 신세타령의 실마리는 풀려 나왔다. ㉠그의 고향은 대구에서 멀지 않은 K군 H란 외딴 동리였다. 한 백 호 남짓한 그곳 주민은 전부가 역둔토(驛屯土)를 파먹고 살았는데, 역둔토로 말하면 사삿집 땅을 부치는 것보다 떨어지는 것이 후하였다. 그러므로 넉넉지는 못할망정 평화로운 농촌으로 남부럽지 않게 지낼 수 있었다. 그러나 세상이 뒤바뀌자 그 땅은 전부가 동양 척식 주식회사의 소유에 들어가고 말았다. 직접으로 회사에 소작료를 바치게나 되었으면 그래도 나으련만 소위 중간 소작인이란 것이 생겨나서 저는 손에 흙 한 번 만져 보지도 않고 동척엔 소작인 노릇을 하며, 실작인에게는 지주 행세를 하게 되었다. 동척에 소작료를 물고 나서 또 중간 소작인에게 긁히고 보니 실작인의 손에는 소출의 삼 할도 떨어지지 않았다. 그 후로 '죽겠다', '못 살겠다' 하는 소리는 중이 염불하듯 그들의 입길에서 오르내리게 되었다. 남부여대하고 타처로 유리하는 사람만 늘고 동리는 점점 쇠진해 갔다. 〈중 략〉

나는 그 눈물 가운데 음산하고 비참한 조선의 얼굴을 똑똑히 본 듯싶었다.

---

① 과거에 '그'가 농민으로 살았던 곳이다.

② '그'의 이야기를 통해 '나'가 조선의 비참한 현실을 인식하게 되는 곳이다.

③ 일제가 조선 농촌의 토지 수탈을 목적으로 동양 척식 주식회사를 설립한 곳이다.

④ 이곳의 주민들은 일제의 가혹한 수탈로 인해 점차 다른 지역으로 떠돌아다니게 되었다.

3 ㉠~㉣을 사건의 시간 순서에 따라 가장 적절하게 배열한 것은?

　　이튿날 ㉠ 양생은 여인의 말대로 은그릇 하나를 들고 보련사로 가는 길가에서 기다리고 있었는데, 정말 어떤 귀족의 집안에서 딸자식의 대상을 치르려고 수레와 말을 길에 늘어세우고서 보련사로 올라가는 것이었다. 그러다가 길가에서 한 서생이 은그릇을 들고 서 있는 것을 보고는, 하인이 주인에게 말하였다.

　　"아가씨 장례 때에 무덤 속에 묻은 그릇을 벌써 어떤 사람이 훔쳐 가졌습니다."

　　주인이 말하였다.

　　"그게 무슨 말이냐?"

　　하인이 말하였다.

　　"저 서생이 가지고 있는 은그릇을 보고 한 말씀입니다."

　　주인이 마침내 탔던 말을 멈추고 물었다. 양생이 전날 약속한 그대로 대답하였더니, 부모가 놀라며 의아스럽게 여기다가 한참 뒤에 말하였다.

　　"㉡ 내 슬하에 오직 딸자식 하나가 있었는데, 왜구의 난리를 만나 싸움판에서 죽었다네. 미처 장례도 치르지 못하고 개령사 곁에 임시로 묻어 두고는 이래저래 미루어 오다가 오늘까지 이르게 되었다네. 오늘이 벌써 대상 날이라, (어버이된 심경에) 재나 올려 명복을 빌어 줄까 한다네. 자네가 정말 그 약속대로 하려거든, 내 딸자식을 기다리고 있다가 같이 오게나. 놀라지는 말게나." 〈중 략〉

　　여인이 양생에게 말하였다.

　　"제가 법도를 어겼다는 것은 저도 잘 알고 있습니다. 저도 어렸을 때에 『시경』과 『서경』을 읽었으므로, 예의를 조금이나마 알고 있습니다. 『시경』에서 말한 「건상(褰裳)」이 얼마나 부끄럽고 「상서(相鼠)」가 얼마나 얼굴 붉힐 만한 시인지 모르는 것도 아닙니다. 그렇지만 하도 오래 ㉢ 다북쑥 우거진 속에 묻혀서 들판에 버림받았다가 사랑하는 마음이 한번 일어나고 보니, 끝내 걷잡을 수가 없게 되었던 것입니다. 지난번 절에 가서 복을 빌고 ㉣ 부처님 앞에서 향불을 사르며 박명했던 한평생을 혼자서 탄식하다가 뜻밖에도 삼세(三世)의 인연을 만나게 되었으므로, 소박한 아내가 되어 백년의 높은 절개를 바치려고 하였습니다. 술을 빚고 옷을 기워 평생 지어미의 길을 닦으려 했습니다만, 애달프게도 업보(業報)를 피할 수가 없어서 ㉤ 저승길을 떠나야 하게 되었습니다. 즐거움을 미처 다하지도 못하였는데, 슬픈 이별이 닥쳐왔습니다."

① ㉡ → ㉢ → ㉣ → ㉠ → ㉤

② ㉡ → ㉣ → ㉢ → ㉠ → ㉤

③ ㉢ → ㉡ → ㉠ → ㉣ → ㉤

④ ㉣ → ㉢ → ㉡ → ㉤ → ㉠

4 〈보기〉 작품의 전체 맥락을 고려할 때 ㉠에 들어갈 구절로 가장 적절한 것은?

> **보기**
>
> '겨울이 다 갔다고 생각자
> 조 들창에 / 봄빛 다사로이 헤여들게'
>
> 너는 불 꺼진 토기 화로를 끼고 앉어
> 나는 네 잔등에 이마를 대고 앉어
> 우리는 봄이 올 것을 믿었지
> 식아 / 너는 때로 피를 토하는 슬픈 동무였다
>
> 봄이 오기 전 할미집으로 돌아가던
> 너는 병든 얼골에 힘써 웃음을 새겼으나
> 고동이 울고 바퀴 돌고 쥐었던 손을 놓고
> 서로 머리 숙인 채
> 눈과 눈이 마조칠 복된 틈은 다시 없었다
>
> 일년이 지나 (㉠   )
> 너는 내 곁에 있지 않다
> 너는 세상 누구의 곁에도 있지 않다
>
> 너의 눈도 귀도 밤나무 그늘에 길이 잠들고
> 애꿎은 기억의 실마리가 풀리기에
> 오늘도 등신처럼 턱을 받들고 앉어
> 나는 저 들창만 바라본다
>
> '봄이 아조 왔다고 생각자 / 너도 나도
> 푸른 하늘 알로 뛰어나가게'
>
> 너는 어미 없이 자란 청년
> 나는 애비 없이 자란 가난한 사내
> 우리는 봄이 올 것을 믿었지
> 식아 / 너는 때로 피를 토하는 슬픈 동무였다.

① 드디어 봄이 왔다

② 겨울이 다갔다

③ 또 겨울이 왔다

④ 지금은 겨울을 기다린다

5 〈보기〉의 ㉠~㉢에 들어갈 말로 가장 옳은 것은?

보기

"느 집엔 이거 없지?"

하고 생색 있는 큰소리를 하고는 제가 준 것을 남이 알면 큰일 날테니 여기서 얼른 먹어 버리란다. 그리고 또 하는 소리가

"너 봄 감자가 맛있단다."

"난 감자 안 먹는다, 니나 먹어라."

나는 고개도 돌리려 하지 않고 일하던 손으로 그 감자를 도로 어깨 너머로 쓱 밀어 버렸다.

(㉠) 그래도 가는 기색이 없고, 뿐만 아니라 쌔근쌔근하고 심상치 않게 숨소리가 점점 거칠어진다.

(㉡) 주는 감자를 안 받아먹은 것이 실례라 하면, 주면 그냥 주었지 "느 집엔 이거 없지."는 다 뭐냐.

(㉢) 저희는 마름이고 우리는 그 손에서 배재를 얻어 땅을 부치므로 일상 굽실거린다. 〈중 략〉

그리고 우리 어머니 아버지도 농사 때 양식이 달리면 점순네한테 가서 부지런히 꾸어다 먹으면서 인품 그런 집은 다시 없으리라고 침이 마르도록 칭찬하고 하는 것이다. (㉣) 열일곱씩이나 된 것들이 수군수군하고 붙어 다니면 동네의 소문이 사납다고 주의를 시켜 준 것도 또 어머니였다.

	㉠	㉡	㉢	㉣
①	그러나	설사	그러면서도	그렇잖아도
②	그런데	설마	그렇잖아도	그러면서도
③	그랬더니	설혹	그렇잖아도	그러면서도
④	그랬더니	설령	그러면서도	그렇잖아도

6 다음 글에 대한 이해로 적절하지 않은 것은?

> 일규는 기범과 부닥치자 가장 불길하게 해체되기 시작했다. 그럴듯한 음모였지만 나는 참을 수 없는 모욕감을 느꼈다.
>
> "도둑놈아, 억지 쓰지 마라. 너는 파렴치범에 불과하지만 일규는 전신으로 세상을 산 놈이다. 아무리 네가 잡아 흔들어도 일규는 절대로 쓰러지지 않는다."
>
> "천만에, 나는 안다. 그놈은 운 좋은 삼류 무사(武士)에 불과했다. 뽑아 본 일 없는 칼을 차고 질 수 없는 전쟁만 멋들어지게 해 온 놈이다. 나는 세상이 가장 혼탁할 때는 일규가 어디 있는지 본 일이 없다. 그놈이 칼을 뽑았을 때는 누군가가 위기를 제거해서 세상이 더없이 편안해진 후다. 이것이 바로 무사의 허풍스런 참모습이고 무사가 너희한테 존경과 사랑받는 소치인 것이다."
>
> "너는 그럼 그런 일규를 왜 허공에서 찾은 거냐? 왜 일규가 없어진 지금 살맛이 없다구 하는 거냐?"
>
> "세상은 주인이 필요하다, 광대 같은 주인 말이다. 무대에 누군가가 있어야 할 것 아니냐? 무대를 비워 둘 순 없지 않냐? 내가 일규를 필요로 하는 건 그 녀석이 무대 위에 서서 너희들이 살아가는 간판 구실을 잘 해내기 때문이다."
>
> "좋다, 네 쪽은 그렇다 치자. 허지만 일규 쪽에서는 왜 너를 필요로 한다는 이야기냐?"
>
> "무사가 칼을 차고 지나가면 그 뒤엔 그를 칭송할 악사(樂士)가 필요한 법이다. 칼이 허리에서 절그럭거려서 무사는 자기 입으로는 자찬의 노래를 읊을 수가 없다. 악사는 바로 이런 때를 대비했다가 무사의 눈짓이 날아올 때 재빨리 악기를 꺼내 황홀한 음악을 탄금하는 것이다. 이것이 바로 무사와 악사가 서로를 경멸하면서도 사이좋게 살아가는 우정이다."

① '기범'의 입장에서 볼 때 '무사'인 일규는 '악사'인 자신의 도움을 받는 존재이다.

② '나'의 입장에서 볼 때 '일규'에게 빌붙어 자신의 안위만을 위해 산 '기범'은 '파렴치범'이다.

③ '기범'의 입장에서 볼 때 '무사'와 '주인'은 시대의 요구에 부응하여 치열한 삶을 산 사람들을 의미한다.

④ '나'의 입장에서 볼 때 '일규'는 '전신으로 세상을 산 놈'으로 시대적 의무를 외면하지 않은 삶을 살아온 인물이다.

7 다음 글에 대한 이해로 적절하지 않은 것은?

조신이 장원에 와서 태수(太守) 김흔(金昕)의 딸을 좋아해서 아주 반하게 되었다. 여러 번 낙산사(洛山寺) 관음보살 앞에 가서 남몰래 그 여인과 살게 해 달라고 빌었다. 이로부터 몇 해 동안에 그 여인에게는 이미 배필이 생겼다. 그는 또 불당 앞에 가서, 관음보살이 자기의 소원을 들어주지 않는다고 원망하며 날이 저물도록 슬피 울다가 생각하는 마음에 지쳐서 잠깐 잠이 들었다. 꿈속에 갑자기 김씨 낭자가 기쁜 낯빛을 하고 문으로 들어와 활짝 웃으면서 말했다.

"저는 일찍부터 스님을 잠깐 뵙고 알게 되어 마음속으로 사랑해서 잠시도 잊지 못했으나 부모의 명령에 못 이겨 억지로 딴 사람에게로 시집갔다가 이제 부부가 되기를 원해서 왔습니다."

이에 조신은 매우 기뻐하여 그녀와 함께 고향으로 돌아갔다. 〈중 략〉

"근년에 와서는 쇠약한 병이 해마다 더해지고 굶주림과 추위도 날로 더해 오는데 남의 집 곁방살이에 하찮은 음식조차도 빌어서 얻을 수가 없게 되어, 수많은 문전(門前)에 걸식하는 부끄러움이 산과도 같이 무겁습니다. 아이들이 추워하고 배고파해도 미처 돌봐주지 못하는데 어느 겨를에 부부간의 애정을 즐길 수가 있겠습니까? 붉은 얼굴과 예쁜 웃음도 풀 위의 이슬이요, 지초(芝草)와 난초 같은 약속도 바람에 나부끼는 버들가지입니다. 이제 그대는 내가 있어서 누가 되고 나는 그대 때문에 더 근심이 됩니다. 가만히 옛날 기쁘던 일을 생각해 보니, 그것이 바로 근심의 시작이었습니다. 그대와 내가 어찌해서 이런 지경에 이르렀습니까? 뭇 새가 다 함께 굶어 죽는 것보다는 차라리 짝 잃은 난조(鸞鳥)가 거울을 향하여 짝을 부르는 것만 못할 것입니다. 추우면 버리고 더우면 가까이하는 것은 사람의 정으로는 차마 할 수 없는 일입니다. 하지만 나아가고 그치는 것은 인력(人力)으로 되는 것이 아니고, 헤어지고 만나는 것도 운수가 있는 것입니다. 원컨대 이 말을 따라 헤어지기로 합시다."

이리하여 서로 작별하고 길을 떠나려 하다가 꿈에서 깨었다.

타다 남은 등잔불은 깜박거리고 밤도 이제 새려고 한다. 아침이 되었다. 수염과 머리털은 모두 희어졌고 망연히 세상일에 뜻이 없다. 괴롭게 살아가는 것도 이미 싫어졌고 마치 한평생의 고생을 다 겪고 난 것과 같아 재물을 탐하는 마음도 얼음 녹듯이 깨끗이 없어졌다. 이에 관음보살의 상(像)을 대하기가 부끄러워지고 잘못을 뉘우치는 마음을 참을 길이 없다.

① '조신'은 꿈속에서의 삶을 통해 인생무상을 깨닫게 되었다.
② '조신'은 부부간의 사랑을 지키기 위해 적극적으로 노력하였다.
③ '조신'은 승려의 신분으로 세속적인 욕망을 추구하다가 꿈을 꾸게 되었다.
④ '조신'의 수염과 머리털이 모두 희어진 것은 꿈속에서 경험한 삶의 고뇌가 컸기 때문이다.

8 다음 글에 대한 이해로 적절하지 않은 것은?

> 양유 매화를 데리고 외당으로 들어가매 과연 상객(相客)*이 있는지라. 병사가 가로되,
> "두 아이 상을 보라." / 한대 상객이 가로되,
> "매화의 상을 보니 여자로소이다." / 병사가 가로되,
> "그대 상을 잘못 보았도다. 어찌 여자라 하리오." / 상객이 가로되,
> "여자가 남복을 입고 남을 속이려니와, 내 눈에 어찌 벗어나리오."
> 매화 무료하여 학당에 돌아가니라. 양유의 상을 보고 가로되,
> "내두(來頭)에 일국의 재상이 되었으되, 불쌍코 가련토다. 나이 16세 되면 호식(虎食)*할 상이오니 어찌 가련치 아니하리오."
> 병사가 크게 놀라 가로되, / "어디서 미친놈이 상객이라 하고 왔도다."
> 하인을 불러 쫓아내라 한대 상객 일어나 두 걸음에 인홀불견(因忽不見)*이거늘 실로 고이하여 살펴보니 상객 앉았던 자리에 한 봉서 놓였거늘 즉시 개탁(開坼)하니 하였으되,
> '양유와 매화로 부부 아니 되면 임진 3월 초삼일에 필연 호식(虎食)하리라.' 하였더라. 병사 견필(見畢)에 대경하여 무수히 슬퍼하다가 매화를 불러 가로되,
> "너를 보고 여자라 하니 실로 고이하도다."
> 하시고 무수히 슬퍼하시거늘 매화 두 번 절하고 가로되,
> "소녀 어찌 기망(欺罔)하오리까. 소녀 과연 여자로소이다. 일찍 부모를 이별하옵고 일신을 감출 길 없사와 남복을 입고 기망하였사오니 죄를 범하였나이다." 하거늘 병사 크게 놀라며 또한 크게 기뻐하여 더욱 사랑하여 가로되,
> "오늘부터 내당에 들어가 출입지 말라." 하시고 매화의 손을 이끌어 내당에 들어가 부인을 대하여 가로되,
> "매화는 여자라 하니 어찌 사랑치 아니하리오. 행실을 가르치라." 하거늘 최 씨 부인이 크게 기뻐하여 연연하더라. 이때 병사 외당에 나가 양유를 불러 가로되,
> "매화는 여자라 하니 일후는 매화로 더불어 한자리에 앉지 말라." 하신대 양유 어찌 부모의 명령을 거역하리오. 〈중 략〉
> 이때 최 씨 부인 양유의 계모라 매화의 인물 탐하여 매일 사랑하시더니 제 상처(喪妻)한 남동생 있으매 혼사할 뜻이 있어 모계(謀計)를 꾸미더라. 하루는 병사 내당에 들어와 부인 최 씨를 대하여 가로되,
> "전일 상객이 이러이러하니 내두 길흉을 어찌하리오. 매화는 양유와 동갑이요, 인물이 비범하니 혼사함이 어떠하리이까."
> 부인이 변색하여 가로되,
> "병사 어찌 그런 말씀을 하시나이까. 양유는 사부 후계요, 매화는 유리걸식하는 아이라, 근본도 알지 못하고 어찌 인물만 탐하리까."

> * 상객(相客): '관상가'를 낮잡아 이르는 말. 관상쟁이
> * 호식(虎食): 사람이 범에게 잡아먹힘
> * 인홀불견(因忽不見): 언뜻 보이다가 갑자기 없어짐

① 병사는 남녀유별의 유교적 관념을 중요시하고 있다.

② 매화는 상객이 관상을 본 것을 계기로 자신이 여자임을 밝히게 되었다.

③ 최 씨 부인은 양유를 사랑하는 마음에 매화와의 혼인을 반대하고 있다.

④ 병사는 상객의 예언을 믿고 양유의 액운을 피하기 위해 양유와 매화를 혼인시키기로 하였다.

9 다음 글에 대한 이해로 가장 적절하지 않은 것은?

내일은 진종일 화초만 보고 놀리라, 탈지면에다 알코올을 묻혀서 온갖 근심을 문지르리라, 이런 생각을 먹습니다. 너무도 꿈자리가 뒤숭숭하여서 그러는 것입니다. 화초가 피어 만발하는 꿈, 그라비어 원색판 꿈, 그림책을 보듯이 즐겁게 꿈을 꾸고 싶습니다. 그러면 간단한 설명을 위하여 상쾌한 시(詩)를 지어서 7포인트 활자로 배치하는 것도 좋습니다.

도회에 화려한 고향이 있습니다. 활엽수만으로 된 산이 고향의 시각을 가려 버린 이 산촌에 팔봉산 허리를 넘는 철골 전주(鐵骨電柱)가 소식(消息.)의 제목만을 부호로 전하는 것 같습니다.

아침에 볕에 시달려서 마당이 부스럭거리면 그 소리에 잠을 깹니다. 하루라는 '짐'이 마당에 가득한 가운데 새빨간 잠자리가 병균처럼 활동합니다. 끄지 않고 잔 석유 등잔에 불이 그저 켜진 채 소실된 밤의 흔적이 낡은 조끼 '단추'처럼 남아 있습니다. 작야(昨夜)를 방문할 수 있는 '요비링*'입니다. 지난밤의 체온을 방 안에 내어던진 채 마당에 나서면 마당 한 모퉁이에는 화단이 있습니다. 불타오르는 듯한 맨드라미꽃 그리고 봉숭아.

지하에서 빨아올리는 이 화초들의 정열에 호흡이 더워 오는 것 같습니다. 여기 처녀 손톱 끝에 물들 봉숭아 중에는 흰 것도 섞였습니다. 흰 봉숭아도 붉게 물들까—조금도 이상스러울 것 없이 흰 봉숭아는 꼭두서닛빛으로 곱게 물듭니다.

* 요비링: 초인종

① 특정 사건을 회상하며 과거로 돌아가고 싶은 글쓴이의 심리가 드러난다.
② 통념과는 반대되는 역발상적인 표현으로 글쓴이의 심정을 강조하고 있다.
③ 시각적 심상을 통해 대상의 특징을 감각적이고 구체적으로 묘사하고 있다.
④ 추상적 대상을 구체적으로 형상화함으로써 글쓴이만의 개성적인 발상이 드러난다.

자목(子牧)이 선귤자에게 따져 물었다.

"전에 선생님께서 ㉠'친구란 함께 살지 않는 처(妻)이고 동기가 아닌 형제라.'라고 말하시었지요. 친구는 이처럼 중한 것이 아닙니까. 세상의 이름 있는 사대부(士大夫)들이 선생님과 종유해서 아랫바람에 놀기를 청하는 분들이 많습니다. 선생님은 이런 분들과 사귀지 않으시고, ㉡저 엄 행수는 마을의 상놈이라 하류(下流)에 처한 역부로 치욕스런 일을 하는 자 아닙니까. 그런데 선생님은 곧잘 이자의 덕을 칭찬하여 '선생'이라 부르고 바로 친교를 맺어 벗을 청하려고 하니 저희는 이것이 부끄러워서 이만 문하(門下)를 하직할까 합니다."

선귤자는 웃으며 말했다.

"거기 앉아라. 내가 너에게 친구란 것에 대해서 이야기해 주마. 상말에 '의원이 자기 병 못 고치고 무당이 제 굿 못한다.'는 격으로, 사람들이 누구나 자기가 잘한 일을 남들이 알아주지 않으면 안타깝게 여긴다. 자기 허물을 충고해 주길 바랄 경우에 마냥 칭찬만 하면 아첨에 가까워서 맛이 없고 단처만 자꾸 지적하면 들추어내는 것 같아서 인정이 아닐 것이다. 이에 그의 잘못을 띄워 놓고 말해 변죽만 울리고 꼭 꼬집지 않으면 비록 크게 책망하더라도 노하지 않을 것이다. 왜고 하면 자기의 정말 거리끼는 곳을 건드리지 않았기 때문이다. 우연히 자기가 잘한 일이라고 생각하는 일에 언급하되 무엇에 비유해서 숨겨진 일을 딱 맞추면 마음속에 감동하여 마치 가려운 곳을 긁어 주는 것 같을 것이다. ㉢긁는 데도 방법이 있으니 등을 만져 주되 겨드랑이까지 닿아서는 안 되고 가슴을 쓰다듬어 주되 목을 침노해서는 안 된다. 공중에 띄워 놓고 하는 말이 나중에 자기를 칭찬하는 말로 귀결되고 보면 뛸 듯이 기뻐 '나를 알아준다.'라고 하겠지. ㉣이와 같은 것을 친구라 할 수 있겠느냐."

자목은 귀를 틀어막고 달아나며

"이야말로 선생님이 나를 시정배(市井輩)나 겸복(傔僕) 따위의 일로 가르치는 것입니다."

라고 했다.

① ㉠: 비유법을 사용하여 벗의 중요성을 강조하고 있다.

② ㉡: 대상에 대한 상반된 평가로 인해 갈등이 발생하고 있다.

③ ㉢: 시선의 이동을 통해 올바른 교우 관계에 대해 서술하고 있다.

④ ㉣: 의문 형식을 통해 작가의 의식이 효과적으로 드러나고 있다.

MEMO

MEMO

MEMO

해커스공무원

국어
추론형 독해 333 Vol.1

초판 2쇄 발행 2024년 7월 1일
초판 1쇄 발행 2023년 8월 7일

지은이	해커스 공무원시험연구소
펴낸곳	해커스패스
펴낸이	해커스공무원 출판팀

주소	서울특별시 강남구 강남대로 428 해커스공무원
고객센터	1588-4055
교재 관련 문의	gosi@hackerspass.com
	해커스공무원 사이트(gosi.Hackers.com) 교재 Q&A 게시판
	카카오톡 플러스 친구 [해커스공무원 노량진캠퍼스]
학원 강의 및 동영상강의	gosi.Hackers.com

ISBN	979-11-6999-360-9 (13710)
Serial Number	01-02-01

공무원 교육 1위,
해커스공무원 gosi.Hackers.com

🏛️ 해커스공무원

· 필수어휘와 사자성어를 편리하게 학습할 수 있는 **해커스 매일국어 어플**

· '회독'의 방법과 공부 습관을 제시하는 **해커스 회독증강 콘텐츠**(교재 내 할인쿠폰 수록)

· 정확한 성적 분석으로 약점 극복이 가능한 **합격예측 모의고사**(교재 내 응시권 및 해설강의 수강권 수록)

· **해커스공무원 학원 및 인강**(교재 내 인강 할인쿠폰 수록)

해커스공무원

국어
추론형 독해 333

Vol.1

정답 · 해설
독해력을 키우는 제시문 분석

약점 보완 해설집

해커스공무원

국어

추론형 독해 333_

Vol.1

정답 · 해설
독해력을 키우는 제시문 분석

약점 보완 해설집

TH 해커스공무원

DAY 01   p.18

1 ②   **2** ③   **3** ④

1 [출전] 고제희 〈고제희의 정통 풍수 교과서〉

🔍 독해력을 키우는 제시문 분석

> **지모사상(地母思想): 땅을 어머니라고 생각하는 사상**
>
> 기운이 장한 어머니와 살면 자식이 훌륭히 자라고, 기운이 약한 어머니와 살면 자식이 훌륭히 자라기 어렵다
>
> ⇩ 유추
>
> 기운이 좋은 땅에서 살면 행복한 삶을 살고, 기운이 약한 땅에서 살면 불행한 삶을 산다.

⬇ 영향

> **풍수지리(風水地理): 사람의 운명을 자연의 힘을 빌려 불운을 막고 행운을 얻고자하는 바람에서 기원함**
>
> • 명당(혈)을 찾는 일 + 땅의 길흉을 판단하는 일
> • 바람[風]과 물[水]이 중요한 관찰 요소임
> • 바람과 물의 순환 이치, 땅의 형성과 지질적 여건을 고려해 사람을 이롭게 할 터를 구하는 동양적 지리관이자 경험 과학적 학문임

정답 해설

② 3문단 1~2번째 줄에서 풍수지리란 땅(묘, 주택)의 길흉을 판단하는 일과 혈(명당)을 찾는 일을 말한다고 하였다. 3문단 2~4번째 줄에서 풍수지리를 혈만을 찾는 동양 철학적 관점에서는 심혈학, 땅의 길흉을 판단하는 학문적 관점에서는 지리학이라는 두 가지 분야로 설명하고 있다. 따라서 풍수지리가 심혈학과 지리학과 관련이 없는 제3의 분야라는 ②의 추론은 적절하지 않다.

오답 분석

① 4문단 1~3번째 줄에서 풍수지리는 바람과 물과 땅을 관찰하고 연구하여 사람이 건강하고 안락하게 살아갈 터를 정하는 경험 과학적 학문이라고 하였다. 이를 통해 풍수지리가 개별적이고 특수한 사실들로부터 일반적이고 보편적인 명제나 법칙을 이끌어 내는 지식의 한 분야임을 추론할 수 있다.
   • 경험 과학: 경험적 사실을 연구 대상으로 하는 실증적 학문. 자연 과학이나 사회 과학 따위의 논리나 수학의 모형만을 통하여 접근할 수 없는 모든 과학을 이름

③ 1문단 2~3번째 줄에서 땅의 기운을 의미하는 지기가 약한 곳에 거주하는 사람은 재앙을 입어 불행한 삶을 산다고 하였다. 이를 통해 풍수지리적 관점에서 보았을 때, 기운이 약한 땅은 그곳의 거주민에게 이로움을 주지 못할 것임을 추론할 수 있다.

④ 3문단 1~2번째 줄에서 풍수지리는 묘와 주택의 길흉을 판단하고 명당을 찾는 것과 관련된 분야라고 하였다. 이때, 4문단 끝에서 1~3번째 줄에서 인간에게 부여된 시간적 공간적 운명을 바꾸기 위해 자연의 힘을 빌린다고 하였으므로, 만약 어떤 사람이 풍수지리를 믿고 있었다면 운명을 바꾸기 위해 조상의 묘를 옮겨 풍수지리의 힘을 빌렸을 것임을 추론할 수 있다.

2 [출전] 김찬호 〈대면 비대면 외면〉

🔍 독해력을 키우는 제시문 분석

1문단	**외면이 개인에게 미치는 부정적 영향** • 소외감과 모멸감을 느끼게 하거나 분노를 유발함 • 인간관계를 엇나가게 함
2문단	**외면이 사회에 미치는 부정적 영향** • 사회의 불편한 진실, 고통스러운 현실, 민생 정책, 약자의 요구를 등한시하게 함 • 사회가 발전할수록 비가시화되는(외면당하는) 사람이 많아지며, 비가시화는 성원권의 박탈로 이어짐 • 미디어의 발달은 특정 집단에 대한 편견을 증폭시키고 직접 대면하지 않은 개인을 쉽게 왜곡하게 함

정답 해설

③ 제시문은 외면이 개인과 사회에 미치는 부정적인 영향을 설명하고 있다. 1문단을 통해 외면이 개인에게 소외감과 모멸감 등 부정적인 감정을 느끼게 하여 인간관계를 엇나가게 함을 알 수 있다. 또한 2문단을 통해 사회가 발전할수록 외면당하는 사람들이 늘어나며, 외면은 단체를 구성하는 인원들의 권리를 박탈한다는 것을 알 수 있다. 이어서 미디어의 발달에 따라 특정 집단에 대한 편견이 증폭되고 타인의 모습이 왜곡되기 쉬워졌다고 설명하고 있다. 따라서 제시문의 중심 내용은 외면이 개인 간의 관계를 차단하고 사회의 분열을 야기한다는 내용을 담고 있는 ③이다.

3

🔎 독해력을 키우는 제시문 분석

> **언어와 인간 사고의 관계**

↓

- 언어는 인간 사고의 중요한 구성 요소 중 하나임
- 언어는 사고 과정에 필수적인 요소는 아니며 인간은 다양한 방법을 통해 사유함
- 언어는 인간의 사고를 확장하고 개선하기 위한 수단 중 하나임

정답 해설

④ 1문단 3~4번째 줄에서 인간의 사고 과정에서 언어만이 유일한 도구는 아니라고 하였다. 또한 2문단 끝에서 2~3번째 줄에서 인간은 언어뿐만 아니라 다양한 수단과 방법으로 사고를 확장하고 개선한다고 하였으며, 언어는 인간 사유의 필요조건일 뿐이라고 하였다. 따라서 제시문의 내용과 관련된 질문으로 가장 적절한 것은 인간의 사고가 언어에 구속되는지에 대해 묻는 ④이다.

오답 분석

①, ②, ③ 제시문을 통해 알 수 없다.

---

1 ③　　2 ④　　3 ④

1

[출전] 박이문 〈인식과 실존〉

🔎 독해력을 키우는 제시문 분석

> **인식적 언어(문장)의 조건**

> 1. 문법적으로 "S는 P이다"의 구조를 지님
> - 예: 장미꽃(S)은 빨갛다(P)
> - 반례: 개자식! / 나는 당신과의 영원한 사랑을 약속한다

> 2. 논리적으로 S가 P의 주어, P가 S의 술어이어야 함
> - 예: 장미꽃(S)은 빨갛다(P)
>   → 인식의 주체가 주어(S)가 되어야 하며, 서술어(P)가 주체의 인식이나 특징을 서술해야 함
> - 반례: 장미꽃(S)은 아름답다(P)
>   → 주어(S)가 인식의 주체가 아닌 '나'이며, 서술어(P)도 '나'의 감정을 서술하고 있음

정답 해설

③ 4~5번째 줄을 통해 "S는 P이다"의 구조를 갖춘 문장이 반드시 인식적 기능을 갖는 것은 아님을 알 수 있다. 또한 끝에서 1~7번째 줄을 통해 "S는 P이다"의 구조를 가지고 있는 문장에서 S가 동일한 '장미꽃'임에도 P가 장미꽃에 대한 '나'의 인식을 서술한 '아름답다'인 경우에는 논리적 차원에서 인식적 문장이 아니며, P가 '장미꽃'의 특징을 서술한 '빨갛다'인 경우에만 논리적 차원에서 인식적 문장임을 알 수 있다.
이를 통해 "S는 P이다"라는 문장이 인식적 문장이 되기 위해서는 논리적 차원에서 S가 인식의 주체이고 P가 주체의 인식이나 특징을 서술해야 함을 알 수 있다.

오답 분석

① 4~5번째 줄에서 주어와 술어의 구문(문법적 구조)을 갖추고 있는 모든 문장이 인식적인 기능을 갖고 있는 것은 아니라고 진술한 부분을 통해, 주어와 술어를 갖추었다는 조건이 충족되었다고 해서 논리적 차원에서 인식적 기능을 갖고 있다고 결론 내릴 수 없음을 알 수 있다. 또한 끝에서 5~7번째 줄에서 문법적인 구조가 완전히 일치한 두 문장이 논리적으로 전혀 다른 구조를 가질 수 있다고 설명하였으므로, 이를 통해 문법적 구조는 논리적 차원에서 인식적 문장의 기능 여부를 판단할 요소가 아니다. 따라서 ①의 추론은 적절하지 않다.

② "장미꽃은 빨갛다"라는 문장은 주어가 '장미꽃', 술어가 '빨갛다'이다. 논리적 차원에서 술어 '빨갛다'는 주어 '장미꽃'을 서술하는 기능을 하고 있으므로 주어와 술어의 관계를 갖추고 있는 인식적 문장의 예시로 들고 있다. 이와 같이 문장의 주어(S)가 '나'가 아닌 문장도 논리적 차원의 인식적 문장으로 볼 수 있으므로 ②은 추론은 적절하지 않다.

④ 제시문에서 예시로 든 문장의 술어인 '빨갛다'와 '아름답다'는 모두 형용사이며, P의 술어가 동사인지 형용사인지에 따라 인식적 문장의 여부가 결정된다는 내용은 확인할 수 없으므로 ④의 추론은 적절하지 않다.

2 [출전] 박찬국 〈내재적 목적론〉

🔍 독해력을 키우는 제시문 분석

1문단	인간은 자연의 일부이므로 서로 불가분의 관계임
2문단	• 자연은 인간과 유사한 것으로 보아야 하므로 자체적 목적을 추구하는 존재로 보아야 함 • 인간을 자연적인 것으로 본다는 것은 인간의 목적 추구적인 성격이 자연적 존재자들에게 이미 존재하는 목적 추구적인 성격에서 발전된 것으로 보는 것임
3문단	• 인간과 자연을 서로 유사한 것으로 볼 때, 근대적 이성관과 달리 새롭게 이성관이 구축되어야 함 • 새로운 이성관은 다른 자연적 존재자들의 자체적인 목적을 존중하는 것임 • 새로운 이성관은 이성이 곧 자연적 존재자들을 독자적인 존재로 이해하고 존중할 수 있는 사랑과 호의를 의미함

정답 해설

④ 1~2문단에서 인간과 자연은 불가분의 관계이며 자연과 인간이 서로 유사한 존재로 봐야 함을 알 수 있다. 2문단에서는 자연과 인간이 서로 유사한 존재로 보기 위해서는 자연을 인간과 마찬가지로 자체적 목적을 추구하는 존재로 봐야 하며, 인간을 자연적 존재자들에게 이미 존재하는 목적 추구적 성격에서 발전된 것으로 보아야 함을 말하고 있다.
인간과 자연을 서로 유사하게 보는 관점에 따라 3문단에서는 인간의 이성관이 근대와 다르게 새롭게 정립되어야 한다고 말하고 있다. 인간의 이성은 자연적 존재들을 존중하기 위한 것이며, 인간의 이성은 그들을 존중하는 '사랑'과 '호의'를 의미한다고 말하고 있으므로 제시문은 인간과 자연은 모두 자연적이고 자체적 목적을 추구하는 존재이므로 존중받아야 한다는 내용인 ④가 제시문의 주제로 적절하다.

오답 분석

① 1문단 끝에서 1~3번째 줄에서 인간은 자연의 일부이며 자연 전체를 지배하려고 하면 결국 인간 자신마저도 지배 대상임이 됨을 알 수 있다. 또한 2문단 1~3번째 줄에서 인간과 자연은 서로 유사한 존재라고 하였으므로, 인간이 자연을 뛰어넘는 존재라는 내용의 ①은 글의 주제로 적절하지 않다.

② 3문단에서 인간과 자연을 유사하다고 볼 경우, 인간의 이성은 자연적 존재자들의 자체적인 목적을 존중하고 그들에 대한 사랑과 호의의 능력을 의미하게 된다고 설명하고 있다. 하지만 이성을 계발해야 한다는 내용은 제시문에서 확인할 수 없으므로 ②는 글의 주제로 적절하지 않다.

③ 1문단 끝에서 1~4번째 줄에서 인간과 자연이 불가분의 관계임을 말하고 있으므로 인간과 자연이 긴밀히 연결되어 있음은 알 수 있다. 그러나 3문단 1~3번째 줄에서 근대적 이성관에서는 인간의 이성이 자연을 계산 가능한 에너지로 환원하며 자연을 지배하려는 이성임을 언급할 뿐 자연을 에너지로 환원하기 쉽다고 설명하는 부분은 제시문에서 확인할 수 없으므로 ③은 글의 주제로 적절하지 않다.

3 [출전] 허균 〈옛그림을 보는 법〉

🔍 독해력을 키우는 제시문 분석

1문단 한국인의 산수의 의미	예부터 한국인에게 산수는 총체적 자연을 상징하며, 자연의 이치와 도(道)의 본질이 내재된 주관적·정신적 세계를 상징함
2문단 정신적 세계의 산수	• 공간: 현(玄), 무형성을 특징으로 하며 일체의 분별상을 초월함 • 시간: 상(常), 시간적 영원성을 특징으로 하며 일체의 변화상이 통일되어 있음
3문단 현실 세계의 산수	• 공간: 각각의 대상이 분별되어 있음 • 시간: 계절의 변화가 존재함 ⇩ 부정 산수의 이치 체득
4문단 '도'를 표현하는 방법	• 경물 묘사의 절제 • 여백의 적절히 활용하여 적막감을 불어넣음
5문단 실경 산수화와 관념 산수화의 차이	• 실경 산수화: 화의가 경치를 묘사하는 데 있음 • 관념 산수화: 화의가 산수 자연의 이치를 드러내는 데 있음 예 안견(安堅)의 〈어촌석조도(漁村夕照圖)〉

정답 해설

④ 1문단에서 산수가 자연의 이치와 도(道)의 질이 내재된 곳임은 알 수 있으나, 도(道)가 실제 대상에 내재된 본질을 의미하는지는 제시문에서 확인할 수 없다. 4문단에서 도(道)는 볼 수도, 만질 수도 없어 시각적으로 현(玄)하고 공(空)함을 표현하기 위해 경물 묘사를 절제하고 여백을 활용함은 알 수 있으나 도(道)가 실제 대상의 내재된 본질을 의미하는지는 제시문에서 확인할 수 없다.

오답 분석

① 1문단에서 옛날부터 한국인은 산수를 지형적, 물질적 세계가 아닌 주관적, 정신적 세계로 인식했다고 하였다. 따라서 한국인들이 구체적인 자연물인 산과 물에 주관적, 정신적 세계관을 투영하였다는 ①은 글쓴이의 견해에 부합한다.

② 3문단 1~2번째 줄에서 옛 사람들은 눈에 보이는 산수의 현실을 부정하는 것에서 산수의 이치를 체득하려 했음을 알 수 있다. 따라서 옛 사람들이 산수의 이치를 깨닫기 위해 눈에 보이는 현실을 그대로 수긍하는 통념을 부인했다는 ②는 글쓴이의 견해에 부합한다.

③ 5문단에서 〈어촌석조도〉가 실경 산수가 아닌 관념 산수로 분류되는 이유는 화의, 즉 화가의 의도가 산수 자연의 이치를 그리는 것에 있었기 때문이라고 하였다. 따라서 산수화가 화가가 어떤 의도로 산수를 표현했는지에 따라 다르게 분류된다는 ③은 글쓴이의 견해에 부합한다.

1 ③   **2** ①   **3** ④

1 [출전] 안치운 〈연극, 몸과 언어의 시학〉

📖 독해력을 키우는 제시문 분석

연극의 표현 방식의 변화 (비언어 → 언어)

비언어	• 개인적, 미결정적, 비효율적, 상징적이며, 텅 비어 있는 의식과 같음 • 행위를 풍부하게 만듦

언어	• 근대 연극에서 언어의 지위가 높아짐 • 언어의 지위가 높아짐에 따라 희곡을 쓰는 작가가 연극의 중심이 됨 • 언어의 지위가 높아짐에 따라 배우, 연출가도 희곡의 텍스트를 분석하는 것에 초점을 두게 됨

정답 해설

③ 제시문에서 연극의 역사는 몸에서 말로, 말에서 글로 이어져 오며 근대 연극이 비언어 중심에서 언어 중심으로 변화하였음을 말하고 있다. 또한 이 변화에 따라 연극의 중심에 작가가 놓였으며, 연출가들은 텍스트를 해석하는 일로 역량을 평가를 받는 등 연극에서 언어의 지위가 높아졌음을 역설하고 있다. 따라서 근대 연극에서 언어의 지위가 높아졌으며 상대적으로 비언어의 지위가 낮아졌다는 내용의 ③이 글의 결론으로 적절하다.

오답 분석

① 제시문에서 확인할 수 없는 내용이다.

② 제시문 2~3번째 줄에서 비언어가 언어를 단순히 부정하는 것이 아니라 언어를 부정함을 통해서 행위를 풍부하게 만들었음을 알 수 있다. 그러나 이는 제시문의 일부분에 해당하는 내용이므로 글의 결론으로는 적절하지 않다.

④ 끝에서 6번째 줄에서 연극에서 언어가 특권적 지위를 갖게 되었음은 알 수 있으나, 이를 통해 관객에게 객관적인 의미를 전달할 수 있게 되었는지는 제시문에서 확인할 수 없는 내용이므로 제시문의 결론으로 적절하지 않다.

해커스공무원 국어 추론형 독해 333 Vol. 1

정답·해설

2 [출전] 강석기 〈과학의 위안〉

1문단	젊은이들을 대상으로 잠이 드는 과정에서 뇌의 활동을 조사함
2문단	• 바뀐 잠자리에서 잠이 들 때 좌뇌의 디폴트 모드 네트워크가 쉽게 비활성화되지 않음 • 디폴트 모드 네트워크는 대뇌피질의 상당 부분이 아무 일도 하지 않을 때에도 서로 신호를 주고받는 네트워크를 말함
3문단	디폴트 네트워크가 존재하는 이유 • 갑작스럽게 일이 생길 경우 빠르게 대응하기 위해 항상 깨어 있기 위함 • 여러 부분이 신호를 주고받으며 자기 정체성 유지하기 위함
4문단	낯선 곳에서는 잘 때는 디폴트 네트워크가 활성화되어 서파를 억제하여 잠에 드는 시간이 오래 걸림
5문단	낯선 곳에서는 불확실성이 크기 때문에 디폴트 네트워크에 긴장을 늦추지 않고 최대한 깨어 있어야 생존에 유리함

정답 해설

① 의식불명 상태에서 좌뇌와 우뇌의 반응 속도에 대한 내용은 제시문에 언급되어 있지 않으므로 ①은 글을 읽을 후의 반응으로 적절하지 않다.

오답 분석

② 2문단 1~2번째 줄에서 잠자리가 바뀌었을 때 잠드는 과정에서 좌뇌의 디폴트 네트워크가 계속 활동함을 알 수 있다. 또한 4문단 1~2번째 줄에서 낯선 곳에서의 첫날 밤 잠들 때 늘어나야 하는 서파가 좌뇌의 디폴트 네트워크에서 억제되고 있음을 알 수 있다. 이를 통해 좌뇌가 손상된 환자는 좌뇌의 디폴트 네트워크가 서파를 억제하지 못할 것이기 때문에 낯선 곳에서나 익숙한 곳에서나 수면에 드는 시간이 차이가 없음을 추론할 수 있다.

③ 4문단을 통해 낯선 곳에서 첫날 밤을 보낼 때는 디폴트 네트워크의 영향으로 잠을 쉽게 들지 못함을 알 수 있다. 또한 5문단을 통해 낯선 환경은 불확실성이 크기 때문에 최대한 깨어 있어야 장기적으로 생존에 유리하므로 디폴트 네트워크가 긴장을 늦추지 못함을 알 수 있다. 따라서 이사를 하고 첫 번째 날보다 두 번째 날이 더 익숙해짐에 따라 불확실성은 줄어들고 디폴트 네트워크가 느슨해지면서 서파가 늘어나 첫 번째 날보다 두 번째 날에 깊게 잠들 수 있음을 추론할 수 있다.

④ 2문단 끝에서 1~3번째 줄에서 디폴트 네트워크로 인해 대뇌피질의 상당 부분이 빈둥거리는 중에도 신호를 받는다고 하였고, 3문단 끝에서 2~3번째 줄을 통해 뇌는 깨어 있는 동안 기억, 상상을 한다고 하였다. 이를 미루어 보아 예술가가 휴식을 취하던 중 갑자기 영감이 떠오른 것은 디폴트 네트워크가 활성화되어 있었기 때문임을 추론할 수 있다.

3

도교 윤리의 시작
노자: 도, 무위 자연, 겸허, 부쟁 등을 주장함 장자: 정신적 자유의 경지인 제물과 물아일체를 주장함

도교 윤리의 전개
한나라 초기: 노자와 중국 고대의 전설적 임금인 황제를 함께 숭상하는 학파인 황로 학파가 유행 한나라 말기: 종교적 구원을 선전하고 신선 사상을 내세우는 오두미교로 변천 죽림칠현: 노자와 장자의 도가 사상을 철학적으로 계승 그 후: 신비주의와 사변 철학, 쾌락주의와 공리주의로 변질

정답 해설

④ 1문단에서 초기 도가 사상에서 장자는 지인 또는 진인을 이상적인 인간상으로 삼았음을 알 수 있다. 2문단 끝에서 1~2번째 줄을 통해 도가 사상이 절대적 존재인 신선이 되기를 바라는 오두미교라는 종교의 형태로 발전되었음을 알 수 있다. 따라서 도가 사상 초기에는 이상적인 인간을 배우는 학문의 형태로 나타났으며, 한나라 말기에는 신선이 되고자 하는 종교의 형태로도 나타났음을 추론할 수 있으므로 ④는 적절하다.

오답 분석

① 2문단 1~3번째 줄에서 도가 사상이 노자와 장자 이후에 변형되거나 다른 사상과 결합하여 발전했음을 말하며 그에 대한 예시로 한나라의 사례를 제시하고 있다. 하지만 이를 통해 한나라 시대 이전에 도교 외의 다른 사상들이 배척되었는지는 추론할 수 없다.

② 3문단 1~2번째 줄에서 노자와 장자의 도가 사상을 계승한 위진의 현학자들의 예로 죽림칠현을 들었으므로 죽림칠현이 노자, 장자의 학문과 완전히 다른 주장을 펼쳤다는 추론은 적절하지 않다.

③ 4문단에서 노자와 장자의 도가 사상이 실천적 동기에서 시작하였으며, 신비주의나 사변 철학으로 변질되었음을 알 수 있다. 하지만 이를 통해 신비주의와 사변 철학의 선후 관계를 추론할 수 없다.

1 ④   **2** ③   **3** ④

1 [출전] 주시경 〈한나라말〉

📖 독해력을 키우는 제시문 분석

1문단	같은 말을 쓰는 사람들은 자연스럽게 한 덩이가 되어 나라를 이루기 때문에 말과 나라는 일정한 상관관계를 지님
2문단	나라를 다스리기 위해서는 말과 글에 힘써야 함
3문단	나라를 다스리기 위해서 말과 글에 힘써야 하는 이유는 말과 글이 밝아져야 나라도 밝아지기 때문임
4문단	소리를 알고 말을 풀어 우리나라 말과 글을 잘 다스리기를 바람

정답 해설

④ 2문단 끝에서 1~4번째 줄에서 말과 글의 상호 관련성을 언급하며 말이 거칠면 글이 거칠어지고, 글이 거칠면 말이 거칠어지고, 말과 글이 거칠면 그 나라의 사람의 말과 뜻이 거칠어짐을 말하고 있다. 즉, 말과 글, 국민, 나라가 결국 같은 방향으로 나아가는 것이며, 이러한 방향성은 '말·글 → 국민 → 나라'의 연쇄적 반응의 결과임을 알 수 있다.

하지만 나라를 다스리기 위해서 말과 글 둘 중 하나를 우선해야 한다는 견해는 제시문에서 확인할 수 없으므로 ④는 글쓴이의 견해로 적절하지 않다.

오답 분석

① 1문단 끝에서 1~2번째 줄에서 말이 오르면 나라도 오르고 말이 내리면 나라도 내린다고 하였다. 이를 통해 말은 나라를 구성하는 요소 중 하나이며, 말과 나라에는 일정한 상관관계가 있음을 알 수 있다. 따라서 말과 나라가 서로 밀접한 관련이 있다는 ①의 견해는 적절하다.

② 2문단 끝에서 1~4번째 줄에서 말과 글이 거칠어지면 그 나라의 사람의 뜻과 일이 모두 거칠어진다고 하였다. 따라서 말과 글이 사람의 사고를 지배한다는 ②의 견해는 적절하다.

③ 3문단에서 나라를 앞으로 나아가게 하기 위해서는 그 나라의 사람을 열어야 하며, 그 나라의 사람을 열기 위해서는 그 나라의 말과 글을 다스려야 함을 알 수 있다. 따라서 나라를 발전시키기 위해 가장 선행되는 조건은 그 나라의 말과 글을 다스리는 것임을 알 수 있으므로 ③의 견해는 적절하다.

2 [출전] 박정자 〈마이클 잭슨에서 데리다까지〉

📖 독해력을 키우는 제시문 분석

	감추기	시뮬라르크(시뮬라시옹)
1문단	• 가졌음에도 갖지 않은 체하기 • 실재가 존재함 → 실재의 원칙을 손상하지 않음	• 갖지 않았음에도 가진 체하기 • 실재가 없음에도 실재가 있는 척하기 → 실재와 상상의 차이를 무의미하게 만듦
	재현	시뮬라르크(시뮬라시옹)
2문단	• 기호와 실재의 등가 원칙이 적용됨 • 기호와 실재가 일치함	• 기호와 실재의 등가 원칙을 무시함 • 기호가 실재를 없앰

정답 해설

③ 2문단 1번째 줄에서 '시뮬라스크하기'가 '시뮬라시옹'임을 알 수 있으며, 1문단 끝에서 1~2번째 줄에서 '시뮬라시옹'은 실재와 상상의 차이의 다름 자체를 위협할뿐더러 그 둘의 차이가 무의미해진 것이라고 설명하고 있으므로 '시뮬라르크하기'는 실재와 상상의 차이를 구분하지 않음을 추론할 수 있다.

오답 분석

① 3문단 1~2번째 줄에서 '시뮬라르크'는 기호와 실재의 등가 원칙을 무시하고 기호의 지시 기능을 사형 집행의 기능으로 전환한다고 하였고, 이미지에는 실재를 죽이는 기능이 있다고 하였다. 따라서 실재를 손상시키는 것은 '시뮬라르크'임을 추론할 수 있으므로 '시뮬라르크하기'를 뜻하는 '시뮬라시옹'이 실재를 손상시키지 않는다는 ①의 추론은 적절하지 않다.

② 1문단 1번째 줄에서 실재하는 대상을 감추는 것은 '감추기'임을 알 수 있으며, 문단 1번째 줄에서 재현과의 정반대 개념은 시뮬라시옹임을 알 수 있으므로 ②의 추론은 적절하지 않다.

④ 3문단 1~2번째 줄에서 '시뮬라르크'는 기호와 실재의 등가 원칙을 무시하여 기호의 지시 기능이 실재를 죽이는 기능으로 전환하고, 이미지는 실재를 죽인다고 하였다. 부패한 정치인이 선거철에 갑자기 봉사 활동을 하는 것은 정치인이 봉사 활동을 통해 선한 '이미지'를 구축하여 자신의 '실재'인 '부패'를 죽이기 위함이다. 따라서 해당 정치인의 이러한 행위는 '감추기'가 아닌 '시뮬라르크'이므로 ④의 추론은 적절하지 않다.

독해력을 키우는 제시문 분석

경상좌도의 가옥 구조	• 서울에 거주하던 중앙 관직 때와 같이 낙향 후에도 좌우 대칭의 ㅁ자 형 가옥을 추구함 • 인(仁)을 숭상하고 문중의 명예를 추구하는 퇴계학파가 많이 거주하여 정형성을 강조하는 폐쇄형 가옥을 선호함
경상우도의 가옥 구조	의(義)와 절기(節氣)를 숭상하는 남인계 남명학파(南冥學派)가 많이 거주하여 우도 고유의 가옥형인 ㅡ자형 살림채를 기본으로 한 튼 ㅁ자형과 三자형 구조가 발전함

정답 해설

④ 1문단 끝에서 2~3번째 줄을 통해 경상좌도 출신 사대부들의 가옥 구조가 ㅁ자였음을 알 수 있고 2문단 끝에서 1~4번째 줄을 통해 경상우도 사대부들의 가옥 구조는 ㅡ자형 살림채를 기본으로 한 튼 ㅁ자형, 三자형 구조였음을 알 수 있다.

이를 통해 경상좌도와 경상우도에는 가옥 구조 차이가 있었음을 알 수 있으나, 이는 2문단을 통해 퇴계학파의 영향을 받은 경상좌도 출신 사대부와 남명학파의 영향을 받은 경상우도 사대부들 간의 가치관 차이에서 기인한 것으로 추론할 수 있으며 권력의 차이를 나타내지는 않는다. 따라서 답은 ④이다.

오답 분석

① 2문단 1번째 줄에서 경상우도에는 남명학파의 영향을 받은 사대부들이 많았음을 알 수 있으며, 2문단 끝에서 1~4번째 줄에서 경상우도의 사대부 가옥은 우도 고유의 가옥형인 ㅡ자형을 기본으로 하고 있다고 하였으므로 남명학파의 영향을 받은 사대부들의 가옥은 지역의 개성이 드러남을 추론할 수 있다.

② 2문단 끝에서 1~4번째 줄에서 경상 우도 사대부의 집은 ㅡ자형 살림채가 기본이 되는 튼 ㅁ자 형과 三자형 구조로 발전했음을 알 수 있다. 또한 튼 ㅁ자형 구조는 익랑채, 사랑채, 부속채 등 세 개 이상의 건물로 구성되며, 三자형 구조는 살림채, 사랑채, 행랑채 세 개가 나란히 배치됨을 알 수 있으므로 보통 3채 이상의 건물이 필요함을 추론할 수 있다.

③ 2문단 1~4번째 줄을 통해 경상도에서 우도에는 의(義)와 절기(節氣)를 숭상하고 백성의 생활상에 대한 대책을 마련하는 데 뜻을 둔 남명학파 사대부들이 많았으며, 좌도에는 인(仁)을 숭상하고 문중의 명예를 추구하는 퇴계학파 사대부들이 많았음을 알 수 있다. 또한 2문단 끝에서 1~4번째 줄에서 이러한 기풍에 영향을 받아 우도 사대부들은의 가옥 구조는 우도 고유의 가옥형인 ㅡ자형 살림채를 기본으로 하고, 좌도 사대부들의 가옥 구조는 정형성을 강조하는 폐쇄형 가옥이었음을 알 수 있다. 따라서 같은 경상도에 거주하더라도 의식에 따라 가옥 구조도 달랐음을 추론할 수 있다.

1 ②　　　**2** ④　　　**3** ③

1

[출전] 2018학년도 고3 9월 모의평가 변형

독해력을 키우는 제시문 분석

고전 논리

'참'과 '거짓'이라는 두 개의 진리만 존재함
예 "페루의 수도는 리마이다." → 참

프리스트의 논리

'참', '거짓' 이외에 '참인 동시에 거짓'도 존재함
예 '거짓말쟁이 문장'

거짓말쟁이 문장

'거짓말쟁이 문장'은 자기 지시적 문장임
예 "이 문장은 거짓이다."
• '이 문장' → 문장 스스로를 지칭'(자기 지시적 문장)
• '거짓이다' → '거짓'을 진술
"이 문장은 거짓이다."는 '참인 동시에 거짓'임
• 거짓: 이 문장에서 말하는 거짓이라는 진술이 참이 됨
• 참: 이 문장에서 말하는 거짓이라는 진술이 거짓이 됨

정답 해설

② 1문단 끝에서 4번째 줄에서 자기 지시적인 문장은 문장이 자기 자신을 가리키는 문장이라고 하였다. 이때 "이 문장은 자기 지시적 문장이다."라는 문장에서 '이 문장은'이라는 표현은 문장 자체를 가리키므로 이 문장은 자기 지시적 문장이다. 따라서 이 문장은 항상 참이며 거짓일 수 없으므로 답은 ②이다.

오답 분석

① 1문단 1~2번째 줄에서 고전 논리에는 참, 거짓 두 개의 진리치만 존재하며, 어떤 진술이든 참 또는 거짓이라고 하였다. 하지만 고전 논리에서 거짓말쟁이 문장의 참과 거짓의 가능성에 대해서는 언급된 바가 없으므로 제시된 문장이 거짓일 가능성이 높은지는 알 수 없다. 따라서 ①의 추론은 적절하지 않다.

③ 2문단 끝에서 1~2번째 줄에서 프리스트는 자기 지시적 문장의 일종인 거짓말쟁이 문장에 참과 거짓을 동시에 부여해야 한다고 주장하였음을 알 수 있다. 그러나 이는 거짓말쟁이 문장에 한정된 주장일 뿐, 프리스트가 이를 통해 모든 자기 지시적인 문장이 참임과 동시에 거짓임이 성립한다고 보는지는 추론할 수 없다. 따라서 ③의 추론은 적절하지 않다.

④ 1문단 2~4번째 줄에서 프리스트에 의하면 참인 동시에 거짓인 진술이 있다고 하였고 그에 대한 예로 거짓말쟁이 문장을 제시하였다. 이때 2문단 4~5번째 줄에 의하면 거짓말쟁이 문장은 문장 자기 자신을 가리켜야 하며, 그것이 거짓임이 진술되어야 한다. 하지만 ④의 "철수는 남자가 아니다."라는 문장은 1문단 끝에서 1~2번째 줄의 "페루의 수도는 리마이다."와 같이 어떠한 사실만을 전달할 뿐, 문장이 곧 문장 자기 자신을 가리키는 자기 지시적인 문장이 아니고 거짓이라고 진술하고 있지도 않다. 따라서 '참인 동시에 거짓'이 부여되는 거짓말쟁이 문장의 조건을 충족시키지 못하므로 ④의 추론은 적절하지 않다.

2 [출전] 민경배 〈처음 만나는 사회학〉

📖 독해력을 키우는 제시문 분석

마술사의 속임수	마술사의 손놀림만 봐서는 속임수를 알 수 없음 → 마술사의 손, 앞에 놓여 있는 탁자, 뒤에 걸려 있는 커튼 등 다양하게 관찰하는 통찰력이 필요함

↓ 유추

사회 현상	사회 현상도 표면적인 것만을 통해 현상의 원인이나 의미를 파악하기 어려우므로 통찰력을 발휘해 현상의 이면까지 파악해야 함

↓ 예시

서양인들의 향수 문화	향수 뿌리는 것이 생활화된 것만 보고 서양인들이 멋쟁이이기 때문이라고 판단하는 것은 착각임 → 유럽에서 향수 문화가 발달한 이면에는 화장실이 없었던 유럽의 역사적 배경이 있었음

정답 해설

④ 1문단에서 마술사의 속임수를 알기 위해서는 숨겨진 무언가를 찾아야 한다고 하였고 2문단에서는 이와 마찬가지로 사회 현상 역시 겉으로 드러나는 모습만으로는 그 원인이나 의미를 알기 어렵다고 했다. 3문단에서는 이에 대한 구체적인 예로 서양인들의 향수 문화를 제시하였다. 이를 통해 사회 현상을 제대로 알기 위해서는 통찰력을 발휘해 이면까지 파악하는 태도가 필요함을 추론할 수 있으므로 제시문의 제목은 ④ '통찰력을 발휘해 사회 현상의 이면까지 파악하는 태도'가 적절하다.

3 [출전] 김영운 〈국악개론〉

📖 독해력을 키우는 제시문 분석

1문단	국가를 바라보는 관점에 따라 변화하는 한국 음악의 개념 • 공간적: 대한민국 영토 내에서 행해지는 모든 음악 • 민족적: 세계 각국 한민족 공동체의 음악
2문단	한국 음악으로서 한민족 음악의 한계
3문단	음악 행위를 중점적으로 바라보는 기준에 따라 '한국 음악'의 범주에 포함되는지가 달라짐

정답 해설

③ 1문단 1~2번째 줄에서 국가의 개념을 공간적 관점으로만 판단할 때는 한국 음악은 대한민국 영토 안에서 행하는 모든 음악을 가리키며, 1문단 2~3번째 줄에서 국가를 민족과 밀접한 관계의 대상으로 볼 경우에는 전 세계에 있는 우리 민족 공동체의 음악 행위를 포함해야 한다고 했으므로 한국 음악의 정의는 국가를 바라보는 관점에 따라 달라짐을 추론할 수 있다.

오답 분석

① 1문단에서 '한국 음악'은 '한국'을 영토 중심적 관점으로 정의할지, 민족 중심적 관점으로 정의할지에 따라 그 범위가 달라짐을 알 수 있다. 또한 2문단 끝에서 1~3번째 줄에서 한민족 음악과 한반도 남부 지역으로 제한한 '한국 음악'과 동일한 개념인지도 논의가 더 필요하다고 하였다. 따라서 '한국 음악'이 '한민족 음악'을 포함할지는 각자의 개념이 어떤 기준으로 정의되는지에 따라 달라지므로 ①은 추론할 수 없다.

② 3문단에서 외국인이 설계·감리하고 한국인이 시공한 건물이 한국의 건축 문화를 드러내는지는 한국 음악의 개념과 비슷하게 정의에 따라 범주가 달라짐을 추론할 수 있는 예시일 뿐 건축가의 국적에 따라 특정 나라의 문화가 드러나는지는 추론할 수 없다.

④ 1문단에서 나라의 개념이 공간적 의미로 인식될 경우, 해당 영토 안에 행해지는 모든 음악을 가리킬 수 있다고 하였다. 따라서 한국인이 아리랑을 연주한다 하더라도 미국 영토에서 연주된 음악은 미국 음악으로 볼 여지가 있다. 또한 3문단에서 외국인 지휘자가 지휘하는 우리나라 악단의 연주도 한국 음악의 범주에 포함될지도 논의가 필요하다고 하였으므로 ④에서 지휘자의 국적에 따라 또 다른 국가의 음악으로 볼 여지도 있다.

1 ④　　　**2** ②　　　**3** ④

---

1 [출전] 박찬국 〈에리히 프롬의 소유냐 존재냐 읽기〉

📖 독해력을 키우는 제시문 분석

소유 양식	• 습득한 정보로 개인의 사상 체계를 확장시키지 못함 • 습득한 정보를 기존의 사상에 맞추어 변형하여 저장하기만 함 • 고정된 정보에 의문을 제기하는 새로운 정보를 두려워 함
존재 양식	• 습득한 정보에 능동적이고 생산적으로 반응하여 자신의 삶을 변화시킴 • 공허한 이야기에는 반응하지 않음

정답 해설

④ 1문단 1~4번째 줄에서 소유 양식을 지닌 사람들은 외부로부터 들은 말(강의 내용)을 고정된 집합으로 저장한다는 것을 통해 소유 양식을 지닌 사람은 정보를 소유하고자 함을 추론할 수 있다. 또한 2문단 3~5번째 줄에서 존재 양식을 지닌 사람들은 강의의 내용을 통해 영향을 받고 변화하며, 강의를 들은 후에는 강의를 듣기 전과는 다른 인간이 된다고 하였다. 이를 통해 존재 양식을 지닌 사람은 정보를 자신의 성장의 발판으로 삼을 것임을 추론할 수 있다. 따라서 답은 ④이다.

오답 분석

① 1문단 끝에서 1~3번째 줄에서 소유 양식을 지닌 사람들이 고정시킬 수 없는 관념을 두려워했음을 알 수 있을 뿐, 이를 통해 소유 양식을 지닌 사람이 세계에 대한 부정적인 태도를 지녔을 것인지는 알 수 없으므로 ①의 추론은 적절하지 않다.

② 제시문에서 삶의 태도와 관련된 인지 능력에 대한 내용은 없으므로 ②의 추론은 적절하지 않다.

③ 1문단 끝에서 1~3번째 줄에서 소유 양식을 지닌 사람들은 성장하고 변화하는 등 자신이 지배할 수 없거나 고정하기 어려운 새로운 정보에 대해서 두려움을 느낀다고 하였다. 이를 통해 소유 양식을 지닌 사람들은 관념과 사고방식의 변화를 꺼림을 추론할 수 있다.
반면에 2문단에서 존재 양식을 지닌 사람들은 새로운 정보에 능동적으로 반응하여 변화를 꾀함을 알 수 있다. 이를 통해 존재 양식의 사람들은 변화하고 성장하는 것을 추구하는 특성을 지녔음을 추론할 수 있다. 따라서 존재 양식을 지닌 사람이 소유 양식을 지닌 사람보다 유연한 사고방식을 가졌을 것이므로 ③의 추론은 적절하지 않다.

---

2 [출전] 2023학년도 고3 9월 모의평가 변형

📖 독해력을 키우는 제시문 분석

1문단	무상 처분 행위와 유류분권 • 무상 처분자 사망 시 상속이 개시되어 상속인들이 유류분권을 행사할 수 있음 • 무상 처분자는 '피상속인'이 되어 권리와 의무가 상속인에게 이전됨
2문단	유류분 • 정의: 피상속인의 무상 처분 행위가 없었음을 가정할 때, 상속인들이 법적으로 상속받을 수 있는 이익 • 목적: 상속인들이 상속 받을 것으로 기대했던 이익을 보호 • 산정 방식: 상속 개시 당시 피상속인이 가졌던 재산의 가치 + 이미 무상 취득자에게 넘어간 재산의 가치
3문단	유류분 부족액 • 상속 개시 당시 상속인이 상속받은 이익이 있는 경우 : 유류분에서 해당 이익을 뺀 유류분 부족액만 반환받음 • 무상 처분 재산이 물건, 주식인 경우 - 원칙적으로는 무상 취득자가 처분 재산 자체를 반환 - 재산 반환 불가한 경우: 무상 취득자가 돈으로 반환 - 재산 반환 가능한 경우: 유류분권리자와 무상 취득자 간 합의 하에 돈으로 반환 가능

정답 해설

② 제시문에서 추론할 수 있는 것은 'ㄴ'이므로 답은 ②이다.
• ㄴ: 3문단에서 상속인이 상속 개시 당시에 상속받은 이익이 발생하였다면, 유류분에 해당하는 이익에서 이미 상속받은 이익을 뺀 나머지 이익의 일부만을 반환받을 수 있다고 설명하였다. 따라서 만약 상속인이 상속 개시 당시에 상속받은 이익이 없다면 유류분 모두를 청구할 수 있을 것임을 추론할 수 있다.

오답 분석

• ㄱ: 2문단에서 피상속인의 상속인이 자녀 한 명뿐인 경우 상속인이 상속받을 수 있었을 이익의 1/2이 보장된다는 유류분의 예시는 피상속인의 상속인이 오직 한 명뿐인 경우에 보장받는 이익의 양을 설명하기 위한 것이다.
이때 ㄱ에서는 피상속인의 자녀가 한 명이라고 말했을 뿐, 정확한 상속인의 수는 제시되지 않아 상속인이 자녀 한 명이라고 보기는 어려우므로(배우자와 같은 다른 상속인이 있을 수 있으므로) ㄱ의 조건으로는 2문단의 예시와 동일하게 기대 이익의 1/2를 보장받을 수 있다고 추론하기 어렵다.

- ㄷ: 3문단에서 무상 취득한 재산이 물건일 경우, 처분된 재산 자체가 반환 대상이 되는 것이 원칙이라고 하였으나 재산 자체 반환이 불가능한 경우나, 재산 자체의 반환이 가능하더라도 유류분권자와 무상 취득자 간 합의가 이루어진 경우에는 해당 재산 자체가 돈으로 반환될 수 있다고 하였다.

이때 ㄷ에는 무상 취득자가 무상 취득한 재산 자체(물건)를 반환하는 것이 불가능한 상황이라는 조건이 없고 만약 무상 취득자가 무상 취득한 재산 자체(물건)를 반환할 수 있는 상황이라고 하더라도 유류분권자와 무상 취득자 간의 합의가 선행되어야 하므로 무상 취득자가 반드시 무상 취득한 물건을 돈으로 반환해야 하는 것은 아니다.

3 [출전] 배리 글래스너 〈공포의 문화〉

📖 독해력을 키우는 제시문 분석

중심 사건	도로에서 운전자가 총격을 맞고 사망하였음

↓

전문가 견해	총기 문제의 심각성을 강조하고자 하였으나, 언론에 의해 왜곡됨

언론 보도	총기 문제의 심각성보다는 자동차나 잘못된 운전 습관의 위험성을 강조하여 진실을 왜곡함

정답 해설

④ 1문단에서 총기 살인 사건을 보도할 때 리포터가 자동차를 무기라고 비유하며 총기 사용에 초점을 맞추지 않고 논점을 흐린 사례를 들었다. 2~3문단에서 CNN에 출연한 지역 검사가 대중의 관심을 다시 총기 문제로 돌리고자 했으나, 4문단에서 CNN 특파원과 교통 칼럼니스트에 의해 다시 총기 사고의 논점이 흐려졌음을 알 수 있다.

이러한 사례를 바탕으로 글쓴이는 언론이 가짜 위험(교통사고)을 대중들에게 주목하게 하여 진짜 사회적 문제(총기 사고)를 외면하게 할 수 있음을 강조하고 있으며, 이를 통해 언론이 올바른 판단을 해 책임 있게 대중에게 전달하는 것이 바람직함을 시사하고 있다.

1 [출전] 강윤재 〈세상을 바꾼 과학 논쟁〉

📖 독해력을 키우는 제시문 분석

1문단	• 인간이 자연물을 조작한 결과물인 GMO는 과학 기술 발전의 결과인 동시에 과학 기술에 대한 우려와 반대를 수반하는 인공물임 • 지금까지 과학 기술의 발전사로 미루어 보아 GMO를 향한 저항도 시간이 해결해 줄 것임

2문단	• GMO는 인류의 미래와 관련된 중요한 사안이므로 생산적 방식으로 논쟁이 지속될 필요가 있음 • GMO에 대한 현실적 대비책을 수립하기 위해 국제기구의 노력과 개개인의 관심이 필요함

정답 해설

④ 2문단 끝에서 2~3번째 줄에서 정부는 유통되는 상품에 GMO 식품인지 아닌지를 표시하는 GMO 표시제를 실행함으로써 소비자의 선택권을 보장하고 있음을 알 수 있으므로 ④는 글쓴이의 견해와 부합하지 않는다. 또한 2문단 끝에서 3~5번째 줄에서 현재 미국에서 수입되고 있는 GMO 옥수수와 대두에 대한 정보가 구체적으로 공개되어 있지 않음을 알 수 있으나 이는 GMO에 대한 현실적인 대비책이 미흡하다는 문제점 중 하나일 뿐, 소비자의 선택권을 보장하지 않는 이유로 볼 수 없으므로 글쓴이의 견해와 부합하지 않는다.

오답 분석

① 1문단 1~4번째 줄을 통해 '프랑켄푸드'라는 별명은 인간이 환경과 생명에 지나치게 개입해 만들어 낸 GMO에 대한 부정적 관점에서 기인한 것임을 알 수 있다. 또한 1문단 4~5번째 줄에서 GMO는 과학 기술 발전의 산물임을 알 수 있으며, 1문단 끝에서 3~5번째 줄을 통해 과학 기술의 진보에는 항상 저항과 반대가 있음을 알 수 있다. 이를 미루어 보아 글쓴이는 과학 기술 발전의 산물인 GMO에 '프랑켄푸드'라는 부정적인 이름이 지어진 것은 과학 기술 발전 과정에서 수반되는 저항과 반대 중 하나라고 생각할 것임을 알 수 있다.

② 1문단 1~4번째 줄을 통해 글쓴이는 GMO에 대한 부정적 관점을 제시하면서 GMO는 생명의 근원인 유전자를 조작한 인공물이며, 환경과 생명에 인간의 지나친 개입은 매우 위험한 일이라고 경고하고 있다. 따라서 글쓴이는 GMO가 자연의 섭리에 지나치게 개입하고 있다고 생각함을 알 수 있다.

③ 1문단 끝에서 1~2번째 줄에서 글쓴이는 GMO에 대한 반대가 한때의 기우에 불과하며 시간이 말해 줄 것이라고 하였으므로 오늘날 GMO에 대한 반대가 미래에는 과거 한때 존재했던 현상이 될 것이라고 예상하고 있음을 알 수 있다.

🔍 독해력을 키우는 제시문 분석

1문단	원자의 구성 • 핵(양전하) + 전자(음전하) • 핵과 전자 사이에 전기적 인력이 존재해 전자가 핵 주변에 머무는 형태임
2문단	퍼텐셜 에너지 • 정의: 물체의 상대적 위치 등에 의해 달라지는 힘과 관련된 에너지 • 물체의 퍼텐셜 에너지는 물체의 상대적 위치가 달라지면 에너지가 다른 에너지로 전환되면서 크기가 변함
3문단	전자의 퍼텐셜 에너지 • 전자는 핵으로부터의 거리에 따라 다양한 크기의 퍼텐셜 에너지를 지님 • 전자를 핵에서 떨어뜨리려면 에너지가 필요함
4문단	전자의 퍼텐셜 에너지 변화 • 물의 퍼텐셜 에너지 변화는 연속적이나 전자의 퍼텐셜 에너지는 불연속적임

정답 해설

② 3문단 1번째 줄에서 전자의 퍼텐셜 에너지는 핵과의 거리에 따라 달라짐은 알 수 있지만 핵의 퍼텐셜 에너지가 전자와의 거리에 따라 다른지는 추론할 수 없다.

오답 분석

①, ③ 2문단 2~4번째 줄에서 퍼텐셜 에너지는 모든 물체가 상대적 위치 등에 의해 달라지는 힘과 관련된 에너지라고 하였다. 4문단에서는 전자의 퍼텐셜 에너지의 크기를 공이 놓인 계단에 비유하면서, 각 계단은 불연속적이고 계단의 위치마다 정해진 퍼텐셜 에너지 수준을 갖고 있으며, 공은 계단과 계단 사이가 아닌 각각의 계단 위에 있어 공이 어느 계단에 위치하느냐에 따라 공이 다른 크기의 퍼텐셜 에너지를 가진다고 하였다. 이를 통해 공이 놓인 계단과 마찬가지로 전자 역시 보유하고 있는 퍼텐셜 에너지의 변화가 불연속적일 것임을 추론할 수 있고 계단 위의 공은 상대적 위치가 모두 다르므로 각기 다른 퍼텐셜 에너지를 지닐 것임을 추론할 수 있다.

④ 2문단 끝에서 1~3번째 줄에서 댐에 저장된 물이 수문이 열린 후에 중력에 의해 아래로 흐를 때, 물의 퍼텐셜 에너지 중 일부가 운동 에너지 등으로 바뀌는 것을 알 수 있다. 이를 통해 물의 퍼텐셜 에너지는 다른 에너지로 전환되기 이전인 댐에 저장되었을 때 더 크다는 것을 추론할 수 있다.

🔍 독해력을 키우는 제시문 분석

민주주의는 사회 경제적 평등도 요구하는가?

루소, 마르크스주의자	고대 아테네의 민주주의
사회 경제적 평등도 요구되어야 함	엄격한 사회 경제적 평등은 요구되지 않았으며, 어느 정도의 사회 경제적 불평등이 실재했음

오늘날의 민주주의

부의 커다란 불평등의 부재와 일정한 생활 수준이 확보는 민주주의가 제대로 작동하기 위한 필요조건임

정답 해설

③ 2문단 2~3번째 줄에서 오늘날의 민주주의가 제대로 작동하기 위한 필요조건이 '일정한 생활 수준의 확보'와 '부의 커다란 불평등의 부재'임을 알 수 있다. 즉 극심한 경제적 불평등의 해소는 민주주의가 제대로 작동하기 위한 조건들 중 하나일 뿐, 그것만으로는 민주주의가 제대로 작동하는 것을 보장하지는 않는다. 따라서 ③의 추론은 적절하다.

오답 분석

① 1문단 4~5번째 줄에서 루소는 사회적 지위나 재산상의 엄격한 평등도 민주주의의 필요조건이라고 말했음을 알 수 있다. 이를 통해 루소는 민주주의가 이루어지기 위해서 엄격한 경제적 평등이 필요한 조건 중 하나라고 생각했음은 알 수 있으나, 이것이 곧 엄격한 경제적 평등의 달성만으로 반드시 민주주의가 실현된다고 봤음을 의미하는 것은 아니므로 ①의 추론은 적절하지 않다.

② 2문단 1~2번째 줄에서 민주주의가 다른 정치 체제와 마찬가지로 격렬한 계급 투쟁과 공존할 수 없다고 설명하고 있으나, 이는 정치 체제 내에 계급 투쟁이 발생하면 그 정치 체제가 위협받음을 설명하기 위한 것일 뿐이다. 이를 통해 계급 투쟁이 존재하지 않는 정치 체제가 가장 바람직한 정치 체제인지에 대한 내용은 추론할 수 없으므로 ②의 추론은 적절하지 않다.

④ 1문단 끝에서 1~4번째 줄에서 오늘날 자유 민주주의와 고대 아테네의 민주주의는 시민들 간의 사회 경제적 불평등을 용인했고, 이로 인해 계급 간 갈등이 존재했음을 알 수 있다. 따라서 고대 아테네와 오늘날 민주주의의 계급 갈등의 원인은 공통적으로 경제적 불평등임을 알 수 있으므로 ④의 추론은 적절하지 않다.

1 ④　　　**2** ④　　　**3** ③

1 [출전] 최창렬, 〈대한민국을 말한다〉

🔍 독해력을 키우는 제시문 분석

1문단	
선진국 진입을 앞둔 우리나라	• 우리나라는 산업화와 민주화를 통해 선진국 진입을 앞두고 있음 • 선진국 진입을 앞서 우리나라가 이기주의와 경쟁에 의한 부의 축적만을 추구하는 것은 아닌지 경계해야 함

2문단	
우리가 지향하는 선진국의 조건	• 무형의 가치를 추구해야 함 • 상류층이 사회적 책무와 의무를 실현해야 함 • 사회적 통합을 이루어 상류층에 대한 증오가 없어야 함 • 온 국민이 평안함과 행복함을 느낄 가능성이 높아야 함

3문단	
사회적 자본을 통한 선진국으로의 발전	• 우리나라가 진정한 선진국이 되기 위해서는 사회적 자본을 확보해야 함 • 사회적 자본은 관용, 배려, 신뢰 등에서 비롯되는 사회적 룰의 정립을 의미함 • 공동체 정신에 대한 사회적 합의를 이루어 공동체 구성원이 서로 배려하는 사회를 만들어야 함

정답 해설

④ 2문단에서 우리나라가 지향하는 선진국은 무형의 가치를 추구하고 상류층의 사회적 책무와 의무가 실현되며 사회적 통합을 이뤄 국민 모두가 편안함과 행복을 느낄 가능성이 높은 나라라고 하였다. 이를 위해 3문단에서는 사회적 자본을 확보를 강조하는데, 이때 사회적 자본이란 무형의 가치들에서 비롯되는 사회적 룰을 정립하는 것이며, 이를 통해 공동체 정신에 대한 사회적 합의를 이끌어 내야 한다고 하였다.

따라서 우리나라가 진정한 선진국으로 거듭나기 위해서는 사회적 자본을 갖추어 구성원 간 합의, 통합을 이끌어 내야 한다는 ④가 필자의 견해로 적절하다.

오답 분석

① 3문단 1~2번째 줄에서 경제적 국부 창출과 같은 경제적 자본과 사회적 자본을 별개의 것으로 보고 있으므로 우리나라가 선진국에 진입하기 위해서 경제의 지속적 발전을 통해 사회적 자본을 갖추어야 한다는 ①은 필자의 견해로 적절하지 않다.

② 2문단에서 우리나라가 지향하는 선진국의 조건들을 나열하고 있다. 여기서 상류층의 사회적 책임과 의무를 다해야 하며, 부자에 대한 질투와 증오가 없어야 한다고 언급할 뿐 빈부의 격차를 줄여야 한다는 내용은 언급하고 있지 않으므로 ②는 필자의 견해로 적절하지 않다.

③ 2문단 3~4번째 줄을 통해 우리나라가 지향하는 선진국이 되기 위해서는 사회적 통합을 이루어야 함은 알 수 있으나, 사회를 통합할 수 있는 강력한 리더십을 지닌 지도자가 필요하다는 내용은 제시문에서 확인할 수 없으므로 ③은 필자의 견해로 적절하지 않다.

2 [출전] 한진수 〈미니멀 경제학: 세계 경제와 이슈 편〉

🔍 독해력을 키우는 제시문 분석

기술 발전형 디플레이션	• 개념: 기술이 발전함에 따라 생산성이 높아지면 대량 생산이 가능해지고 공급이 증가해 물가가 하락하는 현상 • 특징: 경제 발전, 소득 증대가 동반되기 때문에 물가 하락 현상이 오래 지속되지 않음
경기 불황형 디플레이션	• 개념: 물가 하락이 수요 부진으로 이어져 경기가 침체되는 악순환이 발생하는 현상 • 특징: 악순환이 계속되어 벗어나기 쉽지 않음
디스인플레이션	• 개념: 인플레이션 현상이 둔화되는 현상 • 특징: 물가 상승률이 점차적으로 낮아짐

정답 해설

④ 3문단에서 경기 불황형 디플레이션은 '경기 침체(물가 하락 예상) → 소비 위축 → 기업의 투자 및 생산 축소 → 고용 및 가계 소득 감소 → 소비 위축 → 물가 하락'의 악순환의 고리를 형성한다고 하였다.

만일 경기 불황형 디플레이션 상황에서 정부가 공공 일자리 사업을 확대하면 고용이 확대되어 가계의 소득이 증대되고 이로 인해 소비 활동이 촉진되어 디플레이션의 완화를 기대해볼 수 있다. 따라서 ④의 추론은 적절하다.

오답 분석

① 5문단에서 디스인플레이션은 인플레이션 현상이 둔화되는 현상이며 물가 상승률이 점차 낮아지는 것이라고 하였다. 즉, 디스인플레이션은 물가 상승률이 줄어드는 것이지 물가는 계속 상승하는 것이므로 디스플레이션 상태에 접어들면 물가가 상승하지 않을 것이라는 ①의 추론은 적절하지 않다.

② 4문단에서 디플레이션과 디스플레이션은 구별되는 개념이라고 설명하고 있을 뿐, 경기 불황형 디플레이션의 악화가 디스인플레이션을 유발한다는 내용은 찾아볼 수 없다. 따라서 ②의 추론은 적절하지 않다.

③ 3문단에서 경기 불황형 디플레이션이 발생하면 경기 부진이 지속될 것을 예측해 소비가 위축될 것이라고 하였으므로 일시적으로 개인의 소비가 증가할 것이라는 ③의 추론은 적절하지 않다.

3 [출전] 최경봉 〈한글 민주주의〉

🔍 독해력을 키우는 제시문 분석

1문단	한일 병합 전 일본의 통감부는 대한 제국의 모든 교과서의 언어를 일본어로 한다는 방침을 세움
2문단	일본어 교과서 편찬에 대한 심한 반대 여론으로 인하여, 일어 독본과 이과 교과서만 일본어로 발간하고 나머지 교과서는 국한문 혼용으로 발행하기로 함
3문단	• 이과 과목의 교과서만 일본어를 사용하는 것은 '일본어는 곧 실용적'이라는 생각을 심어주기 위한 식민지 언어 정책임 • 식민지 언어 정책으로 인해 학술 분야에 우리말 문체의 정착 기회가 사라지고 학술적 글쓰기가 이두식 국한문 혼용 문체로 굳어짐
4문단	• 1910년 이후 일본은 조선어를 제외한 모든 교과서를 일본어로 발행했고 행정과 법률 문서도 일본어를 표준으로 사용하게 함 • 일본어가 국어의 지위를 갖게 되었고 조선어는 일상 언어로 사용되었을 뿐 교육, 행정, 법률, 학술 등에서는 사용되지 못해 이류 언어로 전락함

정답 해설

③ 1문단과 2문단 1~2번째 줄에서 한일 합병 전 일본 통감부가 대한 제국의 모든 교과서의 언어를 일본어로 정하고자 하였으나, 반발이 심해지자 일어 독본과 이과 교과서에 한해 일본어로 발간했다고 하였고 3문단 1~3번째 줄에서 이과 과목 교과서가 일본어로 발간됨으로써 일본어가 실용적이라는 인식이 성립되어 과학과 실용의 영역에서 우리말이 배제되었다고 하였다. 따라서 일본이 이과 교과서를 일본어로 발간해 의도적으로 조선인의 일본어에 대한 인식을 바꾸고자 했음을 추론할 수 있다.

오답 분석

① 제시문을 통해 확인할 수 없는 내용이다.

② 4문단 1~4번째 줄에서 1910년 이후 조선어를 제외한 모든 과목의 교과서가 일본어로 발행되었을 뿐만 아니라, 일본어가 행정, 법률 등과 관련한 문서의 표준이 되면서 우리말이 피지배족의 언어로 전락했다고 하였다. 하지만 4문단 끝에서 1~3번째 줄에서는 당시 조선의 높은 문맹률과 저조한 진학률로 인해 일본의 우리말 억압에도 여전히 우리말이 활발하게 일상 언어로 사용되었음을 알 수 있다.

④ 3문단 끝에서 1~2번째 줄에서 19세기 말에 이미 일본식 문체와 일본식 한자어를 사용했음을 알 수 있으나 4문단 끝에서 1~3번째 줄에서 일본의 우리말 억압에도 일상 언어로는 일본어가 아니라 우리말이 사용되었음을 알 수 있다. 또한 4문단 1~3번째 줄에서 일어 상용화를 위해 인문 교과서를 포함한 모든 과목의 교과서를 일본어로 발행했다는 부분을 통해 일본식 문체와 일본식 한자어가 일상 언어로 많이 쓰이면서 인문 교과서에도 일본어가 쓰이게 된 것이 아님을 알 수 있다.

PART 2 | 견해·관점·논증을 분석하고 평가하기

DAY 09
p.44

1 ②　　　**2** ③　　　**3** ④

---

1 [출전] 2023년 5급 PSAT 언어논리 기출 변형

🔍 독해력을 키우는 제시문 분석

외계인과 지구인은 의사소통이 가능할까?

A의 주장	외계인이 우주를 보편적으로 지배하는 원리를 포함한 포함한 이론을 지니고 있다면 표현 방식이 달라도 그 내용은 동일하기 때문에 지구인과 의사소통이 가능할 것임
B의 주장	외계인과 지구인은 서로 다른 환경에서 진화하여 생활 양식이 다를 것이므로 지구인과 외계인은 서로 의사소통이 불가능할 것임
C의 주장	외계인이 우주를 보편적으로 지배하는 원리의 이론을 지니고 있다 하더라도 그 원리를 표현해야 할 일상 언어가 있어야만 지구인과 외계인은 서로 의사소통이 가능할 것임

정답 해설

② A ~ C의 주장에 대한 평가로 적절하지 않은 것은 ㄱ, ㄷ이다.

- ㄱ: A는 외계인이 우주를 보편적으로 지배하는 원리를 포함하는 이론을 갖고 있으면 지구인과 외계인의 의사소통이 가능하다고 하였다. C 또한 외계인이 우주의 보편적 원리를 포함하는 이론을 가진 외계인이 존재할 것이라고 생각하나, 그들과 의사소통하기 위해서는 그들이 그러한 이론을 표현할 수 있는 일상 언어가 있어야 한다고 주장한다. 따라서 ㄱ은 적절하지 않다.
- ㄷ: C는 우주를 보편적으로 지배하는 원리를 포함한 이론을 가진 외계인의 존재 가능성을 인정한다. 하지만 A는 그러한 이론을 가진 외계인이 있다면 우리와 의사소통을 할 수 있다고 가정할 뿐, 외계인 자체의 존재 가능성을 언급하고 있지 않다. 또한 B는 외계인이 우리 인간과 생활 양식이 달라 의사소통이 불가능함을 주장하고 있을 뿐, 그들이 그러한 이론을 갖고 있는지 여부에 대해서는 언급하지 않는다. 따라서 ㄷ은 적절하지 않다.

오답 분석

- ㄴ: B는 외계인이 우리 인간과 생활 양식이 달라 의사소통이 불가능할 것임을 주장한다. 따라서 외계인이 우주를 지배하는 보편적인 원리를 포함한 이론을 가지고 있다고 하더라도 A와 달리 의사소통은 불가능하다고 볼 것임을 알 수 있다. 따라서 ㄴ은 적절하다.

---

2 [출전] 2023년 5급 PSAT 언어논리 기출 변형

🔍 독해력을 키우는 제시문 분석

원래 X	제작 목적: 500원 동전을 감별하기 위함 감별 방법: 500원 동전의 동일한 크기와 무게에 대하여 반응 X에 동전 투입 시 • 빨간불 켜짐 → 상태 E → 500원 동전이 아님 • 파란불 켜짐 → 상태 C → 500원 동전임
미국에서 X	X에 동전 투입 시 • 빨간불 켜짐 → 상태 E → 25센트 동전이 아님 • 파란불 켜짐 → 상태 C → 25센트 동전임 ⇒ 상태 E가 25센트 동전이 아님을 의미함 　상태 C가 25센트 동전임을 의미함
인공물의 표상적 의미	표상적 의미는 고정되지 않으며, 처음 제작 당시의 의미와 달라질 수 있음

정답 해설

③ 제시문에서 추론할 수 있는 내용은 ㄴ, ㄷ이다.

- ㄴ: 1문단 2~3번째 줄을 통해 X가 투입된 동전의 크기와 무게를 정확하게 감별함을 알 수 있고 1문단 3~4번째 줄을 통해 X의 내부 상태가 E이면 투입된 동전이 500원이 아님을 알 수 있다. 그러나 이는 X에 투입된 동전 세 개 모두 500원이 아님을 나타내는 것일 뿐, 세 개의 동전의 크기와 무게가 같을 것인지는 추론할 수 없다.
- ㄷ: 2문단을 통해 X가 미국에 설치되고 난 뒤 25센트를 감별하는 새로운 목적을 지니게 되었음을 알 수 있고, 3문단을 통해 X의 사용 목적이 달라짐에 따라 C 상태와 E 상태가 의미하는 바가 달라질 수 있음을 알 수 있다. 그러나 이를 통해 X에 동전을 투입하는 사람의 국적에 따라 X의 사용 목적이 달라진다거나 C 상태의 의미가 변화하는지는 추론할 수 없다.

• ㄱ: 1문단 1~4번째 줄을 통해 X에 동전을 넣었을 때 빨간불이 들어오면 E 상태임을 알 수 있고, E 상태는 투입된 동전이 500원이 아님을 알 수 있다. 2문단을 통해 25센트 동전과 500원 동전의 크기와 무게가 같다고 가정할 경우 25센트 동전이 아닌 동전이 X에 투입되면 빨간불이 켜져, E 상태로 표시됨을 알 수 있다. 이를 미루어 보아 500원과 25센트를 제외한 다른 크기와 무게의 동전을 X에 투입했을 때, E 상태(빨간불)가 되고 그 동전은 25센트도, 500원도 아닐 것임을 추론할 수 있다.

3 [출전] 1998학년도 대수능 변형

📖 독해력을 키우는 제시문 분석

정보 사회를 바라보는 관점	
A 기술 결정론적 관점	• 정보 기술의 발전은 사회 구조의 모든 영역에서 변화를 일으킴 • 정보 사회를 탈산업 사회로 보며, 서비스 중심 경제가 구축될 것임 • 미래 정보 사회에는 정치, 경제 측면에서 긍정적인 결과를 낳을 것임 예 참여 민주주의, 시민운동에 의한 사회 변동, 물질주의적 가치의 퇴조, 정보의 균등한 분배 등
B 사회 구조론적 관점	• 정보 기술의 발전은 자본주의 체재 내에서 이루어짐 • 정보 기술 자체는 중립적이나 누가, 어떤 목적과 방향으로 기술을 이용하느냐에 따라 효용이 달라짐 • 정보 사회를 가치가 큰 부문에 정보 기술을 적용해 이윤을 창출하는 사회로 보고, '산업을 정보화'와 '정보의 산업화'가 동시에 추구함 • 미래 정보 사회에는 긍정적, 부정적 결과를 모두 낳을 것임 예 정보 불평등으로 인한 경제적 불평등 심화, 노동자의 힘 약화

정답 해설

④ A와 B의 주장에 대한 평가로 적절한 것은 ㄱ, ㄴ, ㄷ이다.
• ㄱ: A의 주장 끝에서 1~3번째 줄에서 A가 정보 기술의 발전에 따라 정보가 균등하게 분배될 것이라고 주장함을 알 수 있으므로 A의 입장을 약화한다. 따라서 ㄱ의 평가는 적절하다.
• ㄴ: A는 기술이 발전하면 전반적으로 사회 구조가 변화한다고 주장한다. 반면 B는 사회 구조론적 입장으로 기술은 중립적이지만, 누가, 어떤 목적과 방향에 따라 사용하는지에 따라 그 효용이 달라진다고 주장하였다. 이때 외부에서 새로운 기술이 유입되었으나 인프라가 부족해 그 기술을 사용할 수 없었다는 사례는 B의 입장에 부합한다.

그러나 기술이 발전하면 사회 구조의 변동을 유발한다는 A의 입장과는 반대된다. 따라서 ㄴ은 A의 입장은 약화하나 B의 입장은 강화하므로 ㄴ의 평가는 적절하다.
• ㄷ: B의 주장 끝에서 1~4번째 줄에서 '산업을 정보화', '정보를 산업화'를 동시에 추구하여 이윤의 원천을 다양화하더라도 경제적 불평등의 확대, 직무 단순화로 인한 노동자의 힘 약화 등과 같은 한계점을 제시하였다. ㄷ에서 인공지능 기술을 제조업에 적용한 기업이 성공한 사례는 '산업을 정보화'한 사례에 해당하며, 해당 기업에서 대규모 구조조정이 실시되었다는 것은 기업이 인공지능 기술을 도입함으로써 직원들의 업무가 단순화되어 노동자의 힘이 약화된 사례에 해당한다. 따라서 ㄷ은 B의 입장을 강화하므로 ㄷ의 평가는 적절하다.

1 ④   **2** ①   **3** ③

1

📖 독해력을 키우는 제시문 분석

인간 행위의 동기는 무엇인가?

| 자유 의지론 | • 인간의 행위는 자유 의지에 따라 결정됨
• 인간은 행위에 따른 도덕적 책임을 져야 함
• 자유 의지를 가진 인간은 항상 선한 행동을 하기 위해 노력함
• 자유 의지란?
  - 외부의 제약과 한계에 구속되지 않는 의지
  - 목표나 방향을 설정하고 실행할 수 있는 의지
  - 옳고 그름을 분별할 수 있는 의지 |

‡ 대립

| 결정론 | • 인간의 행위를 비롯한 세상의 모든 일은 일정한 인과 관계에 의해 결정됨
• 인간의 의지나 자유는 존재하지 않음
• 인과 관계란?
  - 행위를 일어나게 한 주변 환경, 조건 등
  - 인간의 노력으로 바꿀 수 없음 |

정답 해설

④ ㉠ '자유 의지론'은 인간의 모든 행위가 인간의 자유 의지로 선택한 결과이므로 행위에 대한 도덕적 책임을 져야 한다는 입장이다. 반면 〈보기〉의 '결정론'은 인간의 행위가 일정한 인과 관계에 의해 결정되어 있기 때문에 인간의 노력으로 바꿀 수 없다는 입장이다.

이때 ④는 인간의 행위(악한 행위)가 주어진 조건(유전자와 환경에 의해 형성된 성격과 가치관)에 의해 결정된 결과라고 설명하고 있으므로 '결정론'의 입장임을 알 수 있다. 이어서 그런 행위를 도덕적으로 비난하는 것이 무의미하다고 주장함으로써 인간이 행위의 결과에 대한 도덕적 책임을 져야 한다는 '자유 의지론'을 비판하고 있으므로 정답은 ④이다.

오답 분석

① ㉠ '자유 의지론'과 〈보기〉의 '결정론'은 모두 인간 행위의 의도와 행위의 결과가 불일치한 경우에 대한 내용은 설명하고 있지 않다. 또한 〈보기〉의 '결정론'은 인간이 행위를 선택하는 불가능하다는 관점을 취하고 있으므로 ①은 〈보기〉의 '결정론'의 입장에서 ㉠ '자유 의지론'을 비판한 것으로 적절하지 않다.

② 〈보기〉의 '결정론'은 인간의 행위를 포함한 세상의 모든 일이 인과 관계에 의해 결정되어 있다고 주장한다.

따라서 ②에서 말하고 있는 자연법칙에 의한 물리적인 현상이 어떠한 의지에 의해 선택된 현상이 아니라는 것은 〈보기〉의 '결정론'의 입장에 해당한다. 하지만 ㉠ '자유 의지론'은 인간의 행위에 대해서만 논하고 있을 뿐, 자연법칙과 같은 현상에 대해서 논하고 있지 않으므로 ㉠ '자유 의지론'을 비판한 것으로는 적절하지 않다.

③ 〈보기〉의 '결정론'은 인간의 자유나 의지를 부정하며, 인간의 행위를 포함한 세상의 모든 일은 인과 관계에 의해 결정된다는 관점을 취한다. 따라서 〈보기〉의 '결정론'에 의하면 인간이 아무리 노력한다고 해서 스스로 행동을 선택하는 것은 불가능하므로 ③는 〈보기〉의 '결정론'의 입장에 해당하지 않는다.

2

[출전] 박찬구 〈생활 속의 응용 윤리〉

📖 독해력을 키우는 제시문 분석

| 1문단 | • '공리주의'는 행복을 가져다 주는 '유용성'으로부터 출발함
• 행위의 도덕성을 판단하는 기준은 '최대 다수의 최대 행복을 가져올 수 있는 행위'인지의 여부임 |

| 2문단 | • '공리주의' 관점에서 '행복'은 가장 본질적이고 궁극적인 가치임
• 인간의 행동 도덕적 평가는 그 행동이 얼마나 많은 행복을 가져올 수 있는가(행복의 총량)로 따져 봄 |

| 3문단 | • '공리주의'는 이 세상의 행복의 총량이 기준이므로 나 자신의 행복이 기준인 '이기주의'와 구분해야 함
• 행위자는 대안을 평가할 때 행위가 모든 사람의 행복에 어떤 영향을 미치는지 판단하고 선택해야 함 |

정답 해설

① 제시문에 근거한 판단으로 적절한 것은 ㄱ, ㄴ이다.
- ㄱ: 1문단 끝에서 1~2번째 줄에서 공리주의에 의하면 모든 사람이 최대 다수의 최대 행복을 가져오는 행위를 해야 하고, 2문단 끝에서 1~4번째 줄에서는 인간의 행동에 대한 도덕적 평가가 그 행동이 얼마나 많은 행복을 가져오는지에 달려 있다고 하였다. 즉 어떤 행동이 최대 다수의 행복을 가져오면 그것은 도덕적인 행동인 것이다.
  이를 미루어 보아 만약 어떤 행위가 소수의 행복을 희생했을 때, 최대 다수의 행복을 가져온다면 그것은 도덕적인 행동일 것이므로, 경우에 따라 소수의 행복이 희생될 수 있다는 것을 추론할 수 있다.
- ㄴ: 2문단 끝에서 1~3번째 줄에서 공리주의의 관점에서 인간의 행동에 대한 도덕적 평가는 그 행동이 얼마나 많은 행복을 가져오는지에 달려 있으며, 그 행복은 행복에서 불행을 뺀 총량을 말함을 알 수 있다.

따라서 만약 어떤 사람이 취할 행동의 결과가 행복이 80, 불행이 90이라면 행위가 가져올 행복보다 불행이 더 크므로 그 행동은 비도덕적인 행동이라고 평가할 것임을 추론할 수 있다.

오답 분석

- ㄷ: 3문단 1~2번째 줄에서 이기주의는 개인이 자기 자신만을 위해 최선의 결과를 가져오는 행위를 지향한다고 하였다. 이때 ㄷ에서 최대 다수의 행복을 추구하기 위해 행한 행동은 자기 자신만을 위한 목적으로 위해 한 행동이 아니라, 최대 다수의 행복을 추구하기 위한 행동이었으므로 이기주의라고 볼 수 없다. 따라서 ㄷ의 추론은 적절하지 않다.

3 [출전] 서동욱 〈미술은 철학의 눈이다〉

📖 독해력을 키우는 제시문 분석

하이데거의 입장

사물이란?
- 도구적 사물(일상생활에서 사용하는 것)
- 전주제적 세계에서 인간이 존재자들과 맺는 관계에서 마주하는 사물임
- 도구적 사물은 다른 도구들과의 지시 연관성을 전제로 도구 주변의 전체 사물과의 관계를 중심으로 존재하는 것임

↕

전통 형이상학

사물이란?
모든 사물(예술 작품)은 형식화(사물 자체의 고유한 항구성)된 질료(감각을 자극하는 것들)로 규정함
- 형식: 변하지 않고 그 자체로 있는 사물의 고유한 항구성
- 질료: 사물을 경험하는 데 있어 우리의 감각을 자극하는 것

정답 해설

③ 2문단 1~5번째 줄에서 전통 형이상학에서는 예술 작품을 포함한 모든 사물을 형식화된 질료로 규정하며, 사물을 경험할 때 우리의 감각을 자극하는 것들을 질료로, 사물 자체가 가지고 있는 고유한 항구성을 형식으로 정의함을 알 수 있다. 이를 통해 어떤 화가가 그린 구두 그림을 형식화된 질료로 규정하는 것은 하이데거가 아닌 전통 형이상학적 관점에서 분석한 것임을 알 수 있다. 따라서 ③은 하이데거의 견해와 부합하지 않음을 추론할 수 있다.

오답 분석

① 3문단 1~3번째 줄에서 하이데거는 인간이 전주제적인 세계에서 존재자들과 맺는 관계에서 마주하는 것이 도구적 사물이라고 하였으므로 ①의 견해는 하이데거의 주장과 일치한다.

② 4문단 3~7번째 줄에서 도구는 개별적으로 존재하는 것이 아니라 다른 도구들과의 지시 연관성을 전제로 그 도구와 관계를 맺는 전체 속에서 존재함을 주장하고 있으므로 ②의 견해는 하이데거의 주장과 일치한다.

④ 3문단 1~3번째 줄에서 하이데거는 사물을 일상생활에서 사용하는 도구적 사물, 즉 도구로 정의하였으며, 3문단 끝에서 2~3번째 줄에서 사물이 인간에게 스스로 자신의 존재를 내보이지는 않는다고 주장하며 실재적 사물의 개념을 부정하였다. 이때 4문단 1~3번째 줄에서 하이데거는 도구를 '무엇을 하기 위한 어떤 것'으로 규정하고 있으므로, 하이데거는 눈앞에 어떤 사물이 있는지에 대한 것보다 그 사물이 어떻게 쓰이는 지를 더 중요시할 것임을 알 수 있다. 따라서 ④의 견해는 하이데거의 주장과 일치한다.

　　　　　　　　　　　　　　　　　　p.50　　

1 ②　　　**2** ③　　　**3** ②

1
[출전] 최협 〈부시맨과 레비스트로스〉

📖 독해력을 키우는 제시문 분석

어린이의 언어 습득 이론	**촘스키** • 인간은 언어 구조에 관한 선험적 지식을 타고남 • 인간에게는 보편적인 문법 체계가 내재되어 있어 불완전한 언어 학습 환경에서도 빠르게 언어를 습득할 수 있음 ↕ **스키너** • 언어 습득은 모방, 반복, 기억에 의한 학습 과정의 결과임 • 아이의 언어 습득이 짧은 시기에 빠르게 이루어지는 것은 아이가 해당 시기에 언어 학습에만 집중했기 때문임

정답 해설
② ㉠과 ㉡에 대한 평가로 적절한 것은 ㄱ, ㄴ이다.
- ㄱ: 2문단 1~6번째 줄에서 ㉠은 아이가 추상적인 언어 구조에 관한 선험적 지식(보편적 문법 체계)을 갖고 태어나며, 이를 통해 불완전한 언어 학습 환경 아래에서도 빠르게 언어를 습득한다고 주장했다. 따라서 ㉠은 언어 습득의 결과를 생득적 관점에서 바라보고 있음을 알 수 있다. 이와 달리 2문단 끝에서 1~5번째 줄에서 ㉡은 언어 습득이 모방, 반복, 기억에 의한 학습의 산물이라고 하였으므로 ㉡은 언어 습득의 결과를 후천적 관점에서 바라보고 있음을 알 수 있다.
- ㄴ: 2문단 끝에서 3~5번째 줄에서 ㉡은 모방, 반복, 기억에 의한 학습을 통해 언어를 습득한다는 관점임을 알 수 있다. 하지만 야생에서 발견된 10대 소년에게 말을 가르쳤으나 결국 실패했다는 사례는 학습을 통한 언어 습득이 실패했음을 의미한다. 따라서 ㄴ은 ㉡의 입장을 약화한다.

오답 분석
- ㄷ: ㉠은 인간이 태어날 때부터 선험적인 언어 능력을 가지고 태어남을 주장하고 있다. ㄷ은 동물이 언어 학습이 가능하다는 내용의 실험 결과이며, 이 실험의 대상은 인간이 아닌 동물이며, 실험 내용도 언어 습득을 학습 과정의 산물로 보고 있다. 따라서 ㄷ은 ㉠의 입장을 강화한 평가로 적절하지 않다.

📖 독해력을 키우는 제시문 분석

A	인간의 본성을 어떻게 규정하느냐에 따라 인간 관리 전략이 달라짐 • X이론: 인간을 태생적으로 일하기 싫어하고 야망 없는 존재로 규정함 → 지도자가 구성원을 통제하기 위해 처벌이나 위협을 가하는 통제적 지도성을 발휘함 • Y이론: 인간을 스스로 통제 가능하고 능동적인 존재로 규정함 → 지도자가 구성원이 자발적으로 개발할 수 있도록 자율적 리더십을 발휘함
B	조직이 구성원을 어떻게 대하는지에 따라 구성원의 성숙도가 달라짐 • 구성원을 미성숙한 존재로 여김 → 구성원이 수동적이고 종속적인 행동을 함 • 구성원을 성숙한 존재로 여김 → 구성원이 성장하기 위해 다양한 노력을 함

정답 해설
③ A와 B의 주장에 대한 평가로 적절한 것은 ㄱ, ㄷ이다.
- ㄱ: 2문단 1번째 줄에서 B는 조직의 구성원 관리 방식에 따라 구성원들의 행동이 달라진다고 하였다. 또한 2문단 끝에서 1~2번째 줄에서 구성원을 미성숙하게 대하는 집단에서 구성원을 성숙하게 대하는 집단으로 이동 했을 때 구성원의 성숙도가 달라졌다고 하였다. 이를 통해 B는 조직이 어떠한 관리 방식을 취하는지에 따라 구성원의 성숙도가 달라진다는 관점임을 알 수 있다. 따라서 ㄱ의 평가는 적절하다.
- ㄷ: 1문단을 통해 X이론은 인간을 부정적이며 수동적인(미성숙한) 존재로 바라보며, Y이론은 인간을 긍정적이고 능동적인(성숙한) 존재로 바라본다는 것을 알 수 있다. 또한 2문단을 통해 B는 조직이 조직의 구성원들을 미성숙한 존재로 대할 경우 구성원들이 의존적이고 종속적으로 행동하는 반면, 성숙한 존재로 대할 경우 구성원들이 능동적이고 성숙하게 행동한다고 주장했음을 알 수 있다. 이를 통해 B는 X이론을 따르는 지도자의 조직에서 구성원들이 의존적이고 종속적으로 행동할 것이며, Y이론을 따르는 지도자의 조직에서 구성원들이 능동적이고 성숙하게 행동할 것이라고 예상함을 추론할 수 있다. 따라서 ㄷ의 평가는 적절하다.

오답 분석
- ㄴ: A는 지도자가 인간의 본성을 어떻게 규정하는지(X이론, Y이론)에 따라 그에 상응하는 지도성을 택한다고 하였다. 즉 지도자가 X이론에 따라 인간의 본성을 부정적으로 규정하는지, 아니면 Y이론에 따라 긍정적으로 규정하는지에 따라 택하는 경영 방식이 달라진다는 것이다.

이를 통해 A는 지도자의 경영 방식에 따라 구성원의 행동이 결정된다고 보는 것이 아니라, 지도자가 어떠한 인간관을 가졌느냐에 따라 경영 방식이 달라진다고 보는 것임을 알 수 있다. 따라서 ㄴ의 평가는 적절하지 않다.

3

🔍 독해력을 키우는 제시문 분석

1문단	• 오컴의 면도날 원칙의 정의 - 복잡성을 최소화하여 간단하고 단순한 설명과 해설을 우선시 하는 원칙
2문단	• 오컴의 면도날 원칙의 예시 - A: 사건에 대해 추가적인 가정과 복잡한 내용을 장황히 제시 - B: 사건을 간단명료하게 설명 → 단순한 설명은 복잡한 설명보다 문제 해결에 있어 합리적임 • 오컴의 면도날 원칙의 목적 → 절대적 결론을 내리는 것이 아닌 주장이나 가설의 신뢰도를 짐작하기 위함

정답 해설

② 친구와의 약속에 늦어 친구가 화가 난 상황에서 A는 친구에게 자신이 늦은 이유를 추가적 가정과 더불어 복잡한 내용을 장황하게 설명하였고 B는 자신이 늦은 이유를 간단하게 설명하였다. 이때 2문단 3~4번째 줄에서는 B와 같은 설명이 불필요한 요소를 제거한다고 하였으므로 필요하지 않은 부가적인 설명을 하고 있는 A보다 경제적임을 추론할 수 있다.

오답 분석

① 1문단 끝에서 2~3번째 줄을 통해 '오컴의 면도날 원칙'은 복잡성을 최소화하고 단순성을 최대화하는 것이 합리적이라고 주장하는 이론임을 알 수 있다. 또한 2문단 2~4번째 줄에서는 '오컴의 면도날 원칙'에 의하면 A보다 B가 합리적이라고 하였다. 따라서 단순성을 최대화하는 이론을 선호하는 오컴은 사건을 A와 같이 설명하는 것보다 B와 같이 설명하는 것을 더 선호할 것임을 추론할 수 있다.

③ '면도날 원칙'에 따르면 B의 설명이 가장 상황을 간단하게 설명하므로 합리적인 설명일 가능성이 높음은 알 수 있으나 2문단 끝에서 1~2번째 줄에서 '면도날 원칙'은 가장 적확한 결론을 내기 위한 원칙이 아님을 알 수 있으므로 ③의 추론은 적절하지 않다.

④ 2문단 3~5번째 줄에서 B는 불필요한 요소를 제거함으로써 단순성과 간결성을 우선시한 결과임을 추론할 수 있다. 하지만 2문단 1~2번째 줄에서 복잡한 가정이나 설명을 제시한 이론은 B가 아닌 A임을 알 수 있다. 따라서 B가 복잡한 가정이 필요하다는 ④의 추론은 적절하지 않다.

DAY 12　　　　　　　　　　p.53

1 ④　　　　**2** ③　　　　**3** ③

1　[출전] 2015년 민경채 언어논리

🔍 독해력을 키우는 제시문 분석

A 교육청이 B중학교 대상으로 실시한 조사	
조사 목적	스마트폰 사용으로 인한 학력 저하 방지 방안 마련을 위한 자료 수집
조사 결과	• 스마트폰 가지고 등교한 학생 중 국어 성적 60점 미만: 20명 • 스마트폰 가지고 등교한 학생 중 영어 성적 60점 미만: 20명 • 스마트폰 가지고 등교했지만 학교에서 사용하지 않는 학생 중 영어 성적 60점 미만: 0명 • 방과 후 보충 수업 받는 학생 중 영어 성적 60점 이상: 0명

정답 해설

④ 제시문에 근거한 판단으로 적절한 것은 ㄷ이다.
- ㄷ: 2문단 1~2번째 줄에서 B중학교에 스마트폰을 갖고 등교하지만 사용하지 않는 학생들의 영어 성적이 60점 미만인 경우는 없다고 하였고 2문단 2~3번째 줄에서 B중학교에서 방과 후 보충 수업을 받아야 하는 학생 가운데 영어 성적이 60점 이상인 학생은 없다고 하였으므로 두 집단에 모두 속하는 학생은 있을 수 없다. 따라서 ㄷ의 판단은 적절하다.

오답 분석

- ㄱ: 1문단 끝에서 1~3번째 줄에서 B중학교에서 스마트폰을 갖고 등교하는 학생들 중 국어와 영어 성적이 60점 미만인 학생이 각각 20명씩이라고 하였다. 이때 국어와 영어 성적 둘 다 60점 미만인 학생이 있을 수 있으므로 B중학교 학생 수는 40명보다 적을 수 있다. 따라서 ㄱ의 판단은 적절하지 않다.
- ㄴ: 2문단 끝에서 1~2번째 줄에 따르면 B중학교에서 방과 후 보충 수업을 받아야 하는 학생들 중 영어 성적이 60점 이상인 학생은 없다. 하지만 이는 B중학교에서 방과 후 보충 수업을 받아야 하는 학생들의 영어 성적을 나타낼 뿐, 영어 성적 60점 미만이 방과 후 보충 수업의 대상에 대한 조건이 아니므로 ㄴ의 판단은 적절하지 않다.

2 [출전] 1997학년도 대수능 변형

🔍 독해력을 키우는 제시문 분석

한국인의 전통적 명분관	• 명분관 A: 신분과 상하의식에 따라 역할을 제한함 • 명분관 B: 개인이나 사회적 문제에 대응하는 판단이나 행위에 정당성을 부여함
명분관 A	• 엄격한 사회적 계층 구조에 따라 각각 계층에 맞는 명분을 부여하고, 이는 곧 규범이 됨 • 진보적 요구를 억압하는 보수적인 성격도 있음 • 신분 제도 붕괴로 타당성을 잃은 후에도 오늘날 자신의 분수를 지키는 것을 미덕으로 여기는 사회적 분위기로 잔재함
명분관 B	• 인간의 행위에 인간의 본성에 근거하는 도덕적 정당성의 기준을 제시함 • 사회적 행위에 사회 공통의 도덕적 명분을 부여하여 공동체의 정당성을 공고히 해 사회 통합에 기여함 • 명분, 형식화, 체면치레가 성행하면서 실용적인 측면을 등한시하게 됨

정답 해설

③ A와 B의 주장에 대한 평가로 적절하지 않은 것은 ㄴ, ㄷ이다.

• ㄴ: 2문단에서 명분관 A는 엄격한 계층 구조를 만들어 사회 구성원에 계층에 따라 명분이 부여되며, 그것이 규범으로 작용해 사회 질서를 유지한다고 하였다. 따라서 명분관 A는 행위의 기준이 사회 구조에 있음을 알 수 있다.
4문단 1번째 줄에서 명분관 B는 개인의 행위에 대해 인간의 본성에 의한 도덕적 정당성의 기준을 제시한다고 하였고, 4문단 2~3번째 줄에서 사회적 행위에 적용되는 공통의 도덕적 명분이 사회 통합에 기여한다고 하였다. 즉, 명분관 B는 행위의 기준이 개인의 도덕성이 아닌 사회 공통의 도덕성에 있는 것이다. 따라서 ㄴ은 주장에 대한 평가로 적절하지 않다.

• ㄷ: 4문단 1~2번째 줄에서 인간의 행위에 도덕적 기준을 제시하는 명분관 B는 불의에 대한 비판 의식과 같음을 공동체의 정당성을 확고히 해 알 수 있다. 또한 4문단 2~4번째 줄에서 이러한 비판 의식이 공동체의 정당성을 확고히 해 사회를 통합하는 데 기여함을 알 수 있다. 그러나 3문단 1~3번째 줄에서 명분관 A는 공동체의 위아래 구성원이 각자 역할에 명분에 따른 제약을 받아 질서를 유지함을 알 수 있으나, 아랫사람이 윗사람을 비판하는 것을 금기시했다는 내용은 찾을 수 없다. 따라서 ㄷ은 주장에 대한 평가로 적절하지 않다.

오답 분석

• ㄱ: 명분관 A는 2, 3문단에서 사회 구성원 간 계층을 바탕으로 사회 구성원들에게 각자 계층에 맞는 명분을 부여하여 사회적 질서를 유지하였음을 알 수 있다. 4문단에서 명분관 B는 개인의 행위에 공통의 도덕적 정당성 기준을 부여하고 사회적 행위에 공통의 도덕적 명분을 적용하여 사회를 통합하는 데 이바지하였음을 알 수 있다. 이를 통해 명분관 A와 B 모두 구성원의 의식을 통제해 공동체를 유지하고자 하였음을 알 수 있다.

3 [출전] 2023년 5급 PSAT 언어논리

🔍 독해력을 키우는 제시문 분석

갑의 주장	• 유전자는 자신의 복제본을 남기기 위해 유기체를 활용함 • 유기체의 행동 방식은 유전자를 최대한 퍼뜨리기 위한 전략적 선택에 의해 정해짐 • 유전자에 의해 결정되는 형질은 환경이나 인간의 행동을 바꾼다고 해서 개선되지 않음
을의 주장	• 인간이 마음먹기에 따라 유전자의 활동을 조절할 수 있음 • 타고난 유전자보다 유전자의 활동을 조절하는 것이 더 중요함 • 일란성 쌍둥이라도 각기 다른 환경에서 노출된다면 다른 신체 상태를 유발하게 됨

정답 해설

③ 갑과 을에 대한 평가로 적절한 것은 ㄴ, ㄷ이다.

• ㄴ: 갑은 끝에서 2~3번째 줄에서 유전자에 의해 결정되는 형질은 인간에 의해 개선될 수 없다고 주장한다.
이때 도시에 살던 사람이 시골로 이사를 간 지 5년 만에 암 발생 가능성이 70% 감소했다는 연구 결과는 주거 환경에 의해 형질이 개선된 사례에 해당하므로 갑의 입장을 약화한다.

• ㄷ: 갑은 끝에서 2~3번째 줄에서 유전자에 의해 결정되는 형질은 인간에 의해 개선될 수 없다고 주장하였고, 을은 끝에서 3~4번째 줄에서 유전자 활동은 조절이 가능하며 그것으로써 다른 신체 상태를 유발할 수 있다고 주장하였다.
이때, 심장병을 유발하는 유전자를 지닌 사람이 유전자 활동을 조절하기 위해 노력하였으나 결국 심장병으로 사망했다는 사례는 유전자 결정론을 주장하는 갑의 입장은 강화하나, 인간의 행동이나 실천으로 유전자 활동의 조절이 가능하다고 주장하는 을의 입장은 약화한다.

오답 분석

• ㄱ: 갑은 유기체의 행동 방식이 유전자를 최대한 퍼뜨리기 위해 정해지는 것을 주장하고 있으나 유기체가 조절할 수 있는 것은 본질적인 부분이 아님을 알 수 있다. 오히려 1~2번째 줄을 통해 유전자가 자신의 복제본을 최대한 퍼뜨리기 위해 유기체를 활용하는 것임을 알 수 있다. 따라서 유전자가 유기체를 조절하는 것이지 유기체가 유전자를 조절하는 것은 아니므로 갑의 주장을 강화하지 않는다.

1 ③   **2** ④   **3** ③

---

1   [출전] 1997학년도 대수능 변형

독해력을 키우는 제시문 분석

사회 복지 방법론
고통받는 사람들이 인간답게 살 수 있도록 돕는 전문 지식과 기술로 구성됨

미시적 방법론	• 문제 접근 방식: 개인의 문제에 초점을 맞추고 문제를 개별화하여 해결 방안을 탐색함 • 사회 체제와의 관계: 사회 체제 자체보다는 체제 내의 개인에 초점을 두고, 사회 정책의 입안 및 집행에 관여하지 않음

↕

거시적 방법론	• 문제 접근 방식: 문제를 집합적으로 보고 전체적인 사회 차원에서 그 해결 방안을 탐색함 • 사회 체제와의 관계: 개인에게 영향을 미치는 정부 정책, 사회 체제를 중시하고, 사회 발전 과정에서 나타나는 사회 세력의 역동성에 관심을 가짐

정답 해설

③ 1문단을 통해 ⓒ이 고통받는 사람들을 돕기 위한 사회 복지 방법론 중 하나임을 알 수 있고, 3문단 2~3번째 줄을 통해 ⓒ을 지지하는 사람들이 사회 체제를 중요시 여기는 이유가 체제에 영향을 미치는 행위가 개인에게 도움이 될 수 있다고 생각하기 때문임을 알 수 있다. 따라서 ⓒ이 개인의 삶의 질에 대해서 등한시한다는 ③은 적절하지 않다.

오답 분석

① 1문단 2~3번째 줄에서 미시적 방법론은 사회 전체의 문제보다 개인의 개별적인 문제에 초점을 맞추고 있음을 알 수 있으며, 2문단 1~2번째 줄에서 사회 체제 자체에 관심이 없음을 알 수 있다. 따라서 ⊙이 개인의 문제 해결에 초점을 맞추기 때문에 사회 체제 내의 근본적 문제를 발견할 가능성이 낮다는 ①은 적절하다.

② 2문단 끝에서 1~2번째 줄에서 미시적 방법론을 활용하는 전문가들이 사회 체제 안에서 개인에게 효과적인 해결 방안을 제시함을 알 수 있다. 따라서 ⊙은 체제 안에 제도나 정책이 갖추어지지 않았을 때 문제를 해결하는 데 어려움을 겪을 수 있다는 ②는 적절하다.

④ 3문단 1~3번째 줄에서 거시적 방법론은 사회 복지를 정부의 정책 입안이나 사회 체제 변화를 통해 개인의 복지를 향상하고자 함을 알 수 있다. 따라서 ⓒ이 즉각적인 문제 상황에 대응할 당장의 방안을 제시하기 어렵다는 ④는 적절하다.

---

2   [출전] 2016학년도 고3 6월 모의평가 변형

독해력을 키우는 제시문 분석

현대의 개체화 현상을 진단한 대표 학자 A, B의 관점

공통점
현대 사회의 위험 문제와 연관 지음

차이점	
A	• 예측 불가능한 위험이 닥칠 수 있는데도 방치하여 항상 위험이 존재하게 된 현대 사회를 '위험 사회'라 규정함 • 개체화 현상과 현대의 위기(위험)는 별개로 진행된 현상임 • 개체화 현상이 초계급적, 초국가적 연대를 야기할 수 있음 • '성찰적 근대화'의 실천 주체가 되어야 함
B	• 불확실한 액체와 같은 사회 속에서 생존을 모색하게 된 현대를 '액체 시대'로 규정함 • 액체 시대의 위험 요인은 전 지구적 위험 요인과 개체화 현상 자체도 위험 요인임 • 일상생활에서 정치적 요구를 담은 실천 행위도 현대 위기의 해결책이 될 수 없음

정답 해설

④ A와 B의 주장에 대한 평가로 적절하지 않은 것은 ㄱ, ㄴ, ㄷ이다.

• ㄱ: 1문단에서 A와 B는 현대의 위험 문제를 현대의 개체화 현상과 연관 지어 진단한 학자임을 알 수 있다. 3문단 3~5번째 줄에서 B는 전 지구적 위험 요인뿐만 아니라 개체화 현상 자체도 위험 요인으로 보았음을 알 수 있다. 그러나 2문단 1~2번째 줄에서 A는 개체화 현상과 현대의 위기는 별개로 진행된 현상으로 보고 있다. 또한 2문단 끝에서 3~5번째 줄에서 개체화가 현대인들이 새롭게 연대할 가능성을 높여줄 조건으로 보고 있을 뿐, 이는 현대의 위험을 극복할 수단으로 보고 있지 않다.

• ㄴ: 3문단 1~4번째 줄에서 B는 불확실한 위험 요소들 사이에 생존을 모색하는 현대 사회를 '액체 시대'로 정의했으며, 여기서 불확실한 위험 요소는 예측이 불가능한 위험뿐만 아니라 삶의 조건이 불확실한 현대의 개체화 현상 자체도 포함한다. 따라서 B는 현대의 위기를 사회의 유동성(불확실성)에서 온 결과로 본다는 평가는 적절하다. 그러나 2문단 1~2번째 줄에서 A는 현대의 위기를 과학 기술의 의도하지 않은 결과로 보고 있을 뿐 반드시 일어날 수밖에 없는 필연적 결과로 보고 있지 않다.

• ㄷ: 2문단 끝에서 3~4번째 줄에서 A는 현대인들이 개체화되어 있기 때문에 연대할 가능성이 있다고 주장함을 알 수 있다.

이는 개체화가 연대의 조건이 될 수 있다는 설명일 뿐, 개체화의 해결책으로 개인 간의 연대를 강조한 것은 아니다. 또한 3문단 끝에서 1~3번째 줄에서 B가 일상생활에서의 정치적 요구를 담은 실천 행위가 현대 위기의 해결책이 될 수 없다고 설명하고 있을 뿐, 다른 개체화 해결 방법에 대해서 언급하고 있지 않다.

3 [출전] 2014학년도 고3 6월 모의평가 변형

🔎 독해력을 키우는 제시문 분석

갑의 주장	• 본질은 존재함 • 본질은 모든 대상에 내재된 것이며, 대상과 또 다른 대상을 구분해 주는 속성임 • 어떤 대상의 본질을 밝히기 위해서는 그 대상의 필요 충분한 속성을 밝혀야 하며, 같은 개체들끼리 공유하는 공통된 속성을 발견해야 함
을의 주장	• 본질은 존재하지 않음 • 본질은 인간이 대상에 관습적 의미를 부여한 것에 불과함 • 본질이 존재하지 않기 때문에 대상을 분명히 정의 내리기 어려움

정답 해설

③ 갑과 을의 주장에 대한 평가로 적절한 것은 ㄴ, ㄷ이다.

- ㄴ: 갑은 1~2번째 줄에서 다른 대상과 구분해 주는 속성인 본질이 존재한다고 생각하였다. 이때 인간의 본질을 '인간은 사회적 동물'이라고 규정할 때 벌과 개미도 인간의 본질이라고 규정한 사회적 동물에 속하므로 '사회적 동물'이라는 본질은 인간이라는 대상을 다른 대상과 구분해 주지 못함을 알 수 있다. 따라서 갑의 입장을 약화하므로 ㄴ의 평가는 적절하다.
- ㄷ: 을은 본질주의에서 말하는 본질의 역할은 사물의 의미를 표현하는 것에 지나지 않으며, 결국 본질은 존재하는 것이 아니기 때문에 언어로 정의하기 어렵다고 주장하고 있다. 이때 ㄷ은 금의 정의가 시간의 흐름에 따라 다르게 정의되었음을 나타내며 이는 정의가 가변적이며, 분명하게 내리기 어렵다는 을의 주장에 해당하므로 을의 입장을 강화한다. 따라서 ㄷ의 평가는 적절하다.

오답 분석

- ㄱ: 갑은 1~2번째 줄에서 대상에게 필수적이면서도 다른 대상과 구분해 주는 속성을 본질이라고 규정하며 본질은 개체 내에 존재하는 것이라고 하였다. 즉 모든 대상에 본질이 존재하는 것이다. 이때 추상적인 대상은 구체적인 대상과 달리 정의가 분명하다는 것은 구체적인 대상의 정의는 분명하지 않음을 의미한다. 이는 곧 구체적인 대상에는 명확한 본질이 존재하지 않음을 말하는 것이므로 갑의 입장을 약화한다. 따라서 ㄱ의 평가는 적절하지 않다.

1 [출전] 2015 민경채 언어논리 변형

🔎 독해력을 키우는 제시문 분석

콩 섭취 효능에 대한 연구

A	• 콩 속 제니스틴이 성인병 예방 효능 입증함 • 발암 물질에 노출된 비정상 세포가 악성 종양 세포로 진행됨을 억제함 • 암이 발생하는 과정 중 촉진 단계에서 악성 종양 세포 진행을 억제함

B	• 폐암 방지 효과가 있음 • 200명의 여성을 대상으로 한 달 동안 조사한 결과, 매일 흰 콩을 섭취한 사람이 세 번 이하로 섭취한 사람에 비해 폐암 발병 위험이 절반으로 감소

C	• 탈모 효과가 있음 • 원형탈모증이 있는 쥐에게 콩기름에서 추출된 화합물을 투여한 결과, 투여량을 늘릴수록 원형탈모증 완치율도 높아짐

정답 해설

③ C의 발화 끝에서 1~3번째 줄에서 콩기름에서 추출된 화합물을 쥐에게 각각 0.1ml, 0.5ml, 2.0ml를 투여했을 때, 원형탈모증의 완치율이 18%, 39%, 86%로 나타났다고 밝혔다. 이를 통해 투여량을 늘릴 때마다 완치율이 증가하였음을 알 수 있고 이를 미루어 보아 C는 콩을 많이 섭취할수록 원형탈모증이 치료에 효과적이라고 봄을 알 수 있다.

오답 분석

① A의 발화 끝에서 1~3번째 줄을 통해 콩 속의 제니스틴은 손상된 세포의 분열이 빨라지는 촉진 단계에서 억제 효과가 있음을 알 수 있다. 이를 통해 A가 제니스틴이 손상된 세포가 분열하는 단계에서 억제 효과가 있다고 볼 수 있으나 세포 내의 유전자 손상이 일어나는 개시 단계에서 유전자 손상을 억제하는 데 효과적이라고 보는지는 알 수 없다.

② B의 발화 1번째 줄을 통해 B 연구팀의 조사 대상은 200명의 여성이었음을 알 수 있다. 따라서 B가 흰 콩 식품이 여성의 폐암 발병 확률을 낮출 수 있다고 봄은 알 수 있으나 남성의 폐암 발병 확률을 낮출 수 있는지는 알 수 없다.

④ 검은 콩의 효능에 대한 내용은 대화에서 확인할 수 없다.

2

사랑이란 무엇인가?

| 플라톤의 '플라토닉 러브' | • 결핍에 대한 욕구와 열정
• 선(善)을 추구하는 행위
• '미'의 이데아에 대한 관조 |

정답 해설

④ 3문단에서 ①'플라톤'에게 사랑은 영혼을 따를 때 가장 아름답고 육체적 사랑보다는 선을 추구하는 것이라고 하였다. 또한 영혼을 따르는 사랑은 선에 도달하기 위해 욕망을 절제하고 이데아를 지향하는 것이라고 하였다. 4문단에서는 ①'플라톤'이 추구하는 숭고하고 성숙한 사랑은 일시적인 육체적 사랑이 아니라 절대적이고 영원한 사랑이며, '미'의 이데아에 대한 관조를 이루는 것이라고 하였다.

이를 통해 ①'플라톤'은 육체적 욕망이나 육체적 사랑을 절제하고 이데아에 대한 관조의 자세를 지니는 것이 진정한 사랑이라고 여길 것임을 알 수 있다. 따라서 ④는 ①'플라톤'의 주장을 강화하는 진술로 적절하다.

오답 분석

① 2문단 1~2번째 줄에서 ①'플라톤'은 사랑을 이미 갖고 있는 것이 아닌 갖지 못한 것에 대한 갈망, 결핍된 것이 지닌 아름다움을 향한 욕망이라고 하였다. 따라서 ①'플라톤'에 의하면 인간은 이미 갖고 있는 것보다 갖지 못한 것을 더 원할 것이므로 ①은 ①'플라톤'의 주장을 강화하는 진술로 적절하지 않다.

② 2문단 끝에서 1~2번째 줄에서 ①'플라톤'이 말하는 사랑이 '플라토닉 러브'임은 알 수 있으나 4문단 1번째 줄에서 사랑은 육체적 사랑에서 영혼의 사랑으로 나아간다고 말하였으므로 육체적 사랑을 배제한다는 ②는 ①'플라톤'의 주장을 강화한 진술로 적절하지 않다.

③ 2문단 1~2번째 줄에서 ①'플라톤'은 사랑을 갖지 못한 것에 대한 갈망이자 결핍된 것이 지닌 아름다움을 향한 욕망이라고 하였다. 이때 2문단 2~3번째 줄에서 ①'플라톤'은 에로스가 지혜가 결핍되었기 때문에 사랑하게 되었다고 설명하고 있다. 따라서 에로스가 지혜를 완전하게 소유하여 결핍되지 않았다면 사랑하지 않았을 것이라고 추론할 수 있으므로 ③은 ①'플라톤'의 주장을 강화한 진술로 적절하지 않다.

3 [출전] 2000학년도 대수능 변형

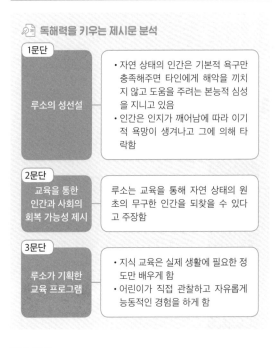

1문단 루소의 성선설	• 자연 상태의 인간은 기본적 욕구만 충족해주면 타인에게 해악을 끼치지 않고 도움을 주려는 본능적 심성을 지니고 있음 • 인간은 인지가 깨어남에 따라 이기적 욕망이 생겨나고 그에 의해 타락함
2문단 교육을 통한 인간과 사회의 회복 가능성 제시	루소는 교육을 통해 자연 상태의 원초의 무구한 인간을 되찾을 수 있다고 주장함
3문단 루소가 기획한 교육 프로그램	• 지식 교육은 실제 생활에 필요한 정도만 배우게 함 • 어린이가 직접 관찰하고 자유롭게 능동적인 경험을 하게 함

정답 해설

④ 제시문에서 루소는 이기적 욕망으로 인해 타락한 인간에게 잃어버린 자연을 되찾아 주면 선하고 자유로우며 행복한 사회를 이룰 수 있다고 하였으며, 그것은 교육을 통해 가능하다고 하였다. 이때 밑줄 친 부분은 지식 학습은 최소화하고 관찰과 경험을 강조하는 소극적인 의미의 교육 방법을 제시하고 있다. 따라서 밑줄 친 부분에 대한 비판으로 가장 적절한 것은 열심히 공부해야 (지식을 쌓아야)한다는 내용을 담고 있는 ④이다.

• 논 자취는 없어도 공부한 공은 남는다: 놀지 않고 힘써 공부하면 훗날 그 공적이 반드시 드러날 것이니 아무쪼록 공부에 힘쓰라는 말

오답 분석

① 불필요한 지식을 많이 습득하는 것이 오히려 아이들에게 해롭다는 내용은 지식 교육을 최소화해야 한다는 루소의 교육 방법과 일치하므로 밑줄 친 부분에 대한 비판으로 적절하지 않다.

• 아는 것이 병: 정확하지 못하거나 분명하지 않은 지식은 오히려 걱정거리가 될 수 있음을 이르는 말

② 어린 시절 형성된 성격은 변하지 않는다는 것은 루소의 교육 방법과는 관련이 없으므로 밑줄 친 부분에 대한 비판으로 적절하지 않다.

• 세 살 적 버릇이 여든까지 간다: 어릴 때 몸에 밴 버릇은 늙어 죽을 때까지 고치기 힘들다는 뜻으로, 어릴 때부터 나쁜 버릇이 들지 않도록 잘 가르쳐야 함을 비유적으로 이르는 말

③ 교육 환경이 중요하다는 것은 루소의 교육 방법과는 관련이 없으므로 밑줄 친 부분에 대한 비판으로 적절하지 않다.

• 고기도 큰물에서 노는 놈이 크다: 물고기도 큰물에서 자라는 놈일수록 더욱 크기 마련이라는 뜻으로, 사람도 좋은 환경에서 교육을 잘 받아야 훌륭한 사람으로 자라날 수 있다는 말

DAY 15

p.62

1 ②　　　**2** ③　　　**3** ③

1 [출전] 2014년 5급 PSAT 언어논리

🔍 **독해력을 키우는 제시문 분석**

| A | • 고대 인간의 수명은 자연의 이치에 따름
• 고대의 질병은 사고로 인한 손상뿐이라 후대인들에 비해 장수함
• 질병은 고대 이후의 문명 진보에 따른 과로, 나태, 행복, 궁핍이 낳은 부산물임 |

| B | • 문명의 진보는 인간 수명의 혁명을 일으킴
• 문명 진보에 따라 사회적 평등이 개선되어 수명이 연장됨
• 문명 진보에 따라 의학이 발달하여 질병 치료 가능성이 높아져 수명이 연장됨 |

| C | • 영생을 산다는 것이 곧 행운을 의미하는 것은 아님
• 영생을 살더라도 한순간의 젊음 후에 노년으로만 산다면 죽음을 갈망하며 살게 됨 |

정답 해설

② A~C에 대한 평가로 적절한 것은 ㄱ, ㄷ이다.
- ㄱ: A는 질병을 문명의 부산물이라고 여기며 문명에 대한 부정적인 입장을 취하고 있다. 따라서 문명의 진보가 인간의 기대 수명을 늘렸다는 것은 A의 입장을 약화하는 사례이므로 ㄱ의 평가는 적절하다.
- ㄷ: C는 영생을 사는 종족의 이야기를 통해 영생을 사는 것은 고통스러운 것이며, 영생이 행복한 삶을 의미하지는 않는다고 주장한다. 즉, C는 수명을 연장하는 것이 인간의 행복을 결정하는 것이 아니라는 입장을 취하고 있음을 알 수 있다. 따라서 얼마나 오래 사느냐보다 얼마나 잘 사느냐가 중요하다는 연구 결과는 C의 입장을 강화하는 사례이므로 ㄷ의 평가는 적절하다.

오답 분석

- ㄴ: B는 문명이 진보함에 따라 환경이 개선되고 의학이 발달하여 질병 치료 가능성이 높아짐에 따라 수명이 늘어난다고 보았다. 이때 ㄴ에서 고대 부족의 사망 원인인 전염병이 문명화된 군대로부터 옮아 오는지 알 수 없으며 B의 주장과도 관련이 없다. 따라서 ㄴ의 평가는 적절하지 않다.

2 [출전] 2003학년도 고3 6월 모의평가 변형

🔍 **독해력을 키우는 제시문 분석**

노동 시간 단축에 대한 노동자·사용자 간 협의

| 노동자 | 주장) 노동 시간의 단축을 찬성함
근거) • 노동 시간의 양이 줄더라도 노동자의 자기 계발을 통해 업무 수행 능력을 높여 기업의 질적 성과가 높아질 수 있음
• 인간관계를 회복하고 재충전의 기회를 제공해 생산성 향상에 기여할 수 있음
• 장시간 노동으로 인한 직업병, 산업 재해를 줄일 수 있음 |

| 사용자
(기업가) | 주장) 노동 시간의 단축은 점진적으로 도입해야 함
근거) • 시간 외 업무에 대한 초과 비용이 발생해 인건비 부담이 커질 것임
• 노사 갈등이 발생해 노동 비용이 상승할 것임
• 중소기업은 인력난을 겪을 가능성이 큼 |

정답 해설

③ 기업가는 기업가의 발화 1~3번째 줄에서 법정 노동 시간이 단축되더라도 실제로 노동 시간이 단축되지 않을 것이며, 오히려 시간 외 일에 대한 초과 임금을 지급하게 되어 인건비 부담이 커질 것이라고 하였다. 따라서 기업가 측은 노동 시간이 단축되더라도 인건비는 오히려 줄어들지 않을 것으로 예상함을 알 수 있다. 따라서 답은 ③이다.

오답 분석

① 노동자는 노동자의 발화 끝에서 1~4번째 줄에서 노동 시간이 단축되면 가족, 이웃과 함께할 수 있는 시간이 늘어나 재충전의 기회를 가질 수 있게 되어 직장과 일에 애정을 느끼게 되고 결과적으로 생산성을 향상시킬 수 있다고 하였다. 하지만 생산성 감소가 노동자의 사기 저하에서 오는지는 노동자의 발화를 통해 알 수 없다. 따라서 ①은 적절하지 않다.

② 기업가는 노동 시간 단축이 기업의 인건비 부담 가중으로 인한 경쟁력 저하, 노동 비용 상승, 인력난 발생 우려 등이 발생할 수 있다고 언급하며 기업가 측의 부담을 강조하고 있을 뿐 노동자 측의 부담을 언급하고 있지 않다. 따라서 ②는 적절하지 않다.

④ 노동자는 노동 시간 단축이 자기 계발 기회의 확대, 가족이나 이웃과 함께 보내는 시간 증가로 인한 인간관계 회복 등을 언급하며 노동자의 삶의 질이 향상될 수 있음을 강조하고 있다. 따라서 노동자는 삶의 질을 중요시함을 알 수 있으나 소득 감소보다 더 중시하는지는 확인할 수 없다. 따라서 ④는 적절하지 않다.

정답·해설　해커스임용편 국어 추론형 독해 333 Vol. 1

독해력을 키우는 제시문 분석

	정치의 역할
1~2문단	**불확정적 상황성** • 인간에게 당혹감을 줌 • 인간의 지성과 자유를 실현하는 데 기여하며, 개인의 독특한 자아실현과 집단적 삶의 다채로운 양태를 발생시키는 조건이 됨
3문단	**불확정적 상황성과 정치의 관계** • 불확정적 상황 속에서 인간이 성취한 다채로운 문명과 개성을 보호하는 역할을 함
4문단	**정치의 역할** • 외면적 활동: 문명의 표면에 작용하며 문명의 해체를 막음

정답 해설

③ • ㄴ: 2문단 1~3번째 줄에서 불확정적 상황성은 인간에게 당혹감을 준다고 하였다. 하지만 2문단 끝에서 1~3번째 줄에서 불확정적 상황성은 인간의 지성과 자유를 실현하는 데 불가피한 조건임과 동시에 3문단 2~3번째 줄에서는 정치를 불확정적 상황성 속에서 인류 문명과 개성을 보호하는 역할을 수행하는 대상으로 바라보고 있다. 이는 정치의 긍정적 역할을 설명하기 위한 것일 뿐, 이를 통해 불확정적 상황성이 인간에게 정치에 대한 막연한 공포심을 심어준다는 내용을 이끌어 낼 수는 없으므로 ㄴ의 추론은 적절하지 않다.

• ㄷ: 2문단에서 불확정적 상황성은 인간에게 당혹감을 주지만 인간의 행위에 의미와 가치를 부여함과 동시에 개인의 독특한 자아실현과 집단적 삶의 다채로운 양태를 발생시킨다고 하였다. 또한 3문단 1~2번째 줄을 통해 정치가 추상적이고 일반적인 행위의 규칙을 확립하고 안정된 질서의 틀을 제공한다고 하였다. 이는 불확정적 상황성 속에서 인간의 문명과 개성을 보호하는 정치의 역할을 설명하기 위한 것일 뿐, 이를 통해 정치가 불확정적 상황성을 제거하는지에 대한 내용을 이끌어낼 수는 없으므로 ㄷ의 추론은 적절하지 않다.

오답 분석

• ㄱ: 4문단을 통해 정치는 문명의 핵심이 될 수 없으며 문명의 표면에서 작용하는 외면적 활동으로 문명의 해체를 막아 준다고 하였다. 이를 통해 정치는 문명의 핵심인 철학, 문화, 역사, 과학을 보호하는 역할을 함을 알 수 있다. 따라서 정치가 문명을 지탱함으로써 인류 문명이 존속될 수 있도록 보조한다는 ㄱ의 추론은 적절하다.

1 ②　　　**2** ①　　　**3** ③

1

독해력을 키우는 제시문 분석

갑의 주장	• 타인의 불행을 불쌍히 여기는 것은 인간 자신에게도 올지 모르는 미래에 감정 이입하여 느끼는 이기심 때문임 • 타인을 돕는 행위는 자신의 이익과 스스로의 만족을 위해임
을의 주장	• 타인의 불행을 보고 가엽게 여기며 돕는 행위가 꼭 자신의 이익을 위한 것만은 아님 • 자신의 행복이 보장되지 않는데도 선한 의지로 행한 타인을 돕는 행위는 진정한 도덕적 가치를 지님

정답 해설

② 을은 두 번째 발화에서 타인을 돕는 행위가 스스로의 선한 의지로 행할 때는 진정한 도덕적 가치를 지니며, 타인을 돕는 행위가 자신의 행복을 위한 수단이 될 때는 그 가치가 떨어짐을 추론할 수 있다. 따라서 봉사라는 행위는 어떤 것이 목적인지에 따라 봉사가 자신의 이익이나 만족을 위한 수단이 될 수도 있고, 도덕적 행위가 될 수도 있으므로 ②의 이해는 적절하지 않다.

오답 분석

① 갑은 두 번째 발화에서 타인의 불행을 보고 동정심을 느끼는 것도 본인의 이기심에 의해 느끼는 감정이라고 생각하며, 타인을 돕는 행위도 결국 자신의 이익과 만족을 위해서라고 생각한다. 따라서 갑이 이타적인 행동은 존재하지 않는다고 본다는 ①의 이해는 적절하다.

③ 을은 두 번째 발화에서 행복이 보장되지 않았음에도 스스로 선한 의지로 도덕적 행위를 할 때 그 행동이 진정한 도덕적 가치가 있는 것이라고 하였고 인간의 행위가 어떤 것을 목적으로 하는지에 따라 가치가 결정된다고 하였다. 따라서 을이 행위의 도덕적 가치를 행위의 목적이 개인의 이익 추구(행복)가 아닌 개인의 선의 추구인지의 여부에 따라 결정한다고 보는 ③의 이해는 적절하다.

④ 갑은 타인의 불행을 보고 동정심이 생기는 것을 자신에게 다가올지도 모르는 불행을 간접 경험하여 일으키는 감정이라고 설명한다. 따라서 갑은 타인의 불행이 자신에게 다가올 가능성이 전혀 없는 것이라면 동정심 역시 생기지 않을 것이라고 볼 것이므로 ④의 이해는 적절하지 않다.

2

🔍 **독해력을 키우는 제시문 분석**

화제 제시
총기 소유의 법적 규제 문제

↓

반대		찬성
• 총기 소유 규제는 개인의 권리(자기방어권 등)를 제한함 • 불법적으로 소유한 총기는 이미 법망을 벗어나 있으므로 규제가 어려움	↔ 대립	• 총기 사용을 제한함으로써 공공 안전을 증진함 • 총기 소지율이 높을수록 자살률이 높으므로 총기 소유를 제한해야 함 • 개인의 권리, 자유와 공공의 이익, 사회적 안전과의 균형을 이룸

정답 해설

① 1문단 3~5번째 줄에서 총기 소유 규제를 반대하는 ㉠은 총기 소유 규제가 자기방어권을 제한하는 것이며, 총기는 개인과 가족을 위협으로부터 보호하는 수단이라고 주장하고 있으므로 총기를 방어 수단으로 여기고 있음을 알 수 있다. 총기를 대체할 만한 다른 방어 수단이 있음을 제시해야 하는 것은 총기 소유의 법적 규제를 찬성하는 ㉡이므로 ①은 ㉠의 주장에 대한 비판으로 적절하지 않다.

오답 분석

② 1문단 5번째 줄에서 ㉠은 총기가 국가의 독재나 탄압에 저항하기 위한 수단이라고 주장하고 있으므로 그러한 총기 사용의 정당성을 입증하라고 요구하는 비판은 적절하다.

③ 2문단 끝에서 1~2번째 줄에서 ㉡은 총기 소유를 규제하는 것이 개인의 권리와 자유, 공공의 이익과 사회적 안전 사이의 균형 있는 접근라고 주장하고 있으나 뒷받침하는 근거가 없으므로 주장을 뒷받침할 자료를 제시하라고 요구하는 비판은 적절하다.

④ 2문단 2~4번째 줄에서 ㉡은 미국 연방 질병통지센터의 연구 결과를 근거로 총기를 소지하는 것이 자살률이 높아 공공 안전을 위협함을 주장하고 있다. 하지만 이는 미국 사회에 한정된 것으로 다른 국가들과의 차이나 사회적 요인이 고려되지 않은 연구 결과이므로 모든 상황에서 적용할 수 있는 또 다른 근거를 제시하라고 요구하는 비판은 적절하다.

3 [출전] 2023년 5급 PSAT 언어논리 변형

🔍 **독해력을 키우는 제시문 분석**

지식의 귀속 문제: 한 사람이 특정 지식을 가졌는지를 다른 사람이 판단하는 것과 관련

입장 X	• 평가자는 평가 대상자와 관련된 이해관계가 중요할수록 더 엄격한 기준을 적용함

| 입장 Y | • 평가자는 평가 대상자와 관련된 이해관계와 무관하게 동일한 기준을 적용함 |

정답 해설

③ 제시문에서 추론할 수 있는 것은 ㄴ, ㄷ이므로 답은 ③이다.

- ㄴ: 입장 X가 지식 귀속 문제의 기준의 엄격도를 결정하는 기준은 대상자의 이해관계의 중요도이기 때문에 희수의 동기가 서현이의 동기보다 중요하다고 평가될 경우, m(평가자가 추정한 희수의 검토 횟수)이 n(평가자가 추정한 서현이의 검토 횟수)보다 많을 것이라고 주장해야 입장 X와 부합한다.

- ㄷ: 제시문에서 두 사례를 이용한 실험의 목적은 1문단 끝에서 1~2번째 줄에서 입장 X를 강화하기 위함임을 알 수 있다. 1문단에서 입장 X는 평가 대상자의 이해관계가 중요할수록 평가자가 평가 대상자에게 엄격한 기준을 적용한다는 입장임을 확인할 수 있다.

  위 실험의 두 사례 중 (가)의 희수보다 (나)의 서현이의 이해관계가 더 중요하므로 입장 X를 강화하기 위해서는 희수에게 필요한 검토 횟수(m)보다 서현에게 필요한 검토 횟수(n)가 더 많아야 한다. 따라서 평가자가 추정한 희수의 검토 횟수(m)가 3이고 서현의 검토 횟수(n)가 5일 경우, 위 실험의 목적을 달성한 것임을 추론할 수 있다.

오답 분석

- ㄱ: 1문단에서 입장 Y는 평가자의 대상자에 대한 지식 귀속 여부 판단은 평가 대상자의 이해관계와 무관하다고 주장함을 알 수 있다. (가)와 (나)는 평가 대상자의 이해관계가 다르나 동일한 검토 횟수가 필요하다는 결과가 나올 경우, 이는 입장 Y의 주장에 부합하므로 Y의 입장이 강화됨을 알 수 있다.

해커스공무원 국어 추론형 독해 333 Vol. 1

정답·해설

DAY 17 p.72

1 ④   **2** ③   **3** ④

1 [출전] 유시민 〈국가란 무엇인가〉

🔍 독해력을 키우는 제시문 분석

애국심: 자기 국민만을 사랑하는 감정

| 과거의 애국심 | 자국민을 보호하기 위해 다른 나라 침략 및 학살도 당연시함 |

| 현재(배경) | • 통신 수단의 발달, 산업, 무역, 예술, 과학의 연계성이 커짐에 따라 사람들끼리 긴밀한 관계를 맺음
• 이웃 국가 간 침략, 학살이 사라지고 평화 속에서 우호 관계를 이루며 살고 있음 |

| 예상 | 애국심이란 개념이 완전히 사라질 것임 |

| 결론 | 상호 국가 간 평화적 관계 속에서 오히려 애국심이 불타오르고 있음 |

정답 해설
④ 제시문은 '애국심'이란 개념을 정의한 뒤, 오늘날에는 침략, 정복 등의 위협이 사라졌고 사람들 간의 우호 관계가 형성되었기 때문에 '애국심'이 완전히 사라질 것이라는 예상을 제시했다. 이어서 예상과는 달리 '애국심'이 더욱 만연해지고 있는 현재의 상황을 서술하고 있으므로 제시문의 전개 방식에 대한 설명으로 가장 적절한 것은 ④이다.

오답 분석
①, ②, ③ 제시문과 관련 없는 설명이다.

2 [출전] 김호영 〈영화관을 나오면 다시 시작되는 영화가 있다〉

🔍 독해력을 키우는 제시문 분석

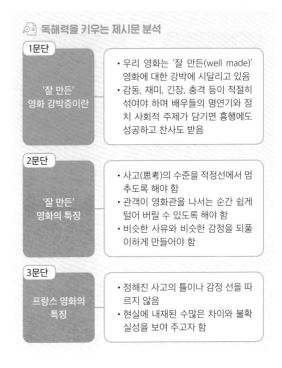

| 1문단
'잘 만든' 영화 강박증이란 | • 우리 영화는 '잘 만든(well made)' 영화에 대한 강박에 시달리고 있음
• 감동, 재미, 긴장, 충격 등이 적절히 섞여야 하며 배우들의 명연기와 정치 사회적 주제가 담기면 흥행에도 성공하고 찬사도 받음 |

| 2문단
'잘 만든' 영화의 특징 | • 사고(思考)의 수준을 적정선에서 멈추도록 해야 함
• 관객이 영화관을 나서는 순간 쉽게 털어 버릴 수 있도록 해야 함
• 비슷한 사유와 비슷한 감정을 되풀이하게 만들어야 함 |

| 3문단
프랑스 영화의 특징 | • 정해진 사고의 틀이나 감정 선을 따르지 않음
• 현실에 내재된 수많은 차이와 불확실성을 보여 주고자 함 |

정답 해설
③ 제시문에서 필자는 소위 '잘 만든(well made)' 영화에 대한 비판적인 시각을 드러내고 있다. ⓒ 앞뒤에는 '잘 만든' 영화로 인정받기 위해서는 적절한 선을 넘지 말아야 한다고 이야기하고 있다. 또한 ⓒ 뒤에서 적절한 수준이란 관객들이 생각을 털어 버리고 가벼운 머리로 빠르게 다시 일상으로 되돌아갈 수 있는 정도임을 설명하고 있다. 따라서 ⓒ에는 관객으로 하여금 감정의 변화나 새로운 사고를 하지 못하는 상태를 유지하도록 해야 한다는 내용이 들어가야 하므로 ⓒ을 '깨부숴야 한다'로 수정하는 것은 적절하지 않다.

오답 분석
① ㉠의 앞뒤에서 '잘 만든' 영화란 감동, 재미, 긴장, 충격 등을 적절히 섞은 것이며 그러한 영화가 좋은 영화로 떠받들어진다는 내용이 제시되어 있다. 따라서 ㉠을 '어떤 목표로 뜻이 쏠리어 향함'을 뜻하는 '지향(志向)'으로 수정하는 것은 적절하다. 참고로 '지양(止揚)'은 '더 높은 단계로 오르기 위하여 어떠한 것을 하지 않음'을 뜻하는 말이다.
② ㉡의 뒤에는 '잘 만든' 영화가 되기 위해서는 무엇보다 사고의 수준을 적정한 선에서 멈추어야 한다는 내용이 반어적으로 제시되어 있다. 따라서 ㉡에는 적절한 선을 제한해야 한다는 내용이 들어가야 하므로 ㉡을 '선을 넘지 말아야 한다'로 수정하는 것은 적절하다.

④ @의 뒤에는 프랑스 영화는 소위 '잘 만든' 영화와 달리 사고의 틀이나 감정 선을 따르는 것을 불쾌해하며 차이와 불확실성을 보여 주기 위해 노력한다는 내용이 제시되어 있다. 따라서 @에는 프랑스 영화가 '잘 만든' 영화와는 달리 적절한 선을 따르지 않는다는 내용이 들어가야 하므로 @을 '강한 거부감을 드러낸다'로 수정하는 것은 적절하다.

3 [출전] 농촌 진흥청 〈농업기술〉

 독해력을 키우는 제시문 분석

문제	• 화분매개벌을 사용하는 농가들의 벌 관리 기술이 미흡하고, 관련 정보도 부족함 • 병해충 출현과 기후 변화로 꿀벌 개체 수가 급감하여 화분매개 효율이 떨어짐
해결 방안	• '화분매개용 스마트 벌통'을 개발함 • 벌통 내부 환경 자동 제어가 가능할 정도로 '화분매개용 스마트 벌통'이 발전함

정답 해설
④ (라) - (가) - (다) - (나)의 순서가 가장 자연스럽다.

순서	중심 내용	순서 판단의 단서와 근거
(가)의 앞	벌은 꽃가루가 암술에 묻도록 돕는 화분매개 역할을 함	–
(라)	화분매개벌을 효과적으로 사용하려면 벌통 내부 환경과 먹이 관리가 필요함	키워드 '화분매개벌': (가)의 앞 문장에서 언급한 '화분매개'를 하는 '화분매개벌'에 대해 소개함
(가)	지금까지 화분매개벌을 사용하던 작물 재배 농가에서 벌 관리가 제대로 이루어지지 않았음	키워드 '벌 관리': (라)에서 언급한 '벌 관리'가 제대로 안되어 왔다는 실상을 말하며 다시 언급함
(다)	다양한 원인으로 인해 꿀벌 개체 수가 감소함에 따라 효과적인 벌 관리 기술의 필요성이 대두되었음	접속어 '그러나': (가)에서 언급한 작물 재배 농가의 상황과 상반되는 벌 관리가 중요해진 상황을 제시함
(나)	꿀벌 개체 수 감소 문제를 해결하기 위해 화분매개용 스마트 벌통이 개발 및 개선이 이루어짐	지시 표현 '이러한': (다)에서 언급한 꿀벌 개체 수 급감 문제를 가리킴
(라)의 뒤	화분 매개용 스마트 벌통은 상당한 수준으로 발전함	–

※ 출처: 농촌진흥청(http://www.rda.go.kr/)

1 ③   **2** ①   **3** ③

1 [출전] 배리 글래스너 〈공포의 문화〉

 독해력을 키우는 제시문 분석

1문단	언론의 양면성 • 언론은 공포를 생성하기도 하지만 긍정적 변화를 이끌어내기도 함
2문단	공포를 이용해 이익을 취하는 집단과 구별되는 언론의 특징 • 공통점: 공포를 유발함 • 차이점①: 언론은 공포의 정체를 비판, 폭로하기도 함 • 차이점②: 언론은 공포를 이용해 이익을 취하는 집단을 공격하기도 함
3문단	공포를 이용해 이익을 취하는 집단의 구체적 사례 • 질병 연구 단체: 질병의 위험성을 과장해 더 많은 연구 기금을 모으고자 함 • 경보 시스템 판매 회사: 범죄율이 감소하고 있음을 숨겨 더 많은 경보 시스템을 판매하고자 함
4문단	공포를 유발하려는 시도를 언론이 가로막은 예시 • 아동 살인 사건이 발생하는 경우, 해당 사건은 매우 예외적인 것이라고 말함 • 교내 총격 사건, 교내 살인 사건이 발생하였으나 학교 폭력 범죄는 줄어들고 있다는 논조의 보도를 하여 공포 유발을 막고자 함

정답 해설
③ 3문단에는 공포를 퍼트려 이익을 보는 집단의 사례가 제시되어 있다. 이때 ©이 포함된 문장에서는 경보 시스템을 판매하는 회사의 사례가 제시되는데, 이들이 경보 시스템을 더 많이 판매하기 위해서는 범죄율이 감소하고 있다는 사실을 감춰야 한다. 따라서 ©을 '숨기고'로 고치는 것은 적절하다.

오답 분석
① ③의 앞에는 언론은 공포를 퍼뜨리기도 하지만 공포의 정체를 폭로, 비판하거나 공포를 퍼트려 이익을 보는 집단을 공격하기도 한다는 내용이 제시되어 있다. 따라서 언론은 공포를 자신들의 이익을 위해서만 활용하는 다른 집단과 구별되어야 하므로 ③을 '동일시해야 한다'로 고치는 것은 적절하지 않다.

② 3문단에는 공포를 퍼트려 이익을 보는 집단의 사례가 제시되어 있다. ©이 포함된 문장에서 어떤 질병 연구 단체가 연구 기금을 더 많이 모으기 위해서는 그 질병의 심각성을 더 크게 드러내야 하므로 ©을 '축소함으로써'로 고치는 것은 적절하지 않다.

정답·해설

해커스공무원 국어 추론형 독해 333 Vol. 1

④ 3문단 끝에서 1~2번째 줄에서 누군가가 대중의 공포를 유발하고자 하는 경우 언론이 그것을 가로막는 경우가 있다고 하였다. 이때 ⓔ과 ⓔ 뒤의 문장에는 대중의 공포를 유발하려는 시도를 언론이 가로막는 예시가 제시되어 있다. 그러므로 ⓔ이 포함된 문장에서는 언론이 아동 살인 사건으로 인해 유발될 수 있는 대중의 공포를 막는 내용이 제시되어야 한다. 따라서 ⓔ에는 아동 살인 사건이 심각한 문제가 아닌 예외적인 사건이라는 내용이 들어가야 하므로 ⓔ을 '심각한 문제라고'로 고치는 것은 적절하지 않다.

2 [출전] 2008학년도 대수능 변형

🔍 독해력을 키우는 제시문 분석

> 토의 주제: 상수도 사업을 민영화할 것인가?

김 박사	• 상수도 사업 민영화는 근본적인 해결 방법이 아님 • 정부가 이미 상수도 사업과 관련해 충분한 전문성을 갖추고 있음
이 팀장	상수도 사업 민영화는 물값 인상이라는 새로운 문제를 야기할 것임
박 과장	• 상수도 사업 민영화로 인한 물값 인상은 불가피하지만 정부와 조율하면 인상 폭을 최소화할 수 있음 • 상수도 사업을 민영화하면 수질 및 서비스를 개선할 수 있고 시설 가동률과 누수율의 문제를 빠르게 해결할 수 있음

정답 해설

① 이 팀장은 프랑스에서 상수도 사업이 민영화가 된 이후 물값이 150% 인상되었다는 사례를 구체적 수치를 활용하여 제시함으로써 상수도 사업이 민영화가 되면 문제가 발생할 수 있다는 자신의 견해를 뒷받침하고 있다.

오답 분석

② 박 과장은 예상되는 반론인 수돗물 사업 민영화로 인한 문제점인 물값 상승에 대해서 극복 가능성을 언급하고 있을 뿐 사회적 통념을 근거로 논박하고 있지 않다.
③ 사회자는 두 번째 발화에서 김 박사에 의견에 예상되는 반론을 제시하고 있을 뿐 이해가 되지 않는 부분에 대한 타당한 근거 자료를 요구하고 있지 않다.
④ 김 박사는 상대방의 반론을 일부 인정하는 부분은 확인할 수 없다.

■ 비문학 지식 암기 노트

토의에서 사회자와 참여자의 역할

사회자	**과제 해결 임무** • 토의 참여자들에게 문제를 명확히 규정하기 • 토의 사항을 순서대로 제시해 주면서 적극적이고 진지한 의견 교환 장려하기 • 토의 내용의 요약 및 정리하기 **분위기 형성 유지 임무** • 원활한 토의 위해 자유롭고 편안하며 협조적인 분위기 조성하기 • 소극적인 참여자들에게 발언 기회를 균등하게 분배하기 • 토의 참여자들 간 갈등과 의견 충돌 조정 및 해결하기
참여자	• 토의 참여 전 미리 사전 지식 갖추어 해결 방안 마련하기 • 적극적이고 열성적으로 토의 참여하기 • 토의 절차 숙지 및 사회자의 지시에 따라 질서 지키기 • 다른 참여자의 의견 경청하기 • 어법에 맞는 말로 조리 있게 말하기 • 예의 바른 태도로 말하기 • 주제에서 벗어나거나 불필요한 말, 확실한 증거가 없는 말, 남의 감정을 상하게 하는 말하지 않기 • 남의 말 가로막지 않기 • 의견 충돌을 최소화하며 합의점을 찾도록 노력하기

3 [출전] 양민영 〈서양미술사를 보다2〉

독해력을 키우는 제시문 분석

> **신고전주의 화가 앵그르의 〈그랑 오달리스크〉**
>
> - 신고전주의 화가앵그르의 대표작으로 동방에 대한 환상을 묘사한 작품임
> - 동방 문화의 소품들을 세밀히 묘사하였음
> - 여인의 몸은 실제와 다르게 그렸는데, 이는 여성의 신체에 관능과 우아함을 더하기 위한 의도였음

정답 해설

③ (다) - (가) - (나)의 순서가 가장 자연스럽다.

순서	중심 내용	순서 판단의 단서와 근거
(가)의 앞	프랑스 화가 장 오귀스트 도미니크 앵그르는 스승인 다비드보다 고대 미술에 충실했음	-
(다)	낭만주의 미술과 대립하며 앵그르는 고대 미술의 원칙을 지키기 위해 엄격해짐	키워드 '앵그르가 살던 시대에는': 앵그르가 살았던 시대적 배경을 제시하며 엄격하게 고대 미술의 원칙을 지켰던 앵그르에 대해 부연 설명함
(가)	〈그랑 오달리스크〉는 유럽 미술가들이 좋아하는 동방의 하렘 장면을 묘사한 앵그르의 대표작임	키워드 '그랑 오달리스크': (다)에서 앵그르의 신고전주의적 예술관을 설명한 것에 이어 그러한 예술관이 적용된 앵그르의 대표작인 〈그랑 오달리스크〉를 소개함
(나)	〈그랑 오달리스크〉에 묘사된 오달리스크의 몸은 실제 사람의 몸과 다르게 묘사되어 있어 평론가들의 비난을 받기도 함	지시 표현 '이렇게 사실적으로 묘사된 사물': (가)에서 언급한 〈그랑 오달리스크〉에 섬세하게 묘사된 동방 소품들을 가리킴
(다)의 뒤	앵그르가 오달리스크의 몸을 실제와 다르게 그린 이유는 여성의 신체에 관능과 우아함을 더하기 위함이었음	-

---

1 ③   **2** ③   **3** ④

1 [출전] 2021학년도 고3 6월 모의평가 변형

독해력을 키우는 제시문 분석

> **영상 안정화 기술**
>
> 디지털 카메라 영상 촬영 시 움직임으로 인한 영향 최소화

광학 영상 안정화(OIS) 기술	• 빛을 이용하는 광학적 기술임 • OIS 기술을 사용하는 카메라 모듈은 렌즈 모듈, 이미지 센서, 자이로 센서, 제어 장치, 렌즈를 움직이는 장치로 구성됨 • 카메라 움직임을 자이로 센서가 감지하고 움직임의 방향과 속도를 제어 장치에 전달하고, 제어 장치가 렌즈를 이동하여 움직임을 보정함 • 렌즈의 이동 범위 한계로 인해 손 떨림 정도의 흔들림만 훌륭히 보정함
디지털 영상 안정화(DIS) 기술	• 소프트웨어를 이용하는 디지털 기술임 • 촬영 후 소프트웨어를 사용해 보정 • 역동적으로 촬영된 동영상도 보정

정답 해설

③ 제시문은 디지털 카메라로 영상 촬영 시 움직임에 의한 영향을 최소화하기 위한 두 기술에 대해 소개하고 있을 뿐, 해당 기술이 시간의 흐름에 따라 변했다는 내용은 찾을 수 없으며, 과학 기술사적 의의도 제시하고 있지 않다.
- 변천: 세월의 흐름에 따라 바뀌고 변함

오답 분석

① 1문단에서 디지털 카메라가 손의 미세한 떨림이나 걷거나 뛰는 행동 등으로 인해 영상이 흔들리는 것을 최소화하기 위해 영상 안정화 기술이 등장하였음을 설명하며 독자의 흥미를 유발하고 있다.

② 2문단 끝에서 1~4번째 줄에서 빛을 이용하는 광학 영상 안정화 기술이 작동하는 과정이 순차적으로 제시되어 있으며, 이를 통해 독자의 광학 영상 안정화 기술에 대한 이해를 돕고 있다.

④ 2문단 2~4번째 줄에서 광학 영상 안정화 기술을 사용하는 카메라 모듈을 렌즈 모듈, 이미지 센서, 자이로 센서, 제어 장치, 렌즈를 움직이는 장치로 나누어 설명하고 있고 렌즈 모듈은 여러 개의 렌즈로 구성되어 있다고 설명하고 있다. 즉 대상을 구성 요소별로 나누어 독자의 이해를 돕는 '분석'의 설명 방법이 사용되었다.

🔍 독해력을 키우는 제시문 분석

> 과거의 자유는 정치 지배자의 압제로부터 보호받는 것을 의미함(지배자와 인민은 적대적 관계임)

↓

> **지배자와 피지배자 간의 관계**
> • 지배자와 피지배자는 적대적 관계였음
>   - 지배자들은 세습이나 정복을 통해 장악한 권력을 피지배자들을 위해 사용하지 않음
>   - 지배자들의 권력은 피지배자를 탄압하는 데도 사용될 수 있음
> • 피지배자들에게는 다른 강자로부터 침탈을 막아 줄 수 있는 최고 강자(지배자)가 필요했음
>
> ↓
>
> '자유(liberty)'의 발생
> • 지배자의 억압으로부터 보호받는 것에서 출발함
> • 권력에 제한을 가해 지배자가 행사할 수 있는 힘의 한계를 제한하고자 함

↓

> 자유는 권력에 대해 제한을 가하는 것으로 의미가 변화함

정답 해설

③ ⓒ이 포함된 문장에는 한 나라 안에서 약자들이 여러 강자들에게 침탈을 당하는 것을 막기 위해 힘이 센 최고 강자가 필요하다는 내용이 제시되어 있다. 이때 ⓒ 바로 앞의 '그들 모두'는 약자들을 침탈하는 '강자들'을 의미하므로 '그들'은 보호의 대상이 아닌 '제압'의 대상임을 알 수 있다. 따라서 ⓒ을 '보호할 수 있을 만큼'으로 고쳐 쓰는 것은 적절하지 않다.

오답 분석

① ㉠의 뒤에서 이들이 세습이나 정복을 통해 권력을 잡았다고 말하고 있으므로 ㉠은 한 사람이나 한 부족 또는 한 계급이 권력을 차지했다는 의미와 통하는 '장악했다'로 고치는 것이 적절하다.

② ㉡의 앞에서 지배자가 외적의 침입을 막기 위해 권력을 행사하는 것은 불가피한 일이지만 동시에 권력을 행사하는 일은 위험한 결과를 초래할 수 있다고 하였다. 따라서 ㉡에는 위험한 결과를 가져올 수 있는 부정적인 내용이 들어가야 하므로 '억누르는 데로' 고쳐 쓰는 것이 적절하다.

④ ㉣의 앞에서 약자들은 자신들을 침탈하는 강자들을 제압할 수 있는 최고 강자를 필요로 하면서도 최고 강자가 다시 자신들을 괴롭힐 것을 경계하였고, 그로 인해 최고 강자의 권력에 제한을 가하고자 했다고 하였다. 또한 ㉣의 뒤에서 '이렇게 권력에 대해 제한을 가하는 것'이라고 표현하였으므로 ㉣에는 최고 강자(권력자)의 권력을 제한한다는 의미와 통하는 '규정하고자'로 고쳐 쓰는 것이 적절하다.

🔍 독해력을 키우는 제시문 분석

스마트폰 중독	SNS 중독	매운맛 중독	카페인 중독

↓ 귀납

> 우리 문화와 생활 곳곳에 중독이 찌들어 있다.

정답 해설

④ 제시문과 ④에는 모두 개별적인 특수한 사실이나 원리로부터 일반적이고 보편적인 명제 및 법칙을 이끌어 내는 '귀납 추론'의 논증 방식이 사용되었다.
• 제시문: 현대 사회 곳곳에서 보이는 개별적인 중독 사례(스마트폰 중독, SNS 중독, 매운맛 중독, 카페인 중독)를 통해 '우리 문화와 생활 곳곳에 중독이 찌들어 있다'는 일반적이고 보편적인 결론을 내린 것으로 보아 귀납 추론의 논증 방식이 사용되었음을 알 수 있다.
• ④: 4대 문명 모두 큰 강 유역에서 발달되었다는 개별적인 사례(이집트의 나일강, 메소포타미아의 티그리스와 유프라테스강, 인도의 인더스강, 중국의 황허강 지역)를 통해 '물을 구하기 쉬운 곳이어야 문명이 발전할 수 있다'라는 결론을 내린 것으로 보아 귀납 추론의 논증 방식을 사용되었음을 알 수 있다.

오답 분석

① '수학을 잘하면(P) 논리력이 뛰어날 것이다(Q)'라는 조건(P)과 결론(Q)으로 이루어진 가언 명제와 '논리력이 뛰어나다면(Q) 지능이 높을 것이다(R)'라는 조건(Q)과 결론(R)으로 이루어진 가언 명제를 통해 '수학을 잘하면(P) 지능이 높을 것이다(R)'를 이끌어 내는 가언 삼단 논법이 사용되었다.

② '살인 사건의 용의자로 지목된 현수와 민석이 중 한 명이 진범이다'라는 것은 살인 사건의 범인(R)이 현수이거나(P) 민석이임(Q)을 의미하므로 선언 명제에 해당함을 알 수 있다. 이때 경찰 조사 결과 현수가 범인이 아님이 밝혀졌으므로(~P), 민석이(Q)가 살인 사건의 진범(R)이라는 결론을 도출하는 선언 삼단 논법이 사용되었다.

③ '하루에 30분 이상 꾸준히 달리기를 하는 모든 사람은(P) 면역력이 높다(Q)'라는 정언 명제와 '러닝 클럽(running club)에서 활동하는 사람들은(R) 반드시 하루에 1시간씩 달리기를 한다(= 하루에 30분 이상 달리기를 함)(P)'라는 정언 명제를 통해 '러닝 클럽에서 활동하는 사람들은(R) 면역력이 높다(Q)'라는 결론을 이끌어 내는 정언 삼단 논법이 사용되었다.

1 ②   **2** ④   **3** ②

1

📖 독해력을 키우는 제시문 분석

협력의 원리

양의 격률	• 필요한 양만큼의 정보만을 말하라. • 필요 이상의 정보를 말하지 마라.
질의 격률	• 거짓된 정보를 말하지 마라. • 근거가 불충분한 말을 하지 마라.
관련성의 격률	• 대화 화제와 관련된 것만 말하라.
태도의 격률	• 모호하거나 애매한 표현을 피하라. • 간결하고 조리 있게 말하라.

정답 해설

② 〈보기〉와 ②는 모두 상대방이 묻는 말의 화제(쇼핑/발표)와 관련이 없는 대답을 하고 있으므로 '관련성의 격률'을 위배하고 있다. 따라서 답은 ②이다.

오답 분석

① '평생 손에 물 한 방울 안 묻히고 살게 하는 것'은 불가능하므로 진실된 정보를 말한 대답한 것이 아니다. 따라서 ①은 '질의 격률'을 위배하였다.

③ 이번 주 회식 시간을 잡기 위한 일정을 묻는 말에 명확하게 답변하지 않고 모호한 표현을 사용하고 있으므로 ③은 '태도의 격률'을 위배하였다.

④ 다음 달에 가는 여행지를 묻는 말에 독일에 이민 간 이모네 집에 들르고 싶다는 필요 이상의 정보를 제공하였으므로 ④는 '양의 격률'을 위배하였다.

■ 비문학 지식 암기 노트

협력의 원리 '대화 함축'

정의	협력의 원리를 의도적으로 어김으로써 발화 의도를 함축적으로 전달하는 것
예시	A: 어떻게 이렇게 중요한 발표에서 실수할 수 있니? B: 음, 우리 잠깐 산책이나 할까? → 관련성의 격률을 의도적으로 어김으로써 위기 상황을 회피하고자 하는 의도를 드러냄

2 [출전] 구가야 아키라 〈최고의 휴식〉

📖 독해력을 키우는 제시문 분석

인지 활동을 하지 않는다고 해서 뇌가 쉬는 것이 아닌 이유

자동차의 공회전	운행하고 있지 않지만 엔진은 작동하기 때문에 연료가 소비됨

↓유추

디폴트 모드 네트워크 (뇌 회로)	인지 활동과 같은 의식적인 활동을 하지 않지만 뇌 회로에서 기초 활동을 하기 때문에 에너지가 소비됨

정답 해설

④ 3문단에서 뇌가 의식적인 활동을 하지 않을 때도 작동하는 네트워크가 디폴트 모드 네트워크임을 알 수 있으며 4문단에서 디폴트 모드 네트워크가 지나치게 활성화되면 가만히 있어도 뇌가 지친다고 설명하였다.

이때 ⓔ 앞에는 하루 종일 가만히 있었다는 내용이 제시되어 있으므로 이를 통해 뇌가 의식적인 활동(인지 활동)을 하지는 않았을 것임을 추론할 수 있으며, 그럼에도 피곤한 이유는 디폴트 모드 네트워크가 지나치게 활성화되었기 때문임을 추론할 수 있다.

따라서 ⓔ의 자신의 뇌가 자기도 모르게 지나치게 인지 활동을 한 것은 아닌지 점검해 볼 필요가 있다는 내용은 글의 흐름과 맞지 않으므로 ④의 수정한 내용은 적절하다.

오답 분석

① ㉠ 앞에서 인지 활동을 하지 않는다고 해서 뇌가 쉬는 것이 아니라고 했으므로 문맥상 에너지를 채울 가능성이 있다는 내용으로 고치는 ①은 적절하지 않다.

② ㉡ 앞에서 전체 체중의 2퍼센트를 차지하는 뇌가 전체 에너지의 20퍼센트를 사용한다는 내용이 나왔으므로 문맥상 뇌를 '대식가'에 비유하는 것이 적절하므로 '미식가'에 비유하는 것으로 고치는 ②는 적절하지 않다.

③ ㉢ 앞에 '즉'이 사용되었으므로 앞 내용이 다시 언급될 것임을 알 수 있다. ㉢ 앞 문장에서 뇌의 디폴트 모드 시스템을 자동차의 아이들링(공회전)을 통해 생각하면 이해하기 쉽다고 말하였다.

그러므로 자동차가 운행하고 있지 않지만 엔진은 작동하여 연료를 소비하는 공회전과 같이 ㉢에도 문맥상 우리의 뇌도 의식적인 활동을 하지 않아도 에너지를 쓰고 있다는 내용이 와야 한다. 따라서 일을 하면서도 쉴 새 없이 공회전하며 에너지를 사용하고 있다는 내용으로 고치는 ③은 적절하지 않다.

정답·해설

해커스공무원 국어 추론형 독해 333 Vol.1

3 [출전] 강성률 〈이야기 서양 철학사〉

🔍 독해력을 키우는 제시문 분석

소크라테스의 교육 방법

- 인간 스스로 자발적 사유 작용으로 절대적 진리를 깨닫게 함
- 산파술(소크라테스적 반어법)
  - 질문과 응답 형식의 대화를 함
  - 스승의 역할: 스스로 깨닫게 도와주는 사람 (≒ 산파)
  → 진리를 깨달음 (스스로의 무지를 깨달음)

정답 해설

② 제시문과 ②는 모두 두 대상이 비슷한 속성을 가졌다는 것을 근거로 다른 속성 또한 유사할 것이라고 추론하는 논증 방식인 '유추'를 사용하였다.
- 제시문: 산파의 역할 ≒ 스승의 역할
  - 산파의 역할은 산모의 아이를 대신 낳아 주는 것이 아니라, 산모 스스로가 아이를 잘 낳도록 돕는 역할임
  - 이와 마찬가지로 스승의 역할은 배우는 사람에게 진리를 직접 제공하는 것이 아니라 스스로가 진리를 깨달을 수 있도록 돕는 역할임
- ②: 유기체 ≒ 사회
  - 신체는 어느 한 곳이 아프면 제 기능을 하지 못함
  - 이와 마찬가지로 사회도 어느 한 부문에 문제가 생기면 나머지에도 영향을 미침

오답 분석

① 하나의 주장인 정(正)과 그에 모순되는 다른 주장인 반(反)을, 더 높은 종합적인 주장인 합(合)으로 통합하는 논증 방식인 '정반합'이 사용되었다.
- 정(正): 사용자는 직관적이면서도 단순한 인터페이스를 선호함
- 반(反): 사용자는 다양한 기능이나 고급 옵션을 활용하고 싶어 함
- 합(合): 복잡하지 않으면서도 다양한 서비스를 지원하는 제품을 개발하고 그러한 기능을 손쉽게 활용할 수 있는 방법을 고안해야 함
③ 정언 삼단 논법을 통해 일반적인 원리(대전제)에서 구체적인 주장(결론)을 이끌어 내는 '연역 추론'의 논증 방식이 사용되었다.
- 대전제(A → B): 지속적인 감정 불일치 경험은 감정 부조화 상태를 유발함
- 소전제(C → A): 감정 노동자는 감정 불일치 상태를 자주 경험함
- 결론(C → B): 감정 노동자는 감정 부조화 상태를 경험할 것임
④ 구체적인 사실에서 일반적인 법칙을 이끌어 내는 '귀납 추론'의 논증 방식이 사용되었다.
- 사례: 백화점의 매출을 담당하는 20%의 고객, 조직의 발전을 위한 헌신하는 소수의 직원, 전쟁 중 죽음을 각오하는 소수의 병사
- 결론: 인간 사회는 소수에 의해 견인되는 사회임

---

1 ③   **2** ④   **3** ③

1 [출전] 박희병 〈연암을 읽는다〉

🔍 독해력을 키우는 제시문 분석

문학과 예술이라는 텍스트를 읽는 일이란?

고통스러운 일
→ 텍스트를 읽는 일은 점점 빨라지고 생각하지 않는 요즘 세상에서 깊이 생각하고 사유해야 하는 일이기 때문임

많은 배움과 깨달음을 얻는 일
→ 사유를 통해 기다림과 연민을 배우고 슬픔을 응시해 내고 감추어진 아름다움을 읽어 내는 심안을 얻을 수 있기 때문임

세상·삶·자연이라는 텍스트를 읽는 일
→ 텍스트를 읽기 위해서 사유를 하고, 사유를 하면서 배움과 깨달음을 얻기 때문임

정답 해설

③ 제시문은 문학 작품이나 예술 작품과 같은 텍스트의 본질을 이해하기 위해서는 '사유'라는 고통스러운 과정이 필요하며 텍스트에 대한 사유를 통해 세상과 삶 그리고 자연을 이해할 수 있다고 하였다. 이때 ©은 철학적 관점에서 고통 자체의 순기능과 역기능을 이야기하고 있으므로 글의 통일성에 위배된다. 따라서 ③은 삭제하는 것이 바람직하다.

🔍 독해력을 키우는 제시문 분석

 (라)
- 세계 경제는 석탄의 대체재로 석유에 의존함
- 석유 매장은 일부 지역에만 한정돼 있어 이에 따른 영향력이 클 것이라 우려됨
- 실제로 석유 파동이 일어남

 (다)
- 석유 파동의 근본적인 원인은 자원 민족주의임
- 자원 민족주의란 선진국이 경제와 자원을 지배하는 것에 반발하여 자원은 자원이 매장되어 있는 국가의 소유라고 주장하는 움직임

 (나)
- 1973년 아랍권과 이스라엘의 전쟁 발발 후 중동 국가들은 석유의 생산과 수출을 통제함
- 이 여파로 원유 가격이 폭등하고, 여러 나라에서 두 자릿수 인플레이션을 겪으며, 각국 경제는 마이너스 성장을 기록하며 불경기를 겪음

 (가)
- 1차 석유 파동으로 우리나라는 물가 상승률이 폭등하고 경제 성장률은 반 토막 났음
- 1차 석유 파동 충격은 2년 동안 지속되었고, 1976년이 돼서야 경제가 회복되었음

정답 해설

④ (라) - (다) - (나) - (가)의 순서가 가장 자연스럽다.

순서	중심 내용	순서 판단의 단서와 근거
(라)	석유가 특정 지역에만 매장되어 있기 때문에 우려했던 석유 파동이 실제로 일어남	지시어나 접속어로 시작하지 않으면서 전체 내용을 포괄할 수 있는 '석유 파동'이라는 화제를 제시함
(다)	석유 파동은 자원 민족주의에서 기인함	키워드 '석유 파동의~원인': (라)에서 제시한 석유 파동의 발생 원인을 밝힘
(나)	1차 석유 파동으로 인해 세계 경제가 혼란에 빠짐	키워드 '1차 석유 파동': 1차 석유 파동으로 인해 세계 경제가 혼란에 빠졌으며, 마이너스 성장을 기록하였음을 설명함
(가)	우리나라는 1차 석유 파동의 충격이 특히 컸음	키워드 '우리나라는': 1차 석유 파동으로 인해 세계 경제가 혼란에 빠졌다는 (나)의 내용에 이어 우리나라의 피해가 특히 컸음을 설명함

🔍 독해력을 키우는 제시문 분석

 서론
교육청과 질병관리청에서 실시한 학생 건강 검사 및 청소년 건강 행태 조사 결과 청소년 음주가 작년에 비해 증가하였음

 본론
- 음주가 청소년에게 입히는 피해
  - 청소년은 신체적으로 미성숙하므로 음주로 인한 피해가 성인에 비해 크고 피해 증상이 장기적으로 지속됨
  - 중추 신경계에 심각한 손상을 입히고 신경 발달을 저해함
  - 음주는 청소년의 또 다른 비행의 입구가 되며 충동적으로 비행을 저지를 가능성을 높임
  - 절제력이 약하여 알코올 중독에 빠지기 쉬움

결론
청소년기에는 호기심으로라도 술을 마시지 말아야 함

정답 해설

③ ⓒ'알리어져 있다'에서 '알리어져'는 '사물이나 상황에 대한 정보나 지식을 알게 하다'를 뜻하는 사동사 '알리다'에 '-어지다'의 활용형 '-어지어'가 결합한 표현이므로 이중 피동 표현이 아니다. 따라서 ⓒ을 '알리어 있다'로 고치는 것은 적절하지 않다.

오답 분석

① '음주'는 '술을 마심'을 의미하므로 ㉠'청소년기에 술을 마시는 청소년 음주'는 의미가 중복된다. 따라서 청소년 음주로 고쳐 쓰는 것은 적절하다.

② ㉡'가르키다'는 '가리키다'를 잘못 쓴 것이므로 '가리키는데'로 고쳐 쓰는 것은 적절하다.
  • 가리키다: 어떤 대상을 특별히 집어서 두드러지게 나타내다

④ ㉢의 앞에는 알코올이 중독성이 강하고, 특히 청소년 시기는 절제력이 약하므로 알코올 중독에 빠지기 쉽다는 내용이 제시되어 있다. 따라서 ㉢을 맥락상 결론에 해당하는 '청소년기에는 호기심으로라도 술을 마시는 일이 없어야 한다'로 고치는 것은 적절하다.

1 ④   **2** ③   **3** ③

1 [출전] 김일수 〈전환기의 형사정책〉

📑 **독해력을 키우는 제시문 분석**

	근대적 처벌 정책(처벌 중심)
범죄 정책	• 범죄인을 개선하는 교정 효과를 노림 • 과학적 지식을 활용한 범죄인 교화에 관심을 둠 • 범죄인의 개별성을 이해하기 위해 범죄인의 과거에 주목함
	새로운 위험 관리 기술(예방 중심)
	• 잠재적 범죄인을 구별하여 범행을 저지르기 전에 태도 교정을 목적으로 함 • 선존재하는 조건과 범죄 행위 사이의 상관관계를 밝혀 범죄인에게 내재된 위험 요소를 찾는데 관심을 둠 • 범행 후 조치를 취하는 것보다 사전에 예방하기 때문에 더욱 효율적이고 경제적임

정답 해설

④ (나) - (다) - (가)의 순서가 가장 자연스럽다.

순서	중심 내용	순서 판단의 단서와 근거
(가)의 앞	20세기 말까지 사회 전반에 예방의 중요성이 강조되어 왔음	-
(나)	근대적 처벌 정책은 범죄를 저지른 범죄인의 개선·교정과 개별성에 집중함	키워드 '근대적 처벌 정책': (가)의 앞 문장에서 언급한 예방 정책과는 반대되는 처벌 정책을 설명함
(다)	새로운 위험 관리 기술은 통계적인 방법을 통해 범죄인이 범행을 벌이기 전 가지고 있는 위험 요소에 집중함	접속어 '그러나': (나)에서 언급한 처벌 정책과는 상반되는 예방 정책과 관련된 내용을 제시함
(가)	잠재적 범죄자를 식별해 범행 전에 위험 요소를 제거하여 범행을 예방할 수 있음	지시 표현 '이들' : (다)에서 언급한 '범행에 앞서 범죄인에게 존재하는 조건들'을 가리킴
(다)의 뒤	범죄 진압보다 범죄 예방이 더 효율적이고 경제적임	-

2 [출전] 이인식 〈융합하면 미래가 보인다〉

📑 **독해력을 키우는 제시문 분석**

(다) 적정 기술의 정의	적정 기술은 현지에서 구한 재료로 소규모의 사람들이 생산할 수 있으며, 누구나 쉽게 배워서 사용할 수 있고, 에너지가 많이 필요하지 않은 환경 친화적인 기술임
(나) 적정 기술의 원조 '간디'	간디는 마을 중심의 전통 기술이 지역 경제의 자급자족에 필수적임을 강조하는 사회 운동을 펼침
(라) 최초로 적정 기술의 이론을 정립한 '슈마허'	슈마허는 적정 기술을 이론으로 정립하였고 그가 펴낸 『작은 것이 아름답다』를 통해 적정 기술 운동이 세계 각국에서 전개되도록 촉진하였음
(가) 제3 세계에 적정 기술이 적용된 실제 사례	제3 세계의 국가를 위한 적정 기술이 다양한 분야에 적용되고 있음 예 전기 대신 인력으로 돌아가는 '자전거 세탁기'

정답 해설

③ (다) - (나) - (라) - (가)의 순서가 가장 자연스럽다.

순서	중심 내용	순서 판단의 단서와 근거
(다)	적정 기술을 정의함	지시어나 접속어로 시작하지 않으면서 중심 화제인 '적정 기술'에 대한 정의를 내리고 있음
(나)	간디는 적정 기술을 처음 제시하였음	키워드 '적정 기술의 원조는': 적정 기술을 처음 제시한 간디에 대해 설명함
(라)	슈마허에 의해 적정 기술 이론이 처음 정립되었고, 적정 기술 운동이 전 세계적으로 전개됨	키워드 '간디에 이어': (나)에서 언급한 적정 기술의 원조인 간디에 이어 적정 기술 이론을 처음 정립한 슈마허에 대해 설명함
(가)	적정 기술은 제3 세계 국가의 다양한 분야에서 활용되고 있음	키워드 '제3 세계 국가의 주민들을 위해 개발된 적정 기술': (라)의 적정 기술 운동이 전 세계적으로 전개된 것에 대한 실제 사례를 제시함

3

📖 독해력을 키우는 제시문 분석

> 토론 논제: 위치 추적 전자 장치(전자 발찌) 착용 대상을 확대해야 한다.

찬성 1 **(입론)**	• 전자 발찌 착용 대상을 다른 범죄에까지 적용하면 범죄 예방 및 범죄율 감소에 효과가 있을 것임 • 개인의 인권 침해보다 범죄 예방이 더 중요함

↕

반대 2 **(반대 신문)**	전자 발찌 착용 대상을 확대하면 결국 국민의 인권 침해로 이어질 것임
반대 1 **(입론)**	전자 발찌 착용 확대는 그것이 주는 이익보다는 사회적 비용 증가라는 부작용이 더 큼

정답 해설

③ 찬성1은 전자 발찌 부착 대상이 다른 범죄에도 확대되면 국가가 국민을 과도하게 통제할 수 있다는 반대2의 주장에 대해 전자 발찌 부착 대상 확대가 개인의 인권을 침해할 가능성이 있음을 일부 인정하고 있다.

하지만 찬성1은 인권 침해라는 부작용보다는 범죄 예방의 중요성을 강조하며 입장을 고수하고 있을 뿐, 문제 해결을 위한 절충안을 제시하고 있지는 않으므로 ③의 설명은 적절하지 않다.

오답 분석

① 찬성1은 입론 단계에서 마약, 음주 운전, 스토킹 등의 범죄가 심각하나 그러한 범죄자에게는 전자 발찌 착용 의무가 없음을 제시하며 문제의 심각성을 언급하고 있다. 또한 그러한 상황이 지속될 경우 범죄율 및 사회적 불안감의 증가로 사회의 안전을 보장할 수 없음을 주장하며 문제 해결의 시급성을 강조하고 있다.

② 반대2는 찬성 측의 전자 발찌 착용 대상을 확대해야 한다는 주장에 대해 결국 그 범위가 경범죄까지 확대될 것이라고 말하며, 상대방 주장에 대해 부정적으로 전망하고 있다. 또한 국민을 과도하게 통제하는 상황이 벌어질 것이 분명하다고 역설하며 상대방의 주장을 비판하고 있다.

④ 반대1은 입론 단계에서 전자 발찌 착용 대상을 확대하는 것이 범죄 예방에 효과가 있을 수 있으나, 전자 발찌 착용 확대 시 발생하는 인건비, 전자 발찌 제작 비용 등에서 발생하는 사회적 비용이 더 클 것이라고 주장하고 있다. 또한 사회적 비용이 증가하는 상황을 '귀신 피하려다 호랑이 만난 격'이라고 표현했으므로 상대방이 제시한 해결 방안으로 얻을 이익보다 비용이 더 클 것으로 전망하고 있음을 알 수 있다.
  • 귀신 피하려다 호랑이 만난다: 한 가지 재화를 피하려다 도리어 더 큰 화를 당함을 비유적으로 이르는 말

---

1 ② **2** ② **3** ③

1 주영하 〈한국인은 왜 이렇게 먹을까?〉

📖 독해력을 키우는 제시문 분석

한반도의 숟가락	
은 숟가락	• 조선 시대 왕들이 사용함 • 독성 물질이 닿으면 변색되는 은의 성질을 이용해 독을 검출하는 역할을 함
놋쇠 숟가락	• 양반들이 주로 사용함 • 놋쇠는 비쌌기 때문에 가난한 사람들은 사용할 수 없었음 • 18~19세기에는 대부분의 사람들에게 좋은 숟가락으로 인식됨
나무 숟가락	가난한 농민들이 주로 사용함
버드나무 숟가락	• 계층을 막론하고 상례에서는 모두 버드나무로 만든 숟가락을 사용함 • 버드나무가 귀신을 물리친다고 여겨 '반함'때는 버드나무 숟가락을 사용함
스테인리스 스틸 숟가락	현재 사용하고 있는 숟가락

정답 해설

② (나) - (라) - (다) - (가)의 순서가 가장 적절하다.

순서	중심 내용	순서 판단의 단서와 근거
(나)	한반도에서는 식사 도구로 숟가락과 젓가락을 주로 사용함	한반도의 숟가락 모습의 변화 과정에 대한 질문을 통해 화제를 제시함
(라)	조선 시대에는 계층에 따라 숟가락을 달리 사용하였음	키워드 '조선 시대': (나)에서 질문한 숟가락 모양의 계승에 대한 질문에 '조선 시대'를 먼저 제시하며 답하고 있음
(다)	상례에서는 계층을 막론하고 버드나무로 만든 숟가락이 사용되었음	접속 표현 '그렇다고': (라)에서 설명한 가난한 사람들이 주로 나무 숟가락을 사용했다는 것을 인정하면서도 나무 숟가락이 홀대 받지는 않았음을 제시함

정답·해설

해커스공무원 국어 추론형 독해 333 Vol. 1

(가)	버드나무가 귀신을 물리칠 수 있다고 생각하여 반함 때 버드나무로 만든 숟가락을 사용함	키워드 '역시': (다)에서 언급한 버드나무 숟가락과 마찬가지로 《세종실록》에 나오는 나무 숟가락도 반함 때 사용되었음을 설명함

2 [출전] 김은기 〈쓸모없는 아이디어는 없다〉

📖 독해력을 키우는 제시문 분석

1문단	인간의 손 감각을 모방한 로봇 팔 개발 시도 • 인간 손 감각을 모방하는 연구는 촉각 센서로 개발되고 있음 • 장애인이 쥐고 잡을 수 있는 수준을 목표로 로봇 팔 개발이 진행되고 있음 • 쥐고 잡으려면 촉감을 통해 얼마나 세게 쥐어야 하는지를 알아야 함
2문단	인간의 촉각 센서와 동일한 방식의 인공 촉각 센서 개발 방법 • 인간의 촉각 센서는 수직 압력과 수평 압력을 느끼는 방식으로 작용함 • 인공 촉각 센서 역시 인간의 촉각 센서를 모방해 촉각을 느끼게 함 • 인공 촉각 센서에 온도 습도 센서를 함께 장치하면 모든 감각을 측정할 수 있음

정답 해설

② 제시문은 인공 촉각 센서 기술이 적용된 로봇 팔에 대해 설명하고 있다. 이때 2문단 ⓒ의 앞뒤에는 인간이 촉각 센서를 통해 촉각을 느끼는 원리와 이를 모방한 인공 촉각 센서가 감각을 측정하는 원리가 제시되어 있다. 하지만 ⓒ은 절단 사고 환자가 겪는 절단 부위의 환상통에 대해 이야기하고 있으므로 글의 맥락에 적절하지 않다. 따라서 ⓒ을 삭제하는 것이 바람직하다.

3 [출전] 정갑영 〈대학 교육의 혁신〉

📖 독해력을 키우는 제시문 분석

문제	• 한국의 대학은 구조 조정의 압박을 받고 있음 • 우수한 인재의 유치가 더욱 어려워짐
원인	• 인구 구조의 급격한 변화 • 세계적 경쟁의 심화
해결 방안	• 구조 조정을 통해 경쟁력을 제고해야 함 • 세계적으로 경쟁력 있는 대학을 확보해 고급 인재를 양성해야 함 • 대학의 특성에 따라 차별화된 정책으로 전환해야 함 • 글로벌 시대에 맞추어 외국 명문 대학과 자유롭게 경쟁할 수 있는 자율형 대학의 모형이 필요함

정답 해설

③ (가) - (라) - (나) - (마) - (다)의 순서가 가장 자연스럽다.

순서	중심 내용	순서 판단의 단서와 근거
(가)	한국 사회의 구조적 변화로 인해 한국 대학이 위기를 맞음	지시어나 접속어로 시작하지 않으면서 '한국 대학의 위기'라는 화제를 제시함
(라)	한국 대학이 위기에서 벗어나기 위해서는 대학의 양적 팽창을 지양하고 구조 조정을 통해 경쟁력을 키워야 함	지시 표현 '이러한': (가)에서 언급한 한국 대학의 사면초가 상태를 가리킴
(나)	세계적으로 경쟁력 있는 대학을 확보해야 함	접속 표현 '동시에': (라)에 이어 한국 대학의 사면초가 상태를 타개하기 위한 방법을 제시함
(마)	대학 특성을 고려한 차별화 정책을 시행해야 함	접속어 '따라서': (라)와 (나)에서 제시한 타개책을 근거로 한국 대학이 경쟁력을 확보할 수 있는 구체적인 방법을 제시함
(다)	글로벌 시대에 맞추어 외국 명문 학교와 자유롭게 경쟁할 수 있는 자율형 사립 대학 모형을 개발해야 함	키워드 '특히': (마)에서 언급한 차별화된 대학 정책의 구체적 예시 중 하나를 제시하여 강조함

DAY 24

p.96

1 ①   **2** ③   **3** ①

1

🔍 독해력을 키우는 제시문 분석

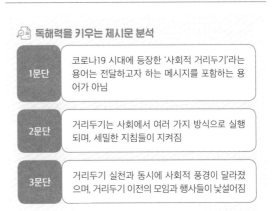

명제 'P(가정)이면 Q(결과)이다'가 참일 때

- 역(가정과 결과를 바꾸어 만든 명제)이 성립하지 않음 → 'Q이면 P이다'가 거짓임
- Q
- P
- Q는 P의 필요조건임 P는 Q의 충분조건임

- 역(가정과 결과를 바꾸어 만든 명제)이 성립함 → 'Q이면 P이다'가 참임
- P↔Q
- Q와 P는 서로의 필요충분조건임

정답 해설

① • (가): 1문단 4번째 줄을 통해 필요조건은 명제가 성립하기 위해 반드시 필요한 조건임을 알 수 있고 1문단 6~7번째 줄을 통해 충분조건은 명제가 성립하는데 충분한 조건을 의미하는 것으로 그 조건이 충족되면 명제가 참임을 보장하는 것임을 알 수 있다. 이때 2문단에서 '직각 삼각형(P)이면 삼각형(Q)이다'라는 명제에서 직각 삼각형은 각이 세 개이므로 삼각형이 맞다고 설명하므로 이 명제는 참임을 알 수 있다.

이를 바탕으로 P와 Q의 관계를 분석하면, 직각 삼각형(P)이라는 조건은 삼각형(Q)이 되기에 충분한 조건이지, 직각 삼각형(P)의 조건이 충족되지 않는다고 해서 삼각형(Q)이 성립하지 않는 것은 아니므로 P는 Q의 필요조건이 아님을 알 수 있다. 따라서 P는 Q이기 위한 충분조건임을 알 수 있다.

다음으로 삼각형(Q)이 아니라면 직각 삼각형(P)이 되지 않으므로 Q는 P이기 위한 필요조건임을 알 수 있다. 따라서 (가)에 들어갈 내용으로는 'P는 Q이기 위한 충분조건이고 Q는 P의 필요조건이다'가 적절하다.

• (나): 3문단을 통해 '물(P)이면 산소 원자 한 개와 수소 원자 두 개로 구성(Q)되어 있다'가 참임을 알 수 있다.

따라서 산소 한 개와 수소 원자 두 개의 구성(Q)은 물(P)의 필요조건이며, 물(P)은 산소 한 개와 수소 원자 두 개의 구성(Q)의 충분조건임을 알 수 있다.

이때 3문단 2~3번 줄에서 가정과 결과를 바꾼 명제인 '역'도 참이 성립한다고 하였으므로, 앞선 명제와 반대로 산소 한 개와 수소 원자 두 개의 구성(Q)은 물(P)의 충분조건이며, 물(P)은 산소 한 개와 수소 원자 두 개의 구성(Q)의 필요조건임을 알 수 있다. 그러므로 (나)에 들어갈 내용으로는 'P와 Q가 서로 필요조건과 동시에 충분조건임을'이 적절하다.

2

[출전] 김찬호 〈외면, 대면, 비대면〉

🔍 독해력을 키우는 제시문 분석

1문단	코로나19 시대에 등장한 '사회적 거리두기'라는 용어는 전달하고자 하는 메시지를 포함하는 용어가 아님
2문단	거리두기는 사회에서 여러 가지 방식으로 실행되며, 세밀한 지침들이 지켜짐
3문단	거리두기 실천과 동시에 사회적 풍경이 달라졌으며, 거리두기 이전의 모임과 행사들이 낯설어짐

정답 해설

③ 빈칸에 들어가지 않을 말은 '만약', '왜냐하면'이므로 답은 ③이다.

• ㉠: ㉠ 앞에는 코로나19 시대에 등장한 개념인 '사회적 거리두기'의 의미는 사람들의 밀집도를 낮추기 위해 사람들 사이의 간격을 두는 것을 의미한다는 내용이 제시되어 있으나, ㉠을 포함한 문장에서는 사람들이 사용하고 있는 '사회적 거리두기'라는 용어는 적합하지 않음을 언급하며 ㉠의 앞 내용과 상반되는 말을 하고 있다. 따라서 ㉠에는 역접의 접속어인 '그런데', '그러나' 등이 와야 한다.

• ㉡: ㉡ 앞에는 '사회적 거리두기'라는 용어가 의도와 다르게 사회학적으로 개인이나 집단 사이에 거리를 두는 것으로 해석될 수 있다는 내용이 제시되어 있다. ㉡을 포함한 문장에서는 ㉡ 앞의 내용을 이유로 삼아 정확한 메시지를 전달하기 위해 '사회적 거리두기'라는 용어가 아닌 '물리적 거리두기'를 사용할 것을 제안하고 있다. 이를 통해 ㉡의 앞뒤 내용이 원인과 결과의 관계임을 알 수 있으므로 ㉡에는 앞의 내용이 뒤의 내용의 원인이나 근거, 조건 따위가 될 때 쓰는 접속 부사인 '그래서' 등이 와야 한다.

- ©: © 앞에서 사회에서 거리두기를 실제로 행하고 있는 구체적인 사례들을 열거하고 있으며, ©이 포함된 문장에서도 사회적 거리두기의 실제 사례를 늘어놓고 있다. 따라서 ©에는 앞과 뒤의 내용을 대등한 자격으로 나열하게 잇는 접속 부사 '또한', '그리고' 등이 올 수 있다.
- @: @ 앞에서 거리두기의 실천하는 실제 사례들을 열거하였으며 @ 뒤에 '실천'이라는 명사가 나오며, 그 실천으로 인해 세상의 풍경이 달라졌다고 하였으므로 @에는 앞의 실천의 예시를 가리키는 지시 표현 '이러한'이나 '이와 같이' 등과 같은 표현이 와야 한다.
- @: @ 앞에서 거리두기로 인해 세상이 달라졌다고 언급하였으며, @ 뒤에서 순차적으로 바뀐 세상의 풍경을 나열하고 있다. 이때 거리두기로 인해 달라진 세상의 예시로 '만남의 빈도가 줄어듦'을 가장 먼저 제시하고 있으므로 @에는 '어떤 일에 앞서서'를 뜻하는 부사 '우선'이나, '가령 말하자면'을 뜻하면서 사례를 제시할 때 쓰는 부사인 '이를테면' 등이 오는 것이 적절하다.

오답 분석

② 1그룹은 4종류의 포식자가 모두 접근이 가능하였고, 2그룹에는 3 종류의 포식자가, 3그룹에는 2 종류의 포식자가, 4, 5그룹에는 각각 1 종류의 포식자가 접근이 가능했으나 2문단 끝에서 2~3번째 줄에서 1~5그룹 사이에 발아율은 차이가 없었다고 하였으므로 추론할 수 없다.

③ 2문단 끝에서 3번째 줄에서 1, 2그룹의 포유류의 씨앗 포식량은 각각 25%와 7%라고 하였다. 이를 통해 대형 포유류의 포식량은 18%임을 추론할 수 있다. 그러나 1그룹 내에서 대형 포유류를 제외한 나머지 세 종류의 씨앗 포식자의 정확한 포식량을 알 수 없으므로, 1그룹 내에서 대형 포유류의 포식량이 곤충의 포식량보다 월등히 높은지는 추론할 수 없다.

④ 2문단 끝에서 2~3번째 줄에서 포식자가 존재하는 1~5그룹은 발아율의 차이가 없었다고 하였으나 6그룹은 다른 그룹에 비해 발아율이 현저히 낮았다고 하였다. 이때 6그룹은 1~5그룹과 달리 포식자가 존재하지 않으므로 포식자의 유무에 따라 발아율이 달라짐을 추론할 수 있다. 따라서 씨앗 발아율이 포식자의 유무와 관계없이 일정 수준을 유지한다는 추론은 적절하지 않다.

3 [출전] 2022년 5급 PSAT 언어논리 변형

🔍 독해력을 키우는 제시문 분석

구분	포식자 종류에 따른 씨앗 포식 가능 여부				추가 정보	
	대형 포유류	소형 포유류	곤충	진균류	포유류의 포식량 (100%)	발아율
1그룹	○	○	○	○	25%	
2그룹	×	○	○	○	7%	
3그룹	×	×	○	○	0%	동일
4그룹	×	×	×	○	0%	
5그룹	×	×	○	×	0%	
6그룹	×	×	×	×	0%	가장 낮음

정답 해설

① 실험에서 포식자가 존재하는 1~5그룹은 그룹마다 접근 가능한 포식자의 종류를 다르게 설정하였으나 2문단 끝에서 2~3번째 줄의 실험의 결과에 따르면 1~5그룹 사이에서 발아율의 차이가 없음을 알 수 있다. 따라서 포식자의 종류와 씨앗 발아율은 관련이 없음을 추론할 수 있다.

1 ③　　**2** ②　　**3** ②

1

🔍 **독해력을 키우는 제시문 분석**

멘델의 유전 실험	
우열의 법칙	• 실험 내용 둥근 완두(우성, R)와 주름진 완두(열성, r)를 타가 수분으로 교배함(1차 교배) → 100% 둥근 완두 • 연구 결과 우성 인자와 열성 인자가 함께 쌍을 이룰 때 우성 형질만 발현됨(R+r → R)
분리의 법칙	• 실험 내용 1차 교배로 우성 인자와 열성 인자가 모두 있는 둥근 완두를 자가 수분으로 교배함(2차 교배) → 둥근 완두:주름진 완두 = 3:1 (RR, Rr(1), Rr(2), rr) *Rr은 우열의 법칙에 의해 우성 형질이 발현됨 • 연구 결과 우성 형질이 발현되는 완두와 열성 형질이 발현되는 완두로 나뉘어 나타남

정답 해설

③ (가)와 (나)에 들어갈 말이 적절하게 나열된 것은 ③이다.
- **(가):** 2문단에 제시된 멘델의 첫 번째 실험에서 순종인 둥근 완두와 순종인 주름진 완두를 타가 수분으로 교배한 후 열매가 모두 둥근 완두(우성)만 생겼음을 알 수 있다. 2문단 끝에서 1~3번째 줄에서 우성 인자와 열성 인자가 함께 쌍을 이루게 되면 두 인자 중 우성 인자만 형질로 드러났다는 결론을 확인할 수 있으므로 (가)에 들어갈 말은 '우성 형질만 나타나는 현상을 우열의 법칙'이라는 내용이 들어감을 추론할 수 있다.
- **(나):** 3문단의 멘델의 두 번째 실험에서 첫 번째 실험을 통해 얻은 우성 인자와 열성 인자의 쌍을 보유하고 있는 완두(Rr)를 심어 자가 수분으로 교배하였을 때 둥근 완두와 주름진 완두 모두 생겼음을 알 수 있다. 3문단 끝에서 1~4번째 줄에서 분리된 우성 인자와 열성 인자가 각각 생식 세포로 들어가 RR, Rr(1), Rr(2), rr 쌍이 되었음을 확인할 수 있다. 이때 2문단에서 설명한 우열의 법칙에 의해서 우성 인자와 열성 인자가 쌍을 이루는 'Rr'의 경우 우성 인자의 형질이 발현이 됨을 알 수 있으므로 RR, Rr(1), Rr(2)로 이루어진 쌍은 우성 인자인 R(둥근 완두)이 형질로 발현된다.

이와 달리 rr은 열성 인자인 r(주름진 완두)이 형질로 발현이 된다. 따라서 4쌍 중 3쌍이 둥근 완두가, 1쌍이 주름진 완두가 생기므로 약 3:1의 비율로 둥근 완두와 주름진 완두가 생김을 추론할 수 있다.

2 [출전] 서제섭 〈동양화 기법연구 1 수묵화〉

🔍 **독해력을 키우는 제시문 분석**

1문단	• 농담은 그 구현에서 다른 물감과 차별화된 멋을 가짐 • 먹은 기본적으로 담묵, 중묵, 농묵으로 구분되지만 실제로는 더 다양한 변화 양상을 보임
2문단	• 용묵을 할 때 대체로 한 자루의 붓으로 농담을 만들어 사용함 • 용묵을 할 때 물과 먹을 배합하는 정도에 따라 그 상태는 다양하게 변화함 → 따라서 용묵을 사용한 그림(묵화)은 일종의 정신성을 지닌 것으로 볼 수 있음
3문단	용묵을 할 때 먹물의 상태는 매우 중요하므로 소홀히 해서는 안 됨
4문단	• 용묵의 방법은 한 자루의 붓에 농묵을 찍은 후 적당히 혼합하여 삼묵(담묵, 중묵, 농묵)을 만드는 기술적 방법임 • 붓 끝에 묻히는 농묵의 분량에 따라 농담의 변화를 조절할 수 있음
5문단	용묵의 방법은 화면이나 붓의 크기, 먹물의 양과는 무관하게 언제나 같은 순서와 같은 방법으로 해야 함

정답 해설

② 괄호 안에 들어갈 말은 순서대로 '또한 - 그러므로 - 그러나 - 다시 말해서'이다.
- **㉠:** ㉠ 앞에서 한 자루의 붓으로 농담을 만드는 것이 용묵의 보편적 방법임을 설명하고 있고, ㉠ 뒤에서 배합 정도에 따라 상태 변화가 무궁무진한다는 용묵 방법의 특성을 설명하고 있다. 따라서 용묵 방법의 특징에 대해서 ㉠ 앞뒤에서 설명하고 있으므로 앞과 뒤의 내용을 동등한 자격으로 나열하여 잇는 접속어 '또한'이나 '그리고'가 들어가는 것이 적절하다.
- **㉡:** ㉡ 앞에는 먹물의 상태가 무궁무진하게 변화하기 때문에 용묵은 일종의 정신성(개별적으로 고유한 가치)을 지닌다고 말하고 있으며, ㉡ 뒤에서는 먹물의 상태가 묵화의 생명이나 다름없을 정도로 중요하다고 강조하고 있다. 즉 ㉡ 앞의 내용은 ㉡ 뒤의 내용의 원인이므로 앞의 내용이 뒤의 내용의 이유나 원인, 근거가 될 때 쓰는 접속어인 '그러므로'나 '따라서'가 들어가는 것이 적절하다.

- ©: © 앞에는 먹물 상태의 중요성이 제시되어 있고 ©의 뒤에는 용묵이 중요성에 비해 기술적으로 어렵지 않다는 내용이 제시되어 있다. 따라서 ©에는 앞의 내용과 뒤의 내용이 상반될 때 쓰는 접속어인 '그러나'나 '그렇지만'이 들어가는 것이 적절하다.
- ②: ② 앞에는 용묵을 할 때 언제나 같은 순서와 같은 방법을 통해 그려야 한다는 내용이 제시되어 있고 ② 뒤에는 이에 대해 다른 표현으로 바꾸어 설명하며 강조하고 있다. 따라서 ②에는 앞의 말을 환언하여 설명하는 '다시 말해서'나 '즉'이 들어가는 것이 적절하다.

■ 비문학 지식 암기 노트

접속어의 기능

그리고, 그러므로, 그러니, 그래서	순접: 앞의 내용을 이어받아 순조롭게 연결함
그러나, 하지만, 그렇지만	역접: 앞의 내용과 반대되거나 일치하지 않는 내용을 연결함
그러므로, 따라서, 그래서	인과: 앞과 뒤의 내용을 원인과 결과의 관계로 이음
그리고, 또한, 및	대등: 앞과 뒤의 내용을 동등한 자격으로 나열하여 이음
그리고, 아울러, 게다가, 더구나	첨가, 보충: 앞의 내용에 새로운 내용을 덧붙이거나 보충함
그런데, 한편, 아무튼	전환: 앞의 내용과 다른 생각이나 사실을 서술하여 화제를 바꿈
예를 들면, 예컨대, 이를테면, 가령	예시: 앞의 내용에 대한 구체적인 예를 듦
요컨대, 즉, 요약하자면, 말하자면, 바꾸어 말하면, 다시 말하면	요약, 환언: 앞의 내용을 요약하거나, 말을 바꾸어 다시 말함

3 [출전] 조동일 외 〈한국문화 한눈에 보인다〉

🔍 **독해력을 키우는 제시문 분석**

1문단	• 한국 근대시(자유시) 중에는 한국 전통 시가 율격을 계승한 작품도 있었음 • 한국 전통 시가 율격에는 질서와 무질서가 공존하고 있었으므로 자유시를 만드는 데 용이했음 • 일본과 서양의 영향으로 율격을 헤아리는 데 혼선을 빚었고, 최근에서야 한국 특유의 음보율이 발견됨
2문단	• 한국 시가 율격은 규칙에 얽매이지 않고 변형을 갖추는 것을 멋으로 생각함 • 멋은 변형을 추구하는 미의식임 • 변형을 추구하는 것은 문학 표현의 기본 원리임 • 한문학에서도 규칙에 얽매이는 것을 지양했음

정답 해설

② 1문단 3~4번째 줄을 통해 한국의 시가 율격에는 질서와 무질서가 공존하고 있었음을 설명하고 있으므로 〈보기〉는 한국의 시가 율격에 대한 설명임을 추론할 수 있다. 이때 ⓒ의 앞인 1문단에서는 한국의 근대시 중에는 자유시 외에도 전통적인 율격을 변형시켜 계승한 작품도 존재했으나, 일본과 서양의 영향으로 한국 특유의 음보율을 최근에 와서야 발견했음을 설명하고 있다. 또한 ⓒ의 뒤에서는 멋이 변형을 선호하는 미의식이라는 설명이 이어지므로 ⓒ에는 변형을 선호하는 방식이 멋이 있다는 내용이 들어가는 것이 적절하다. 따라서 〈보기〉가 들어가기에 적절한 곳은 ⓒ이다.

1 ②　　2 ③　　3 ②

1 [출전] 한진수 〈미니멀 경제학: 경제 개념과 원리 편〉

🔎 독해력을 키우는 제시문 분석

한계편익 (=추가편익)	우리가 어떤 행위를 하나 더 할 경우, 추가적 으로 얻는 편익
한계비용 (=추가비용)	우리가 어떤 행위를 하나 더 할 경우, 추가적 으로 드는 비용
순편익	한계편익 - 한계비용

↓

• 한계편익이 한계비용보다 크다 = 플러스(+)의 순편익
→ 행위를 더 해야 함
• 한계편익이 한계비용보다 작다 = 마이너스(-)의 순편익
→ 행위를 하지 말아야 함

정답 해설

② (가)와 (나)에 들어갈 말로 적절한 것은 ②이다.
- (가): 1문단을 통해 한계편익은 어떤 행위를 하나 더 할 때 얻는 추가적인 편익이며, 한계비용은 어떤 행위를 하나 더 할 경우 추가적으로 드는 비용임을 알 수 있다. 3문단에서 (가)의 앞에는 한계편익이 한계비용보다 큰 상황이 제시되어 있으며 (가)의 뒤에는 앞선 상황이 플러스(+)의 순편익을 얻는 상황임을 말하고 있다. 이를 통해 플러스(+)의 순편익은 추가적으로 드는 비용보다 추가적인 편익이 더 큼을 나타냄을 추론할 수 있다.
따라서 추가편익을 창출하는 행위는 하면 할수록 플러스의 순편익이 커지므로 (가)에는 그 행위를 하면 할수록 이득이라는 내용이 들어가야 함을 추론할 수 있다.
- (나): 4문단을 통해 순편익이 마이너스(-)인 경우에는 손해가 되므로 그 행위를 중단해야 함을 알 수 있다. 이때 (나)의 앞에는 자동차를 한 대 더 생산할 때의 한계편익이 5000만 원, 한계비용이 5100만 원인 상황이 제시되어 있는데, 이는 마이너스(-) 100만 원의 순편익이 발생하는 상황이다. 따라서 (나)에는 생산을 중단해야 한다는 내용이 들어가야 함을 추론할 수 있다.

2 [출전] 박찬구 〈개념과 주제로 본 우리들의 경제학〉

🔎 독해력을 키우는 제시문 분석

파생 규범	• 특정 시대나 장소에서 통용되는 구체적인 규범임 • 서로 상치되거나 시간이 지남에 따라 변할 수 있음 • 상대성을 지님
근본 규범	• 공통된 정신이나 기본 원리임 • 대부분의 상식적인 사람들이 받아들이는 규범임 • 절대성을 지님 • 모든 시대와 문화에서 공통적으로 판단하는 절대적 가치 　예 무고한 사람을 살해한 행위→무조건 나쁨 　자신을 희생하여 다른 사람을 살리는 행위 → 참으로 선함

정답 해설

③ (가)의 앞에서 '이와 같이'라는 표현에 따라 앞 내용을 재진술할 것임을 알 수 있다. 끝에서 1~5번째 줄에서 서로 다른 시대와 문화의 도덕 현상들 간에는 공통점이 있다고 설명하며, 부모와 자녀 간 상호 의무를 다하는 것, 은혜에 대해 감사하는 것, 등을 예시로 들며 나열하고 있다. 이러한 예시는 도덕과 관련된 특정한 행동 방식을 의미하며, 이 행동 방식들은 근본 규범에 의해 시대와 문화를 막론하고 대부분의 사람들이 즉각적으로 절대적이고 당연하게 도덕적 가치를 판단하는 것임을 알 수 있다. 따라서 빈칸 (가)에 들어갈 말은 ③이 적절하다.

오답 분석

① (가)의 앞에서 나열하고 있는 예시는 시대와 장소에 관계없이 사람들이 받아들이는 기본 정신인 '근본 규범'에 관한 내용이므로 ①은 (가)에 들어갈 말로 적절하지 않다.
② (가)의 앞에서는 특정한 시대에 통용되는 기본 원리가 아닌 모든 시대에 통용되는 기본 원리에 관한 내용이므로 '파생 규범'과 관련된 내용인 ②는 (가)에 들어갈 말로 적절하지 않다.
④ (가)의 앞 내용은 절대적 성격인 근본 규범에 대해서 이야기하고 있을 뿐 근본 규범과 파생 규범을 구분하는 방법에 대해서 말하고 있지 않으므로 ④는 (가)에 들어갈 말로 적절하지 않다.

3

🔍 독해력을 키우는 제시문 분석

사군자		
매(梅)	봄	아직 다른 나무들이 꽃을 틔우지 못한 초봄에 먼저 꽃을 피우는 나무
난(蘭)	여름	심산유곡에서 외롭게 홀로 꽃을 피우는 다년생 화초
국(菊)	가을	늦가을 첫 추위에도 꽃을 피우는 다년생 화초
죽(竹)	겨울	변함없이 푸른 잎을 간직하는 절개

- 오랜 시간 자연 생태를 탐구하고 그 형상을 양식화, 단순화한 과정을 거쳐 화법 체계를 구축함
- 사군자의 화법 체계에는 사군자의 형상을 집약해 신운과 기상 넘치는 화풍을 이루는 형식적 과정이 있었음
- 깊게 연구하면 수묵화의 원류를 터득하게 되며, 자기 발전 및 독자적인 예술 세계 구축 발전에 보탬이 됨
- 동양화 입문으로 꼭 공부해야 할 과제임
- 난, 죽, 매, 국 순으로 공부해야 함

정답 해설

② 제시문은 사군자에 대해서 설명하고 있다. ㉠의 앞 문단에서는 사군자인 매, 난, 국, 죽이 각각 봄, 여름, 가을, 겨울로 대응되는 동양화의 화법 체계를 설명하고 있으며 ㉡의 앞 문단에서는 이와 같은 화법 체계가 정립되기까지의 과정을 설명하며 사군자의 독특한 화풍에 대해 언급하고 있다. 이때 〈보기〉에서도 사군자를 대할 때 고인의 화풍을 깨우치는 것이 중요함을 말하고 있으므로 〈보기〉가 들어갈 위치로 가장 적절한 것은 ② '㉡'이다.

---

1 ③   **2** ④   **3** ③

1 [출전] 강수돌 〈노동을 보는 눈〉

🔍 독해력을 키우는 제시문 분석

노동과 자본의 적대 관계

노동	• 노동자는 가능한 한 많은 돈을 받고자 함 • 그렇게 하기 위해 단체교섭이나 파업과 같은 쟁의 행위까지 함

↕ 임금, 상품 생산 과정에서 대립

자본	• 자본가(경영자)는 가능한 한 적은 월급을 주고자 함 • 그렇게 하기 위해 최저 임금을 주지 않거나 월급을 떼먹으려 하는 경우도 있음

↓

노동과 자본이 상품 생산 과정에서 대립하는 이유

시장에서 생산되는 상품의 가치에는 인간의 노동력이 들어 감

정답 해설

③ 제시된 문장의 '그래서'를 통해서 제시문의 앞에는 노동조합의 단체 교섭이나 쟁의 행위까지 해야 하는 원인이나 근거가 나와야 함을 추론할 수 있다. ㉢의 앞에는 노동자가 최대한 많은 월급을 받으려고 한다는 내용이 제시되어 있는데, 이는 노동자가 월급을 받기 위해 노동조합으로 뭉쳐 단체 교섭 및 쟁의 행위를 하는 것의 원인임을 추론할 수 있다. 따라서 제시된 문장은 ③ '㉢'에 들어가는 것이 가장 적절하다.

2

독해력을 키우는 제시문 분석

P이면 Q이다. (P → Q: 양치질을 하면 사탕을 주겠다.)			
P	Q	참/거짓	예시
긍정	긍정	참	아이가 양치질을 했으므로 사탕을 주었다.
긍정	부정	거짓	아이가 양치질을 했으나, 사탕을 주지 않았다.
부정	긍정	참	아이가 양치질을 하지 않았으나, 사탕을 주었다.
부정	부정	참	아이가 양치질을 하지 않았으므로 사탕을 주지 않았다.

정답 해설

④ 2문단 1~2번째 줄을 통해 가언 명제는 "P이면 Q이다."로 표현되는 명제이며, P를 전건이라고 하며 Q를 후건이라고 함을 알 수 있다. 이를 바탕으로 "(아이가) 양치질을 하면 (아이에게) 사탕을 주겠다."라는 말은 가언 명제이고 '(아이가) 양치질을 한다'를 전건(P), '(아이에게) 사탕을 준다'를 후건(P)임을 알 수 있다. 이때 예시로 제시된 말이 항상 참인 것만을 정리해 보면, '아이가 양치질을 했으므로(P) 아이에게 사탕을 준 경우(Q)', '아이가 양치질을 하지 않았으므로(~P) 아이에게 사탕을 주지 않은 경우(~Q)', '아이가 양치질을 하지 않았으나(~P) 아이에게 사탕을 준 경우(Q)'임을 알 수 있다. 이를 정리하면 '전건을 긍정하면서 후건을 긍정할 때', '전건을 부정하면서 후건을 부정할 때', '전건을 부정하면서 후건을 긍정할 때'가 가언 명제가 참이 성립함을 알 수 있다. 따라서 (가)에 들어갈 말로 적절하지 않은 것은 가언 명제가 거짓이 되는 경우인 ④ '전건을 긍정하면서 후건을 부정할 때'이다.

3 [출전] 2013년 5급 PSAT 언어논리 기출 변형

독해력을 키우는 제시문 분석

통념
- 사람들은 원인을 안다고 믿고 있음
- 설명이 없는 것보다 설명이 있는 것이 바람직함

↑비판

제시문
- 사람들의 안다고 믿는 원인은 진짜 원인이 아닐 때가 있음
  - 낯선 것은 사람들에게 부정적인 감정을 유발하기 때문에 원인이 될 수 없음
  - 낯선 것에서 익숙한 것으로의 환원은 인간의 마음을 안정시킴
  - 사람들은 편안함을 느끼기 위해 익숙한 것을 원인으로 설정하게 됨
- 특정 유형의 설명으로 사고방식이 고정되는 것은 바람직하지 않음
  - 원인을 찾으려는 본능은 부정적인 감정을 해소하기 위함임
  - 특별한 유형의 설명(원인)을 바탕으로 모든 것을 설명하려고 함

정답 해설

③ (가)와 (나)에 들어갈 말로 적절한 것은 ③이다.

- (가): 2문단을 통해 우리는 알려지지 않은 것으로부터 오는 불안정과 공포 등을 피하고자 하며, 알려지지 않은 것을 알려진 것으로 환원할 때 안정감과 만족을 얻기 때문에 알려진 것을 원인으로 설정함을 알 수 있다. 이때 (가)의 앞에는 우리가 원인이라고 여기는 것이 진짜 원인이 아니라는 내용이 제시되어 있고, (가)의 뒤에는 원인을 찾으려는 우리의 본능이 위험, 불안정, 걱정, 공포감 등에서 촉발되었다고 하였다. 따라서 (가)에는 우리에게 알려진 것으로 이루어진 원인이 우리에게 안정을 주고 불안을 줄여 준다는 내용이 들어가는 것이 적절하다.
- (나): (나)의 앞에서 우리는 아는 것이란 특별한 유형의 원인만을 사용하여 설명하며, 그렇기 때문에 점점 그 유형의 설명만 우세해진다고 말하고 있다. (나)의 뒤에서는 '기업인과 이윤', '기독교인과 원죄', '소녀와 사랑'과 같이 사고방식이 단순화된 사례를 제시하고 있다. 따라서 (나)에는 특정한 유형의 설명들이 하나의 체계로 모아져 결국 인간의 사고방식을 지배했다는 내용이 들어가는 것이 적절하다.

DAY 28   p.112

1 ②   **2** ④   **3** ③

1

독해력을 키우는 제시문 분석

이론 X

A라면 B이다 = B가 아니라면 A도 아니다
조건   결론   원래 결론의 부정 원래 조건의 부정

예

- 만약 비가 온다면 길이 젖을 것이다 = 만약 길이 젖지 않는다면 비가 오지 않았을 것이다.
- 비가 온다(원래 조건)
  → 비가 오지 않는다(원래 조건의 부정)
- 길이 젖을 것이다(원래 결론)
  → 길이 젖지 않을 것이다(원래 결론의 부정)

정답 해설

② '이론 X'에 근거한 판단으로 적절한 것은 'ㄱ, ㄷ'이다.
- ㄱ: 이론 X에 근거하면 '갑이 하루에 게임을 3시간 이상 하면(A) (갑의) 폭력성이 증가한다(B)'라는 문장이 성립하면, '갑의 폭력성이 증가하지 않았으면(~B) 갑은 그날 게임을 3시간 이상 하지 않았을 것이다(~A)'가 성립함을 알 수 있다.
- ㄷ: 갑과 을이 각각 속한 팀의 축구 경기에서 '갑이 그 경기에서 골을 넣으면(A) 갑이 속한 팀이 을이 속한 팀을 이길 수 있을 것이다(B)'라는 문장이 성립하면, '갑이 속한 팀이 을이 속한 팀에게 패배했다면(~B) 갑은 그 경기에서 골을 넣지 못했을 것이다(~A)'가 성립함을 알 수 있다.

오답 분석

- ㄴ: ㄴ은 '어떤 선비가 한 달이 지나도 한양에 도착하지 않는다면(A) 그 선비는 산적의 습격을 받은 것이다(B)'가 성립하면 '어떤 선비가 한 달 안에 한양에 도착하면(~A) 그 선비는 산적의 습격을 받지 않은 것이다(~B)'도 성립한다고 판단하고 있다. 이는 '이론 X'에서 설명하는 'A → B = ~B → ~A'의 논리 구조에 어긋나므로 ㄴ은 '이론 X'에 근거한 판단으로 적절하지 않다.
  만약 ㄴ을 '이론 X'에 적용한다면 '어떤 나그네가 산적의 습격을 받지 않으면(~B) 그 나그네는 한 달 안에 한양에 도착할 것이다(~A)'로 진술되어야 한다.

2

독해력을 키우는 제시문 분석

자유주의
평등의 가치보다 자유의 가치를 우선함

구분	적극적 자유주의	평등적 자유주의
자유	천부적 권리이며 침해 불가능	자유의 가치를 보장해야 하지만 어느 정도 제한 가능
평등	형식적 평등 (기회균등)	실질적 평등 (국가의 개입을 통한 경제 분배)
국가의 역할	개입 최소화하여 개인의 자유를 최대한 보장	개인의 자유를 보장함과 동시에 국가가 개인의 자유를 제한할 수 있음

정답 해설

④ (가) '적극적 자유주의자들'이 추구한 사회의 사례로 적절한 것은 ㄴ, ㄷ이다.
- ㄴ: 3문단 1~3번째 줄에서 (가) '적극적 자유주의자들'은 개인의 자유를 최대한 보장하는 것이 곧 국가의 역할이라고 주장하였으며 평등은 기회균등적인 형식적 평등이어야 함을 주장하고 있다.
  ㄴ에서 국가에 수십 년 동안 요구하던 여성 참정권이 인정된 것은, 여성이 남성과 동등하게 정치에 참여할 기회를 균등하게 부여한 것이므로 형식적 평등의 사례에 해당한다. 따라서 ㄴ은 (가) '적극적 자유주의자'들이 추구한 사회의 사례로 적절하다.
- ㄷ: 3문단 3~4번째 줄에서 (가) '적극적 자유주의자'들은 경제적 측면에서도 시장에서의 국가적 개입은 최소로 이루어져야 하며 시장의 자율에 맡겨야 한다고 했으며, 3문단 2~3번째 줄에서 평등은 기회균등(형식적 평등) 정도로 그쳐야 한다고 했다.
  ㄷ에서 모두에게 시장에 참여할 권리를 준 것은 기회균등적 평등(형식적 평등)이 실현된 것임을 알 수 있으며, 경제적 측면에서 부정적 상황(실업, 양극화)이 일어났음에도 불구하고 국가가 개입(부의 재분배 목적의 정책 사용 및 수립)하지 않은 것은 사회 경제적 문제를 시장의 자율에 맡긴 것을 의미한다. 따라서 ㄷ은 (가) '적극적 자유주의자'들이 추구한 사회의 사례로 적절하다.

오답 분석

• ㄱ: 3문단 끝에서 1~2번째 줄에서 경제의 분배에 있어서 국가가 적극적으로 개입하여 실질적 평등을 이루어야 한다고 보는 것은 '평등적 자유주의자'의 입장임을 알 수 있다.

ㄱ에서 국가가 세금을 절대 빈곤층 국민들에게 다시 나누어 주는 것은 국가가 시장에 적극적으로 개입하여 경제를 분배한 사례에 해당함을 알 수 있으며, 이 개입을 통해 국민들 간의 소득 격차가 줄었으므로 실질적 평등이 실현되었음을 알 수 있다. 따라서 ㄱ은 (가) '적극적 자유주의자'들이 추구한 사회의 사례로 적절하지 않다.

3 [출전] 정갑영 〈열보다 더 큰 아홉〉

 독해력을 키우는 제시문 분석

1문단	**효용이란?** • 소비에서 얻을 수 있는 만족, 행복감, 충만감
2문단	**한계 효용이란?** • 소비 단위를 하나씩 증가시킬 때마다 추가로 늘어나는 효용 **한계 효용 체감의 법칙** • 첫 소비에서 한계 효용이 가장 크며, 소비의 단위가 늘어날수록 효용이 점점 줄어드는 법칙
3문단	**한계 효용과 소비의 관계** • 한계 효용은 상품의 가치를 평가하는 척도임 • 소비자는 자신의 한계 효용 이상의 금액을 지불하지 않음 • 기업은 새롭고 차별화된 제품을 개발해 한계 효용이 큰 제품을 판매해야 함
4문단	**한계 수입과 한계 비용의 관계** • 한계 수입: 제품 한 개를 더 생산할 때 얻는 수입 • 한계 비용: 제품을 하나 더 생산하는데 드는 추가 비용 • 한계 수입이 한계 비용보다 적으면 제품을 하나 더 생산할 때마다 이윤이 감소함 • 경제에서는 희소성이 제품의 가치를 결정함

정답 해설

③ 4문단 끝에서 1~2번째 줄에서 경제에서 희소성이 대상의 가치를 결정한다고 하였다. 이를 통해 일상생활에서는 물보다 다이아몬드의 희소성이 더 크므로 다이아몬드의 가격이 물보다 비쌀 것임을 추론할 수 있다.

또한 3문단 1~2번째 줄에서 한계 효용은 모든 상품의 가치를 평가하는 척도가 된다고 하였는데, 희소성에 의해 결정되는 경제에서의 가치는 다이아몬드가 물보다 크므로 소비자들은 물보다 다이아몬드에 더 큰 금액을 지불할 것이다.

따라서 한계 효용 역시 다이아몬드가 물보다 클 것임을 추론할 수 있으므로 따라서 물의 한계 효용보다 다이아몬드의 한계 효용이 더 작다는 ③의 추론은 적절하지 않다.

오답 분석

① 2문단에서 소비 단위를 하나씩 증가시킬 때마다 추가로 늘어나는 효용이 한계 효용이라고 하였다. 또한 소비 단위가 늘어날 때마다 처음의 만족이 감소하는 것은 한계 효용이 점차 줄어들기 때문이라고 하며, 이를 '한계 효용 체감의 법칙'이라고 정의하였다. 이러한 '한계 효용 체감의 법칙'에 따르면 무한 리필 음식점에서 소비자들은 처음 음식을 섭취했을 때 최대의 만족감을 느끼고, 점점 효용감(만족감)이 이전에 비해 감소해 음식 리필을 멈출 것이다. 따라서 무한 리필 음식점의 생존 전략에 한계 효용 체감의 법칙이 내재되어 있다는 ①의 추론은 적절하다.

② 4문단에서 생산량이 늘어날수록 가격은 내려가고 한계 수입은 줄어들며, 한계 수입이 한계 비용보다 적다면 하나 더 생산할 때의 이윤은 오히려 줄어든다고 하였다. 또한 이를 통해 경제에서 가치를 결정하는 것은 희소성이라고 설명하고 있다. 따라서 독점 기업에서는 무작정 생산량을 늘리기보다 한계 수입과 한계 비용을 비교해 보고 오히려 적은 수량을 생산해 제품의 희소성을 높임으로써 한계 효용을 늘려 많은 이윤을 확보하는 전략을 선택할 수도 있다. 따라서 ②의 추론은 적절하다.

④ 4문단의 내용에 근거했을 때, 풍년으로 인해 쌀의 공급량이 늘어나면 시장 가치가 낮아지고 한계 수입이 줄어든다. 이때 농부의 순수입이 풍년이 아닐 때보다 오히려 줄어든 것은 추가 생산을 할 때 발생한 한계 비용보다 한계 수입이 더 적기 때문이다. 따라서 ④의 추론은 적절하다.

p.115

1 ②　　　**2** ③　　　**3** ②

1

[출전] 2022학년도 고3 6월 모의평가 변형

📖 독해력을 키우는 제시문 분석

과정 이론: 원인과 결과를 과학적 세계관으로 이해한 이론

- 과정: 대상의 시공간적 궤적
- 과정의 교차: 어떤 과정이 다른 과정과 한 시공간적 지점에서 만나는 것
- 표지: 대상의 변화된 물리적 속성
- 인과적 과정: 교차 이후의 모든 지점에서 변화된 표지를 전달할 수 있는 과정
  - 예 • [과정 1]: 바나나가 a 지점에서 b 지점까지 이동하는 과정
    - [과정 2]: a와 b의 중간 지점에서 바나나를 한 입 베어 내는 과정
    - → [과정 1]은 [과정 2]와 교차 후 변화된 표지(베어 낸 부분이 없어짐)가 모든 지점에 전달됨
    - → 따라서 과정 [1]은 인과적 과정임
    - [과정 3]: 바나나의 그림자가 스크린상의 a′ 지점에서 b′ 지점까지 움직이는 과정
    - [과정 4]: a′과 b′ 사이의 스크린 표면의 한 지점에 울퉁불퉁한 스티로폼이 부착되는 과정
    - → [과정 3]은 [과정 4]와 교차 후 변화된 표지(그림자가 일그러짐)를 모든 지점에 전달하지 못함
    - → 따라서 [과정 3]은 인과적 과정이 아님

정답 해설

② 제시문의 '과정 이론'에 근거한 판단으로 적절한 것을 고른 것은 ㄱ, ㄴ이다.

- ㄱ: 1문단 끝에서 1~2번째 줄에서 어떤 과정이 인과적 과정이 되기 위해서는 과정의 교차로 변화된 물리적 속성인 '표지'가 도입되면 도입된 이후의 모든 지점에 그 표지가 전달되어야 한다고 하였다. 이때 2문단 끝에서 1~4번째 줄에서 과정 3은 과정 4에서 교차로 도입된 스티로폼에 의해 바나나의 그림자가 일그러지는 표지가 b′까지 전달되지 않는다. 따라서 과정 3은 과정 1과 달리 인과적 과정이 될 수 없음을 추론할 수 있으므로 ㄱ의 판단은 적절하다.
- ㄴ: 1문단 끝에서 1~2번째 줄을 통해 표지란 과정의 교차로 인해 변화된 물리적 속성임을 알 수 있다. 또한 2문단을 통해 과정 1과 과정 2가 교차한 뒤, 바나나의 한 입 베어 낸 만큼이 없어진 표지가 과정 1에 도입되면 지속됨을 알 수 있다. 따라서 과정 1과 과정 2가 교차된 시점을 전후로 바나나의 물리적 속성은 달라졌음을 추론할 수 있으므로 ㄴ의 판단은 적절하다.

오답 분석

- ㄷ: 1문단 3번째 줄에서 과정 이론에서 과정은 대상의 시공간의 궤적이라고 하였다. 바나나는 a에서 b로 이동하고 바나나의 그림자는 스크린상에서 a′에서 b′로 이동하기 때문에 공간이 별개인 과정임을 추론할 수 있다. 따라서 과정 1과 과정 3이 그리는 시공간의 궤적 또한 다를 것이므로 ㄷ의 판단은 적절하지 않다.

2

📖 독해력을 키우는 제시문 분석

매시지 조직 변인	청자 변인	내용
기존 입장	화자와 일치	일면 메시지 전략을 사용하는 것이 효과적임
	화자와 반대	양면 메시지 전략을 사용하여 해당 문제를 충분히 검토했음을 언급함
지적 수준	높음	양면 메시지 전략을 사용하여 신뢰감을 형성함
	낮음	일면 메시지 전략을 사용하는 것이 효과적임
사전 지식	높음	양면 메시지 전략을 사용하는 것이 효과적임
	낮음	주제에 대한 배경 지식을 충분하게 설명하는 과정이 필요함
개인적 관련성	높음	주제에 대한 찬성과 반대 입장이 뚜렷하게 나타남
	낮음	주제와 청자의 삶이 긴밀하게 연관되어 있음을 언급해야 함

정답 해설

③ 3, 4문단에서 지적 수준이 높은 청자와 사전 지식이 많은 청자에게는 주제에 대한 긍정, 부정 측면을 동시에 제시하는 양면 메시지를 사용하는 것이 효과적이라고 하였다. 이때 식품공학과 교수인 C는 지적 수준이 높고, GMO에 대한 사전 지식이 많음을 알 수 있다. 따라서 C를 설득하기 위해서는 GMO에 대한 긍정, 부정 측면을 모두 다룬 양면 메시지를 사용해야 한다. 하지만 ③은 GMO에 대한 긍정적인 측면만을 부각하고 있으므로 C를 설득하기 위한 효과적인 메시지 내용으로 적절하지 않다.

오답 분석

① 5문단에서 개인적 관련성이 낮은 경우에는 주제를 청자의 삶과 관련시켜 개인적 관련성을 강화해야 한다고 하였다. 이때 GMO에 대해 관심이 없는 A는 GMO에 대해 개인적 관련성을 크게 느끼지 않으므로 GMO 식품이 청자의 밥상에 식탁에 올라왔다고 언급하며 청자의 개인적 관련성을 높이고 있다. 따라서 설득하기 위한 효과적인 메시지 내용으로 ①은 적절하다.

② 4문단에서 사전 지식이 적은 청자에게는 도입부에 주제에 대한 배경을 충분히 설명해 주어야 한다고 하였다. 이때 GMO에 대해 잘 모르는 B는 GMO에 대한 사전 지식이 부족하므로 GMO의 정의를 설명하고 대표 예시를 들며 GMO에 대한 이해를 돕고 있다. 따라서 설득하기 위한 효과적인 메시지 내용으로 ②는 적절하다.

④ 2문단에서 기존 입장이 화자와 반대되는 경우에는 주제에 대한 긍정, 부정 측면을 동시에 제시하는 양면 메시지를 사용해 해당 문제가 충분히 검토되었음을 언급하는 것이 중요하다고 하였다. 이때 GMO를 부정적으로 생각하는 D는 GMO 농산물 수입 규제를 완화해야 한다고 주장하는 화자와 반대의 입장에 있으므로 양면 메시지를 사용해야 한다. ④는 GMO에 대한 예상되는 반론을 언급하고 이에 대한 검토가 이미 이루어졌음을 제시하며 청자의 심리적 저항감을 약화하고 있다. 따라서 설득하기 위한 효과적인 메시지 내용으로 ④는 적절하다.

3

독해력을 키우는 제시문 분석

국어의 표준어 규정

표준어: 교양 있는 사람들이 두루 쓰는 현대 서울말

발음 변화에 따른 규정	예 • 'ㅔ'와 'ㅐ'의 발음 'ㅔ': 혀의 높이를 중간으로 하여 발음해야 함 'ㅐ': 혀의 높이를 가장 낮추어서 발음해야 함 • 이중 모음 'ㅢ'의 발음 자음을 첫소리로 하는 'ㅢ': [ㅣ](원칙) 첫음절 이외의 '의': [ㅢ](원칙), [ㅣ](허용) 조사 '의': [ㅢ](원칙), [ㅔ](허용) 예 '윗-'과 '웃-'의 구별 '웃-': '위, 아래'의 개념상 대립이 성립하지 않을 때 사용 '윗-': 그 외에 '윗-'을 사용하나 된소리나 거센소리 앞에서 '위-' 사용

정답 해설

② 4문단 1~2번째 줄에서 '위, 아래'의 개념상 대립이 성립하지 않을 때에만 '웃-'을 사용한다고 설명하였다. 이때 ②의 '윗층'은 '위층, 아래층'과 같이 '위, 아래'의 개념상 대립이 성립하는 경우이므로 '웃-'이 아닌 '윗-'을 사용해야 함을 알 수 있다. 그러나 4문단 끝에서 2~3번째 줄에서 된소리나 거센소리 앞에서는 사이시옷을 쓰지 않아 '윗-'이 아닌 '위-'를 사용해야 한다고 설명하였고, '층'의 첫소리는 거센소리이므로 '윗층[윋층]'이 아닌 '위층[위층]'으로 쓰고 발음하는 것이 적절하다. 따라서 ②는 제시문의 사례로 적절하지 않다. 참고로 3문단 끝에서 1~3번째 줄에서 모음 'ㅢ'는 원칙적으로 [ㅢ]로 발음하나 첫음절 이외의 'ㅢ'는 [I]로 발음하는 것도 허용함을 알 수 있다. 따라서 '회의실'의 '의'는 첫음절 이외의 'ㅢ'이므로 [의]나 [이]로 발음할 수 있다.

오답 분석

① 3문단 끝에서 1~2번째 줄에서 조사 '의'는 [ㅔ]로 발음하는 것을 허용함을 알 수 있으므로 '나무의'를 [나무에]로 발음하는 것이 적절하다. 또한 3문단 끝에서 2~3번째 줄에서 자음을 첫소리로 하는 음절의 'ㅢ'는 [ㅣ]로 발음해야 하므로 '틔우기'를 [티우기]로 발음하는 것도 적절하다.

③ 4문단 1~2번째 줄을 통해 '웃어른'은 '아래어른'과 같이 '위, 아래'의 개념상 대립이 성립하지 않는 경우이므로 '웃-'을 사용함이 적절하다. 또한 3문단 끝에서 1~2번째 줄에서 단어의 첫음절 이외의 'ㅢ'는 [ㅣ]로 발음함을 허용하므로 '예의'를 [예이]로 발음하는 것도 적절하다.

④ 4문단 1~2번째 줄을 통해 '윗옷'이 '위에 입는 옷'을 뜻할 때, '아래옷'과 같이 '위, 아래'의 개념상 대립이 성립하므로 '윗-'을 사용함이 적절하며, '허리 윗부분의 몸'을 뜻하는 '윗몸'도 '위, 아래' 개념상의 대립이 성립하므로 '윗-'을 사용함이 적절하다. 참고로 '맨 겉에 입는 옷'을 뜻하는 '웃옷'은 '위, 아래'의 개념상 대립이 성립하지 않으므로 '웃옷'을 사용함이 적절하다.

DAY 30

p.118

1 ①　　　　2 ②　　　　3 ③

1

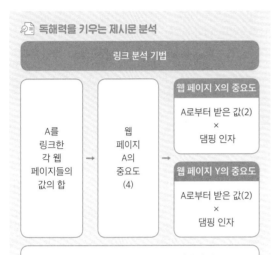

독해력을 키우는 제시문 분석

링크 분석 기법

A를 링크한 각 웹 페이지들의 값의 합 →	웹 페이지 A의 중요도 (4) →	웹 페이지 X의 중요도 A로부터 받은 값(2) × 댐핑 인자
		웹 페이지 Y의 중요도 A로부터 받은 값(2) × 댐핑 인자

- 중요도: 웹 페이지의 중요성을 값으로 나타낸 것
- A의 중요도: A를 링크한 웹 페이지들로부터 받는 값의 합
- A가 링크한 다른 웹 페이지들의 중요도:
  A로부터 균등하게 나누어 받은 값 × 댐핑 인자
- 댐핑 인자: 사용자들이 웹 페이지를 읽다가 링크를 통해 다른 페이지로 이동하지 않는 비율이 20%인 경우 댐핑 인자는 0.8(80%)임

정답 해설

① 제시문을 통해 추론할 수 없는 것은 ㄱ, ㄴ이다.

- ㄱ: 2문단 2~3번째 줄에서 웹 페이지 A를 링크한 각 웹 페이지들로부터 받은 값의 합을 A가 링크한 웹 페이지들에 균등하게 나누어 줌을 알 수 있다. 그러나 3문단 1번째 줄에서 A가 링크한 웹 페이지가 실제로 받는 값은 A가 준 값에 댐핑 인자를 곱한 값임을 알 수 있다. 또한 3문단 2~4번째 줄을 통해 댐핑 인자는 1 미만의 값을 알 수 있으므로 실제로 A가 링크한 웹 페이지들이 A로부터 받은 값은 A의 값보다 적을 것임을 추론할 수 있으므로 ㄱ의 추론은 적절하지 않다.
- ㄴ: 3문단에서 댐핑 인자는 사용자가 링크를 통해 다른 웹 페이지로 이동하지 않는 비율을 반영한 값이라고 하였으며, 그 비율이 20%일 경우 댐핑 인자는 0.8이라고 하였다. 따라서 ㄴ에서는 10명 중 7명이 다른 웹 페이지로 이동하지 않았으므로 다른 웹 페이지로 이동하지 않는 비율은 70%이며, 이 비율을 반영한 댐핑 인자의 값은 0.3임을 추론할 수 있으므로 ㄴ의 추론은 적절하지 않다.

오답 분석

- ㄷ: 2~3문단의 내용에 따라 D가 링크한 웹 페이지들에 균등하게 D의 값이 나누어지며, 그 값에 댐핑 인자를 곱한 값이 실제로 D가 링크한 페이지가 D로부터 받는 값임을 알 수 있다. 따라서 웹 페이지 E는 D가 링크한 웹 페이지 3개 중 1개이므로 웹 페이지 D의 값 6을 3으로 나눈 값인 2에 댐핑 인자 0.1을 곱한 값인 0.2를 D로부터 받을 것임을 추론할 수 있다.

2

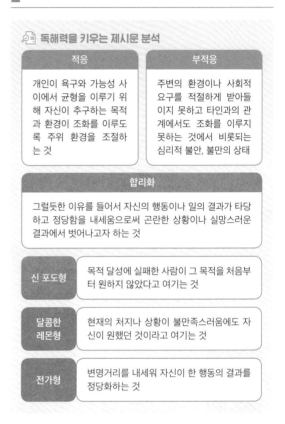

독해력을 키우는 제시문 분석

적응	부적응
개인이 욕구와 가능성 사이에서 균형을 이루기 위해 자신이 추구하는 목적과 환경이 조화를 이루도록 주위 환경을 조절하는 것	주변의 환경이나 사회적 요구를 적절하게 받아들이지 못하고 타인과의 관계에서도 조화를 이루지 못하는 것에서 비롯되는 심리적 불안, 불만의 상태

합리화

그럴듯한 이유를 들어서 자신의 행동이나 일의 결과가 타당하고 정당함을 내세움으로써 곤란한 상황이나 실망스러운 결과에서 벗어나고자 하는 것

신 포도형	목적 달성에 실패한 사람이 그 목적을 처음부터 원하지 않았다고 여기는 것
달콤한 레몬형	현재의 처지나 상황이 불만족스러움에도 자신이 원했던 것이라고 여기는 것
전가형	변명거리를 내세워 자신이 한 행동의 결과를 정당화하는 것

정답 해설

② ㄷ은 (가) '신 포도형 합리화'의 사례이므로 ②는 적절하다.

- ㄷ: 2문단 3~5번째 줄에서 (가) '신 포도형 합리화'란 개인이 목적 달성에 실패했을 때, 그것을 처음부터 원하지 않았던 것으로 변명하는 것이라고 하였다. ㄷ의 학생도 자기의 목적(A 대학교 입학) 달성에 실패하자(A 대학교 입학 시험에서 떨어짐) 그 목적을 자기가 처음부터 원하지 않았다고 말(지방에 있어 원래 가고 싶지 않았음)하고 있으므로 (가) '신 포도형 합리화'의 사례에 해당한다.

오답 분석

- ㄱ: 2문단 끝에서 1~2번째 줄에서 (다) '전가형 합리화'란 변명거리를 내세워 자신이 한 행동의 결과를 정당화하는 것이라고 하였다. ㄱ의 대학생도 자신이 한 행동의 결과(낮은 시험 성적을 받음)에 대한 변명거리(노력을 하지 않았음)를 내세워 자신의 행동의 결과를 정당화하고 있으므로 ㄱ은 (다) '전가형 합리화'의 사례에 해당한다.

- ㄴ: 2문단 끝에서 2~3번째 줄에서 (나) '달콤한 레몬형 합리화'란 현재 자기의 입장이나 처지가 원하던 것이 아니었거나 불만족스러움에도 불구하고 그것이 자신이 원하던 것이라고 주장하는 것이라고 하였다. ㄴ의 회사원은 자기가 원하지 않았던 처지(좌천되어 지방으로 발령)에 놓였음에도 불구하고 그것을 자기가 원했던 것(지방에서 살게 되어 잘 됐음)이라고 말하고 있으므로 (나) '달콤한 레몬형 합리화'의 사례에 해당한다.

3

🔎 독해력을 키우는 제시문 분석

논리적 오류 유형

㉠ 성급한 일반화의 오류	대표성이 결여된 사례를 근거로 보편적이고 일반화된 원칙이나 결론을 이끌어내는 오류
㉡ 원칙 혼동의 오류	일반적인 원칙을 적용하기 어려운 우연적이거나 예외적인 상황에도 동일한 원칙을 적용하는 오류
㉢ 잘못된 인과 관계의 오류	두 사건이 원인과 결과 관계가 성립하지 않음에도 두 사건 사이에 인과 관계가 성립한다고 판단하는 오류
㉣ 무지의 오류	상대방이 주장을 입증하지 못했음을 근거로 활용해 자신의 주장이 입증되었다고 우기는 오류
㉤ 순환 논증의 오류	주장에 대한 근거로써 같은 주장을 다른 말로 바꿔 제시하는 오류

정답 해설

③ 제시문의 논리적 오류와 〈보기〉의 사례를 적절한 것만 묶은 것은 ③ ㄱ, ㄹ, ㅁ이다.
- ㄱ: A 고등학교에서 일부 학생이 저지른 부정행위에 대해 A 고등학교의 모든 학생이 부정행위에 동조했다고 보고 징계를 내린 것은 몇몇의 경우에만 해당하는 사례를 전체에 적용하여 일반화시킨 사례에 해당하므로 ㉠ '성급한 일반화의 오류'를 범한 사례에 해당한다.
- ㄹ: 외계인이 존재하지 않는다는 것이 과학적으로 증명되지 않았다는 것을 외계인이 어딘가에 존재한다는 자신의 주장을 입증하는 근거로 사용하고 있으므로 ㉣ '무지의 오류'를 범한 사례에 해당한다.

- ㅁ: 모든 국민에게 표현의 자유를 허용하는 것이 국가에 도움이 된다는 주장에 대한 근거로 동일한 주장을 표현만 다르게 하여 재진술하고 있으므로 ㉤ '순환 논증의 오류'를 범한 사례에 해당한다.

오답 분석
- ㄴ: 미성년자는 보호자 동의하에 수술을 받을 수 있다는 원칙에 대해 부상의 정도가 심하거나 의식 상실의 경우에는 보호자 없이도 수술을 진행할 수 있다는 예외 사항을 적용하고 있다. 따라서 ㄴ은 ㉡ '원칙 혼동의 오류'를 범하지 않았다.
- ㄷ: 신입 사원 한 명이 갑자기 그만둔 것을 근거로 모든 신입 사원들이 책임감이 없다고 말하는 것은 하나의 사례를 전체에 적용하여 일반화시킨 사례에 해당하므로 ㉠ '성급한 일반화의 오류'를 범한 사례에 해당한다. 따라서 ㄷ은 ㉢ '잘못된 인과 관계의 오류'를 범하지 않았다.

▪ 비문학 지식 암기 노트

논증의 오류

잘못된 유추의 오류	두 대상 간의 본질적이지 않은 유사성을 근거로 잘못된 결론을 이끌어 내는 오류 예 A 학교와 B 학교는 교복 색깔이 비슷하므로 두 학교 학생들의 성적은 유사하다.
흑백논리의 오류	어떤 주장에 대한 선택지가 두 가지밖에 없다고 생각하거나 다른 가능성이 허용됨에도 불구하고 그를 인정하지 않음으로써 발생하는 오류 예 만약 그가 공산주의자가 아니라면, 반드시 민주주의자일 것이다.
논점 일탈의 오류	핵심 논점을 논증하지 않고 논점과 관련 없는 내용을 말하여 논점을 흐리는 오류 예 A: 어떻게 하면 학교 폭력 문제를 해결할 수 있을까요? B: 학교 폭력 문제뿐만 아니라, 청소년 도박 문제도 심각합니다. 이 문제를 해결하기 위해서는 교사의 역할이 가장 중요합니다.

| 1 ② | 2 ③ | 3 ① | 4 ③ | 5 ③ |
| 6 ③ | 7 ② | 8 ③ | 9 ① | 10 ③ |

1 [출전] 작자 미상 〈공방전〉

정답 해설

② 2문단에서 공방의 생김새를 '밖은 둥글고 안은 모나며'와 같이 표현했다는 점, 4문단에서 공방이 재물과 씀씀이를 도맡았다는 점, 본전과 이자의 경중을 저울질했다는 점을 통해 공방이 돈과 관련되어 있음을 추리할 수 있다. 이를 통해 작품 속에서 의인화하고 있는 대상이 '엽전(돈)'임을 알 수 있다. 참고로, 공방의 밖은 둥글고 안은 모난 외양은 겉은 둥글둥글하여 원만해 보이지만, 속은 모가 나고 악함을 의미하는 것으로, 이는 돈의 이중적 성격을 드러낸다.

2 [출전] 현진건 〈고향〉

정답 해설

③ 제시문 끝에서 7번째 줄에서 '그'의 고향 땅이 동양 척식 주식회사의 소유에 들어갔다는 것을 통해 일제가 동양 척식 주식회사를 통해 당시 조선 농촌의 토지를 수탈했음은 알 수 있다. 하지만 ⊙ '그의 고향'이 동양 척식 주식회사가 설립된 곳인지는 알 수 없으므로 ③은 ⊙을 이해한 내용으로 적절하지 않다.

오답 분석

① 제시문 8번째 줄에서 일제 강점기 이전에는 ⊙ '그의 고향'의 주민 전부가 역둔토에 농사를 짓고 살았다는 내용을 통해 '그' 또한 과거엔 농민으로 살았다는 것을 짐작할 수 있다.
  • 역둔토: '역토(역에 속한 논밭)'와 '둔토(지방 군대의 군량을 마련하기 위하여 설치한 토지)'를 아울러 이르는 말
② '나'는 '그'의 이야기를 통해 ⊙ '그의 고향'의 농촌 공동체의 붕괴, 식민지하 개인의 고통스러운 삶과 같은 우리 민족의 암울한 현실을 마주하게 되고 끝에서 1번째 줄에서는 그의 얼굴에서 비참한 조선의 얼굴을 본다. 이를 통해 ⊙ '그의 고향'은 '나'가 조선의 비참한 현실을 인식하게 되는 곳임을 짐작할 수 있다.
④ 가혹한 수탈을 견디지 못해 남부여대하고 타처로 유리하는 사람만 늘었다는 내용을 통해 ⊙의 가난해진 농민들이 살 곳을 찾아 타지로 떠돌아다니게 되었음을 알 수 있다.
  • 남부여대(男負女戴): 남자는 지고 여자는 인다는 뜻으로, 가난한 사람들이 살 곳을 찾아 이리저리 떠돌아다님을 비유적으로 이르는 말
  • 유리하다(流離하다): 일정한 집과 직업이 없이 이곳저곳으로 떠돌아다니다.

3 [출전] 김시습 〈만복사저포기〉

정답 해설

① 제시된 작품은 이승의 사람인 양생과 저승의 영혼인 여인의 생사를 초월한 사랑을 다룬 전기 소설로, '남녀(이승 남자와 저승 여자)의 만남 - 사랑 - 이별 - 양생의 세속 초탈'의 구조를 이룬다. 제시된 부분은 양생과 여인이 만나 3일 동안 함께 머물며 즐거운 시간을 보내고, 여인이 양생에게 작별을 고하며 양생에게 은그릇을 주면서 절로 가는 길목에서 자신의 부모를 기다리라고 청한 이후의 내용이다. 양생은 절(보련사)로 가는 길목에서 여인의 부모를 만나 그들로부터 여인의 과거에 대한 내용을 듣게 되고 여인이 이미 죽은 사람임을 알게 된다. 그 뒤 절에서 여인을 다시 만나 잿밥을 먹은 뒤 영원히 이별하게 된다. 따라서 이를 고려하여 사건의 시간 순서에 따라 가장 적절하게 배열한 것은 ① 'ⓒ → ⓒ → ② → ⊙ → ⓜ'이다.
  • ⓒ: 여인이 왜구에 의해 죽임을 당함
  • ⓒ: 정식으로 장례도 치르지 못하고 아무렇게나 들판에 묻히게 된 여인
  • ②: 죽음 이후 절에서 박명한 삶을 한탄한 여인(양생을 만나기 직전)
  • ⊙: 여인과의 만남 이후 여인의 부탁으로 절에 가는 길목에 서 있는 양생
  • ⓜ: 양생과 여인의 영원한 이별

4 [출전] 이용악 〈너는 피를 토하는 슬픈 동무였다〉

정답 해설

③ '겨울'은 고통스러운 삶의 시간을 뜻하며, '봄'은 화자와 동무(식)가 기다리는 밝은 미래를 의미한다. 1~2연에서 화자와 병든 동무는 봄이 오길 바라며 함께 겨울을 견딘다. 하지만 3연에서 동무가 할머니의 집으로 가 버리는 바람에 화자와 동무는 이별하게 되고 일 년이 지난 후인 4연에서 동무는 결국 죽음을 맞이한다. 이때 ⊙ 뒤에는 동무의 죽음이라는 부정적인 시적 상황이 제시되어 있으므로 일 년이라는 시간이 흘렀어도 고통의 시간은 여전하다는 사실을 짐작하게 한다. 따라서 ⊙에 들어갈 구절로 가장 적절한 것은 ③ '또 겨울이 왔다'이다.

5 [출전] 김유정 〈동백꽃〉

정답 해설

③ 괄호 안에 들어갈 말을 순서대로 나열하면 '그랬더니 - 설혹 - 그렇잖아도 - 그러면서도'이므로 답은 ③이다.
  • ⊙: ⊙의 앞에서 '나'는 점순이가 준 감자를 받지 않았고, ⊙ 뒤의 내용은 이로 인해 점순이가 무안하여 화가 난 상황이므로 ⊙에는 앞 내용이 뒤 내용의 원인이 됨을 나타내는 '그랬더니'가 들어가야 한다.

- ⓛ: ⓛ의 뒤에는 '감자를 안 받아먹은 것이 실례라 하면'이라고 가정하면서, 점순이가 무시하는 말을 하며 감자를 건넨 사실에 불쾌한 '나'의 생각이 나온다. 그러므로 ⓛ에는 '가정해서 말하여'를 뜻하며 주로 부정적인 뜻을 가진 문장에 쓰이는 '설사, 설혹, 설령'이 적절하다.
- ©: ©의 앞에서 점순이의 말에 자존심이 상한 '나'의 생각이 드러나고, ©의 뒤에서는 안 그래도 점순네에 늘 굽실거릴 수밖에 없는 가족의 현실에 대한 '나'의 열등감이 드러난다. 따라서 ©에는 부정적 내용이 한층 더 심해질 때 쓰이며 앞뒤 문장을 이어 주는 '그렇잖아도(그렇지 않아도)'가 들어가야 한다.
- ⓔ: ⓔ의 앞에서 '나'의 부모님이 점순네에 부족한 양식을 빌려 먹기 때문에 점순이 부모님의 인품을 입이 마르게 칭찬한다는 내용이 제시되어 있으나, ⓔ의 뒤에서는 '나'에게 점순이와 붙어 다니면 동네에 소문이 나쁘게 난다며 주의를 주는 어머니의 모습이 드러난다. 따라서 ⓔ에는 앞뒤 문장의 내용이 서로 맞설 때 쓰이는 '그러면서도'가 적절하다.

6 [출전] 홍성원 〈무사와 약사〉

정답 해설
③ 제시된 작품은 '기범'이라는 어느 지식인을 내세워 격변하는 역사의 소용돌이에서 지식인이 보인 부정적이고 이기적인 처신의 문제를 비판하는 작품이다. '기범'의 2, 3번째 말을 통해 '무사'와 '주인'은 '일규'를 지칭하는 것임을 알 수 있다. 하지만 '기범'은 '무사'를 삼류로 지칭하며 운 좋고 허풍스러운 참 모습을 가졌다고 표현하고, '주인'은 광대 같다고 표현하고 있다. 이를 통해 '기범'의 입장에서 '무사'와 '주인'으로 표현한 '일규'는 허풍스러운 모습을 가진 위선적인 인물이며, 무대 위에 광대에 불과한 인물임을 알 수 있다. 따라서 '기범'은 '일규'에 대해 부정적인 태도를 가지고 있으므로 ③은 작품에 대한 이해로 적절하지 않다.

오답 분석
① '기범'의 마지막 말에서 '무사'가 칼을 차고 지나가면 그 뒤엔 그를 칭송할 '악사'가 필요한 법이며, 이것이 바로 '무사'와 '악사'가 서로를 경멸하면서도 사이좋게 살아가는 우정이라고 설명한다. 이를 통해 '일규(무사)'가 자신(악사)의 도움을 받는 존재라는 '기범'의 생각을 확인할 수 있다.
② '기범'은 '무사'인 '일규'에게 '악사'인 자신이 필요하다고 주장하지만, '나'는 이러한 '기범'의 태도를 비판하며 '파렴치범'이라고 말한다. 이는 '나'가 '일규'에게 빌붙어 자신의 안위만을 위해 사는 '기범'의 행태를 비판하는 것으로 볼 수 있다.
④ '나'는 '일규'를 비난하는 '기범'을 '도둑놈, 파렴치범'이라고 칭하는 반면, '일규'를 '전신으로 세상을 산 놈'이라고 표현하고 있다. 이를 통해 '나'의 입장에서 '일규'는 시대적 요구에 부응하기 위해 자신을 내던지며 살아 온 인물임을 알 수 있다.

7 [출전] 작자 미상 〈조신지몽〉

정답 해설
② 제시된 작품에서 조신은 꿈속에서 김씨 낭자와 부부의 연을 맺는다. 하지만 곧 가난으로 인해 부부간의 사랑은 물론 가정까지 돌볼 수 없는 지경에 이른다. 김씨 낭자는 조신에게 헤어질 것을 제안하고 이에 대해 조신은 어떠한 행동도 하지 않고 순순히 이별을 맞이한다. 따라서 조신이 부부간의 사랑을 지키기 위해 적극적으로 노력했다는 ②는 제시된 작품에 대한 이해로 적절하지 않다.

오답 분석
①, ④ 꿈에서 깨어난 조신은 수염과 머리털이 모두 희어졌고 세상 일에 뜻이 없어졌으며, 한평생의 고생을 다 겪은 것만 같아 재물을 탐하는 마음도 모두 사라졌다고 하였다. 이는 조신이 꿈에서 김씨 부인과 살며 경험한 삶의 괴로움이 너무나도 컸으며, 이로 인해 인간의 욕망과 집착의 무상함을 깨달았다는 의미를 지닌다.
 - 인생무상(人生無常): 인생이 덧없음
③ 1문단에서 조신이 남몰래 관음보살 앞에서 여인과 살게 해달라고 비는 부분과 꿈속의 김씨 낭자가 "스님을 잠깐 뵙고 알게 되어"라고 말하는 부분을 통해 조신이 승려의 신분이며, 그럼에도 불구하고 김씨 낭자와 부부의 연을 맺고자 하는 세속적 욕망을 추구했음을 알 수 있다. 또한 조신은 자기의 소원이 현실에서 이루어질 수 없음에 관음보살을 원망하며 울다가 잠에 들어 김씨 낭자와 부부의 연을 맺는 꿈을 꾸게 되었다.

8 [출전] 작자 미상 〈매화전〉

정답 해설
③ 최 씨 부인은 양유의 계모로, 매화를 아내를 잃은 자신의 남동생과 혼인시키고자 하는 계략이 있었기에 매화의 근본을 핑계로 양유와의 혼인을 반대하고 있다. 따라서 최 씨 부인이 양유를 사랑하는 마음에 매화와의 혼인을 반대한다는 ③의 설명은 작품에 대한 이해로 적절하지 않다.

오답 분석
① 병사는 매화가 여자임을 알게 된 이후, 매화를 내당에 거처하게 하고 양유에게 매화와 한자리에 앉지 말라고 명령하였다. 이는 남녀유별의 유교적 관념에 따른 조치이므로 ①의 설명은 작품에 대한 이해로 적절하다.
 - 남녀유별(男女有別): 유교 사상에서, 남자와 여자 사이에 분별이 있어야 함을 이르는 말
② 상객이 매화와 양유의 관상을 보고 난 이후, 병사가 매화를 불러 여자가 맞는지 물었더니 매화가 그제야 자신이 여자임을 밝히며 정체를 실토하였다. 따라서 ②의 설명은 작품에 대한 이해로 적절하다.
④ 병사는 양유의 상을 본 상객의 예언을 듣고 처음에는 미친 사람이라고 하며 무시하였으나, 갑자기 사라진 상객의 행적을 보고 양유가 매화와 부부의 연을 맺지 못할 경우 호식하게 된다는 예언을 믿게 되었다. 이후 매화가 여자임이 밝혀지고, 병사는 양유의 불행을 피하고자 양유와 매화의 혼인에 대해 최 씨 부인에게 이야기하고 있으므로 ④의 설명은 작품에 대한 이해로 적절하다.

정답 해설

① 제시된 작품에서 글쓴이는 산촌에서의 풍경을 감각적으로 묘사하며 '도회에 화려한 고향'에 대한 그리움을 표현하고 있을 뿐, 특정 사건을 회상하며 과거로 돌아가고 싶어 하지는 않는다.

오답 분석

② 일반적으로 문학 작품에서 고향은 '시골'과 같은 향토적 공간을 의미하나, 제시된 작품에서는 도회에 화려한 고향이 있다는 역발상적 표현을 사용하여 도시를 고향이라고 표현하며 도시적 감수성을 표현하고 있다. 또한 철골 전주를 통해 고향(도시)의 소식이 조금이나마 전해지는 것 같다는 서술을 통해 도시에 대한 글쓴이의 그리움을 강조하고 있다.

③ 제시된 작품에서 글쓴이는 맨드라미꽃과 봉숭아의 붉은 빛을 불타오르는 것 같다고 서술하고 있으며, 흰 봉숭아도 꼭두서닛빛으로 물들었다고 서술하는 등 시각적 심상을 활용해 대상을 구체적이고 감각적으로 묘사하고 있다.

④ '탈지면에 알코올을 묻혀서 온갖 근심을 문지르리라', '하루라는 짐이 마당에 가득한 가운데', '밤의 흔적이 낡은 조끼 '단추'처럼 남아 있습니다', '지난밤의 체온을 방 안에 내어던진 채'라는 표현에서 추상적 대상인 '근심, 하루, 밤, 체온'을 구체적으로 형상화하였고, 이러한 부분에서 글쓴이의 개성적 발상이 드러남을 알 수 있다.

10 [출전] 박지원 〈예덕선생전〉

정답 해설

③ ©에서 '선귤자'는 적절한 선을 지키며 칭찬과 지적을 하는 세속적인 사귐에 대해 비유적으로 표현하며 이를 비판하고 있다. 따라서 시선의 이동에 따라 올바른 교우 관계에 대해 서술한다는 ③의 설명은 모두 옳지 않다.

오답 분석

① ⊙에서 '자목'은 '친구'를 '처'와 '형제'에 비유하며 그만큼 벗이 중요한 존재임을 강조하고 있다.

② ©에서 '자목'은 스승인 '선귤자'가 마을의 상놈이라 하류에 처한 역부인 '엄 행수'를 선생이라 칭하며 벗하는 것을 부끄러워하며 문하를 떠나려 한다. 여기에서 대상(엄 행수)에 대한 '자목'과 '선귤자'의 상반된 평가로 인해 둘 사이에 갈등이 발생했음을 확인할 수 있다.

④ @에서 '선귤자'의 물음을 통해 이해나 아첨에 의해 맺어지는 관계를 비판하며, 진실된 사귐의 의미가 무엇인지 표현하려는 작가의 주제 의식을 확인할 수 있다.

MEMO

MEMO

해커스공무원 **단기 합격생**이 말하는
공무원 합격의 비밀!

해커스공무원과 함께라면
다음 합격의 주인공은 바로 여러분입니다.

대학교 재학 중,
7개월 만에 국가직 합격!
김*석 합격생

영어 단어 암기를 하프모의고사로!
—
하프모의고사의 도움을 많이 얻었습니다. **모의고사의 5일 치 단어를 일주일에 한 번씩 외웠고**, 영어 단어 **100개씩은 하루에** 외우려고 노력했습니다.

가산점 없이
6개월 만에 지방직 합격!
김*영 합격생

국어 고득점 비법은 기출과 오답노트!
—
이론 강의를 두 달간 들으면서 **이론을 제대로 잡고 바로 기출문제로** 들어갔습니다. 문제를 풀어보고 기출강의를 들으며 **틀렸던 부분을 필기**하며 머리에 새겼습니다.

직렬 관련학과 전공,
6개월 만에 서울시 합격!
최*숙 합격생

한국사 공부법은 기출문제 통한 복습!
—
한국사는 휘발성이 큰 과목이기 때문에 **반복 복습이 중요하다고 생각**했습니다. 선생님의 강의를 듣고 나서 바로 **내용에 해당되는 기출문제를 풀면서 복습** 했습니다.

더 많은 합격수기가 궁금하다면? ▶